FREIZEITFÜHRER
... MIT KINDERN
Vor die Haustür, fertig – los!

pmv
1. Auflage 2012, Frankfurt am Main
PETER MEYER VERLAG

GRIMMHEIMAT NORDHESSEN MIT KINDERN

400 spannende Aktivitäten im Märchenland zwischen Edersee und Werra

VON ANNETTE FRIAUF

INHALT

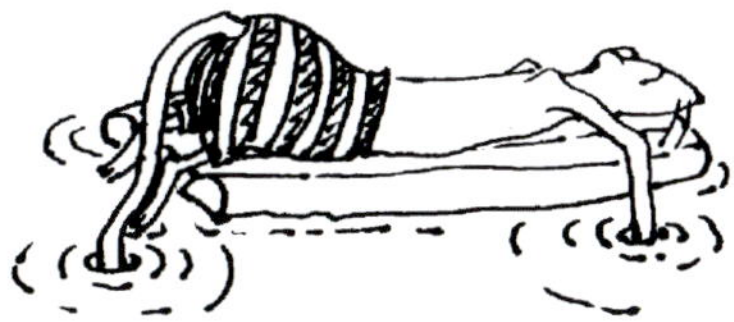

BURGWALD & MARBURG

INFO & FERIEN-ADRESSEN

KARTEN & REGISTER

WIR KÖNNEN WAS TUN

Klimabewusstes Handeln wird in Zeiten von Klimawandel und globaler Erwärmung immer wichtiger. Beim Druck ist das Entstehen von CO_2 jedoch unvermeidlich. Das schädliche Kohlendioxid ist für den vom Menschen verursachten Treibhauseffekt verantwortlich.
Deshalb geht der Peter Meyer Verlag mit gutem Beispiel voran und unterstützt mit einer freiwilligen Ausgleichszahlung klimafreundliche Projekte in Entwicklungsländern, um CO_2-Emissionen bei der Stromerzeugung von vornherein vermeiden zu helfen.

Zudem drucken wir alle Bücher und Prospekte ausschließlich auf PEFC® - oder FSC® -Papier.
Mit dem Kauf unserer Reiseführer unterstützen Sie dieses Engagement. Dafür danke.

pmv

Unsere Verlagsphilosophie und Nachhaltigkeitserklärung finden Sie auf unserer Internetseite. Beim jeweiligen Buch finden Sie das entsprechende Klima-Zertifikat. www.PeterMeyerVerlag.de.

IMPRESSUM

Druck & Bindung: AZ Druck und Datentechnik GmbH, Kempten, www.az-druck.de | **Umschlaggestaltung:** pmv, Agentur 42, Mainz, www.agentur42.de, Annette Sievers. Foto: GrimmHeimat NordHessen. | **Fotos:** Wenn nicht anders angegeben, alle Rechte beim Verlag, siehe Nachweis beim jeweiligen Bild. Wir danken allen Unterstützern, insbesondere der GrimmHeimat NordHessen. | **Zeichnungen:** Silke Schmidt | **Karten:** pmv | **Lektorat & Layout:** Annette Sievers | **Bezug:** über Prolit, Fernwald-Annerod, oder über den Verlag, vertrieb@PeterMeyerVerlag.de, ✆ 069/40562570

ISBN 978-3-89859-437-0
Printed in Germany with love.
Klimaneutral und auf umweltfreundlich hergestelltem FSC®-Papier gedruckt.

FSC www.fsc.org MIX Papier aus verantwortungsvollen Quellen FSC® C008457

Wir freuen uns über Korrekturen und Anregungen:
pmv Peter Meyer Verlag
Schopenhauerstraße 11
60316 Frankfurt a.M.
info@PeterMeyerVerlag.de

Weitere »... mit Kindern« Freizeit- und Reiseführer:
www.PeterMeyerVerlag.de

WILLKOMMEN IN DER GRIMMHEIMAT NORDHESSEN !

Gleich »Siebene auf einen Streich!« hat das tapfere Schneiderlein erlegt. Womit es schon zum Helden wurde, hätte hier nicht gereicht: Sie halten fast unzählbare wertvolle Tipps und persönliche Erfahrungen in Händen, mit denen man als Kind oder mit Kindern eigentlich nur noch in der GrimmHeimat NordHessen zuhause, unterwegs oder auf Reisen sein will.

In Deutschlands Mitte, rund um Kassel, liegt die GrimmHeimat NordHessen. Hier haben die Brüder *Jacob* und *Wilhelm Grimm* die meiste Zeit gelebt, gearbeitet, ihre weltberühmten Märchen gesammelt und mit ihnen den bekanntesten und populärsten Beitrag der Deutschen zur Weltkultur geleistet. Heute sind die Erstausgaben der »Kinder- und Hausmärchen« Teil des *Memory of the World*-Programms, zählen zum UNESCO-Weltdokumentenerbe der Menschheit und werden im Brüder Grimm-Museum in Kassel hinter Panzerglas präsentiert. – Vom 20. Dezember 2012 bis Ende 2014 feiert die ganze Welt den 200. Geburtstag der meistpublizierten Geschichtensammlung der Erde.

Die GrimmHeimat NordHessen ist eine lebendige, liebens- und lebenswerte Region sowie eine attraktive und beliebte Tourismusdestination. Von der Weser in Bad Karlshafen und dem »Wortreich« in Bad Hersfeld, Wintersport in Willingen oder (Wasser-)Wandern im Werratal bis zu Naturwundern, Museen oder Live-Kultur u.v.a.m. bietet die Region sowohl Spiel und Spaß als auch Erfahrungen und Erlebnisse, die vergnügen, fördern oder fordern. Ganz nach Alter oder Anlass.

Darüber hinaus verfügt die GrimmHeimat NordHessen über eine intakte Natur- und Kulturlandschaft, eine hohe Dichte von Museen auf internationalem Niveau, beeindruckende Fachwerkstädte, zauberhafte Parks und Gärten, romantische Burgen und Schlösser sowie vieles mehr, was zum Verweilen, Entdecken und Erholen einlädt.

Und wenn die Kindertage für einen selbst vorbei sind, kann man in der GrimmHeimat NordHessen bestens studieren, arbeiten oder wie die Wissenschaftspioniere Jacob und Wilhelm Grimm forschen. Und später mit den eigenen Kindern aufs Neue die Region mit Neugier und Staunen erobern.

Herzlich Willkommen in der GrimmHeimat NordHessen!

HALLO KINDER!

Nordhessen ist wie ein dickes Märchenbuch. Ort für Ort blättert es Schauplätze auf: Dornröschens Schloss Sababurg im Reinhardswald, Schneewittchens Zwergendorf bei Bad Wildungen, Rotkäppchens Heimat Schwalm und Frau Holles Hausberg Hoher Meißner. Die fachwerkbunten Städte zwischen sanften Hügeln und dichten Wäldern, die prachtvollen Schlösser und uralten Burgen laden ein, genau hier die von den Brüdern Grimm gesammelten Geschichten zu suchen.

In Nordhessen, wo die Grimm-Brüder viele Jahre lebten und arbeiteten, lauschten sie den Menschen Geschichten ab und schrieben aus diesem Schatz das meistgelesene Märchenbuch der Welt. In Kassel wird es als Weltdokumentenerbe aufbewahrt. 2012 ist es 200 Jahre her, dass der erste Band gedruckt wurde. Der Zauber der nordhessischen Orte liegt vor allem in der vielfältigen Natur, die ihr zu Fuß, auf dem Rad oder im Boot erkunden könnt. Der Nationalpark *Kellerwald-Edersee* mit seinen Buchen ist seit 2011 Weltnaturerbe. Im *Reinhardswald* krümmen sich uralte Eichen. Östlich von Kassel wachsen die Niester Riesen als exotische Mammutbäume. Habt ihr Spaß im Nass? Nordhessen ist voller Seen und Flüsse. Als größte Badewanne lockt der *Edersee* mit Sport und Erlebnissen aller Art. Aber auch *Diemel-, Twiste- und Werratalsee* sowie die Flüsse *Schwalm, Eder, Diemel, Fulda, Werra* und *Weser* sind Ziele für Freizeitkapitäne. In *Marburg* unternehmt ihr eine Schnuppertour auf der Lahn. Typisch für Nordhessen sind die stillgelegten Bergwerke, deren dunkle Stollen ihr erkunden könnt. Da fallen einem schon wieder die sieben Zwerge ein.

Als ich noch ein Kind war, habe ich mit meiner Familie gern Sonntagsausflüge gemacht. Onkel Walter hatte ein Segelboot am Edersee. Häufig waren wir in *Kassel-Wilhelmshöhe,* wo wir vom Herkules aus mit den Wasserspielen um die Wette gelaufen sind. Und einmal durfte ich Schwälmer Tracht tragen und Rotkäpp-

© pmv, Foto privat

Die Autorin

Annette Friauf ist in der nordhessischen Kleinstadt Treysa im Rotkäppchenland Schwalm-Knüll aufgewachsen. Erste Zeitungsartikel schrieb sie für die Hessisch Niedersächsische Allgemeine. In Frankfurt am Main studierte sie Germanistik, Theater-, Film- und Fernsehwissenschaften sowie Psychologie. Seit 20 Jahren arbeitet die ausgebildete Journalistin und Redakteurin für Printmedien, davon viele Jahre für die Frankfurter Rundschau. Annette Friauf gründete 2010 den Redaktionsdienst Hessen Storys und arbeitet seither in freien Projekten.

chen sein. Heute hat Nordhessen noch viel mehr Ausflugsziele als damals zu bieten.

Beim Entdecken wünsche ich euch so viel Spaß, wie ich bei der Recherche für dieses Buch hatte.

Annette Friauf

PS: Unterstützt haben mich *Henrik* (10) und *David* (8) aus Mengsberg und das Team der *GrimmHeimat NordHessen.* Vielen Dank.

Zur Gliederung dieses Buches

▶ Euer Buch »GrimmHeimat NordHessen mit Kindern« ist in **8 geografische Griffmarken** gegliedert. Es beginnt im Norden mit *Sababurg & Reinhardswald.* Das nordhessische Zentrum *Kassel und Umland* bietet Abstecher in den Habichts- und den Kaufunger Wald. Die 3. Griffmarke stellt die Freizeitmöglichkeiten von *Waldecker Land und Diemelsee* vor. Mit Willingen stößt es bis ans Sauerland. Südlich davon liegt die touristisch reichste Region *Edersee und Kellerwald*. Vom gleichnamigen Nationalpark und Welterbe zieht sich diese Griffmarke bis zur Domstadt Fritzlar und zum Borkener Seenland. Im *Rotkäppchenland Schwalm-Knüll* besucht ihr die Fachwerkstädte zwischen Alsfeld und Homberg/Efze und das Ferienzentrum Silbersee in Frielendorf. *Mittleres Fuldatal* folgt dem Fluss von Bad Hersfeld bis Guxhagen, das *Werratal* steigt bis zum Hohen Meißner auf. Als Ausflug nach Oberhessen bietet sich *Marburg und Burgwald* an, das mit Frankenberg wieder an der nordhessischen Eder ankommt.

Innerhalb dieser Griffmarken folgen die Aktivitäten immer demselben Aufbau: **Wasserspaß** gibt Tipps zu Schwimmbädern, Bootstouren und Schiffsfahrten, **Frische Luft & Sport** nennt Radtouren, Wanderungen, Kletterparks und Wintersport, **Umwelt erforschen** beschreibt Tierparks, Naturerlebnisse und

Gestatten?

Ich bin Sam, die Wasserratte. Meine Clique und ich begleiten euch mit noch ein paar Freunden auf euren Entdeckertouren durch dieses Buch und Nordhessen. Darf ich vorstellen:

Karlinchen, unsere Naturfreundin,

Herr Mau, Experte für Handwerk und Geschichte,

und Mockes, der liebt Musik und Action.

Meine beiden Helfer: Henrik (10) und David (8) haben schon allerlei für euch getestet

Lehrpfade, **Handwerk & Geschichte** empfiehlt Stadtspaziergänge, Museen und Burgen, die für euch besonders interessant sind. Spannend geht es in Bergwerken zu, aber auch im Kindertheater oder -kino.

Die Griffmarke **Info & Ferienadressen** versorgt euch mit Infostellen und -quellen sowie Anfahrten zu den Orten, auch mit Bahn und Bus. Außerdem empfehle ich hier kinderfreundliche Ferienwohnungen, Bauern- und Reiterhöfe, auf denen Anfassen erlaubt ist, sowie Jugendherbergen und für Frischluftfans naturnahe Campingplätze. So könnt ihr Klassenfahrten und Familienferien bequem planen und organisieren.

Der **Kartenatlas** gibt einen Überblick über das im Buch behandelte Gebiet und die regionale Einteilung. Er bietet euch bei Ausflügen die nötige Orientierung.

Es ist also an alles gedacht – nur losziehen müsst ihr selbst!

Schreibt an:
Peter Meyer Verlag
Schopenhauerstraße 11
60316 Frankfurt a.M.
info@PeterMeyerVerlag.de
www.PeterMeyerVerlag.de

EIne Bitte haben wir: Wenn ihr etwas Neues entdeckt habt, euch etwas besonders gut oder gar nicht gefallen hat, so schreibt uns das! Da es viel Mühe macht, all diese Aktivitäten vor Ort zu testen und aufzuschreiben, sind eure Tipps immer willkommen. Und auch trotz aller Sorgfalt können sich die Angaben noch während des Niederschreibens ändern. teilt uns das mit, so können wir euren Freizeit- und Urlaubsführer bei der nächsten Auflage noch besser machen.

pmv-Leser sind neugierig und mobil – nicht nur in der Fremde, sondern auch in der eigenen Umgebung. Den Wissensdurst ihres Nachwuchses wollen sie fördern, seinem Tatendrang im Einklang mit der Natur freie Bahn lassen. Daher finden Sie in diesem Ausflugsführer Tipps und Adressen zu allem, was kleine und große Kinder begeistert, je nach Wetterlage und Jahreszeit. Alle Adressen und Aktivitäten wurden von den Autoren persönlich begutachtet und strikt nach Kinder- und Familienfreundlichkeit ausgewählt.

SABABURG & REINHARDSWALD

GEHEIMNISVOLLER REINHARDSWALD

Zwischen Kassel und Bad Karlshafen liegt mit 200 qkm das größte in sich geschlossene Waldgebiet Hessens: der Reinhardswald. Er ist in vielen Grimmschen Märchen Hauptschauplatz.

Weiter gehts zum Dornröschenschloss Sababurg mit dem Tierpark am Fuß des Schlosses. Er zählt zu den ältesten Tierparks in Europa. Sagenhafte Natur könnt ihr auch im Urwald mit seinen knorrigen, fast 1000-jährige Eichen erleben. Von der Trendelburg könnte Rapunzel ihr Haar heruntergelassen haben. Das Hofgut Stammen ist ein guter Startpunkt für Kanutouren auf der Diemel, Bad Karlshafen für Schiffsausflüge auf der Weser. Auf der Krukenburg lebten die Riesenschwestern Saba, Brama und Trendula. In der Drei-Flüsse-Stadt Hann. Münden könnt ihr die Sprechstunde des Doktor Eisenbart besuchen. Auf dem Mühlenplatz in Oberweser-Gieselwerder könnt ihr über 60 Mühlen und in Immenhausen funkelnde Dinge im Glasmuseum bewundern.

TIPPS FÜR WASSERRATTEN

Schwimmbäder

Ab auf die Rutschbahn

Bad am Park, Schöneberger Straße 16, 34369 Hofgeismar. ✆ 05671/920791, www.bad-am-park.de. bap@stadt-hofgeismar.de. **Bahn/Bus:** Bhf Hofgeismar, Stadtbus 185.3 bis Bad am Park. **Auto:** ↗ Hofgeismar Richtung Schöneberg. **Rad:** R4. **Zeiten:** Mo – Fr 7.30 – 21, Sa, So, Fei 9 – 21 Uhr. **Preise:** 4 €, Feierabendticket ab 18 Uhr 3 €; Kinder 6 – 17 Jahre 2 €, Feierabendticket 1,50 €; Familienkarte 8 €.

▶ Hier darf gerutscht werden: auf einer 70 m langen spiralförmigen Röhre und einer buckeligen Breitrutsche. Wenn ihr mutig seid, springt vom 3-m-Turm. Danach geht es in den Strömungskanal, wo ihr gegen den Strom schwimmen könnt. Das Bad am Park hat Innen- und Außenbecken und somit das ganze Jahr geöffnet. Im Sommer locken die Liegewiese und ein

In Dornröschens Garten: Das Dornröschenschloss Sababurg bietet der ganzen Familie Freude

Volleyballfeld, sowie andere Spielflächen. Jeden Freitag Nachmittag gibt es Kinderspaß. Eine 8 m breite Krake bietet sich zum Klettern an. Ihr könnt am Hindernis-Wettlauf auf dem 20 m langen Laufsteg teilnehmen. Es gibt Wasserball, Wasserbasketball und natürlich: Wettrutschen.

Schwimmen am Fuße der Burg

Freibad, Zur Abgunst 28, 34388 Trendelburg. ✆ 05675/808, www.trendelburg.de. stadt@trendelburg.de. **Bahn/Bus:** Bhf Hofgeismar, Bus 180, 186 bis Trendelburg-Diemelbrücke. **Auto:** ↗ Trendelburg, B82 bis Diemelbrücke, links ab in Friedrichsfelder Straße, links ab in Zur Abgunst. **Rad:** R4. **Zeiten:** Mai – Anfang Sep, Juli, Aug und in den Ferien Mo – Fr 10 – 20, Sa, So 9 – 20 Uhr, Vor- und Nachsaison Mo – Fr 12.30 – 19, Sa,So 9 – 19 Uhr. **Preise:** 2,50 €; Kinder 6 – 17 Jahre 1,50 €.

▶ Oben thront die Trendelburg, ringsherum erheben sich die bewaldeten Hügel. Eine tolle Kulisse für den Spaß im Nass. Auch auf den Liegewiesen stehen Bäume, die Schatten spenden. Das Wasser hat eine Temperatur von 24 Grad. Um es aufzuheizen wird ganz umweltfreundlich die Sonnenkraft genutzt. Ihr könnt von 1-m- und 3-m-Brettern ins Becken springen. Für die Pausen stehen Sitzmöglichkeiten auf der Terrasse und ein Kiosk zur Verfügung.

Hunger & Durst

Hofgut Stammen, Schlossstraße 29, Trendelburg-Stammen. ✆ 05675/725094. www.hofgut.de. Mitte Mai – Mitte Okt 9 – 21 Uhr. Wettergeschützter Biergarten mit 200 Sitzplätzen.

Fahren oder fahren lassen!

Im Kanadier die Diemel abwärts

Hofgut Stammen, Schlossstraße 29, 34388 Trendelburg-Stammen. ✆ 05675/725094, Fax 725095. www.hofgut.de. info@hofgut.de. **Länge:** 14 km, 3,5 Std. **Bahn/Bus:** Bhf Hofgeismar, Bus 180 bis Trendelburg-Stammen B83. **Auto:** ↗ Trendelburg Richtung Hofgeismar bis Stammen, im Dorf den Schildern folgen. **Rad:** R4. **Zeiten:** Sommersaison 9 – 18 Uhr. **Preise:** 25 €;

© pmv, Foto: Annette Friauf

Paddeln auf der Diemel: Gleich geht's los

Kinder ab 6 Jahre und Schüler 17 €. **Infos:** Service- und Abholnummer ✆ 0170/1805186, ↗ Ferienadressen.

▶ Die Halbtagestour beginnt mit lustigen Trockenübungen in der Schwimmweste. Ihr lernt die richtige Sitzposition im 4-Kanadier und dass der Schwerpunkt des Körpers möglichst weit unten liegen soll, damit ihr nicht kentert. Wie hält man das Paddel? Eine Hand am Knauf, die andere weiter unten. Das Paddel soll dicht am Boot eintauchen. Hinten sitzt der Steuermann. Ihr erfahrt auch, wie das Umtragen geht. Denn auf der Strecke gibt es ein paar Wehre. Ansonsten gilt es, sanft auf der **Diemel** zu schippern und vom Boot aus die Burgen *Trendelburg* und *Wasserschloss Wülmersen* zu grüßen. Am Ziel in Helmershausen holt euch entweder ein Bus ab oder ihr lasst euch Fahrräder bringen. Das Angebot heißt Boot & Bike.

Happy Birthday! Kinder spielen mit Ponys und anderen Tieren, arbeiten mit Specksteinen (7,50 € pro Kind), üben Bogenschießen (6 €), bauen ein Floß und machen eine Probefahrt (12,50 €) oder backen Stockbrote am Lagerfeuer (2,50 €).

Die Ufer der ***Diemel*** *sind Auenschutzgebiet. Nehmt bitte Rücksicht auf Enten, Schwäne – und auch auf Angler!*

Vom Weserstein aufs Wasser steigen

Rehbein-Linie Kassel, Mündener Fahrgastschifffahrt, Ostpreußenstraße 8, 34233 Fuldatal. ✆ 0561/18505, Fax 05541/73109. www.fahrgastschiffahrt.com. info@fahrgastschiffahrt.com. **Dauer Rundfahrt:** 75 Min. **Bahn/Bus:** Bhf Hann. Münden, Bus 190, 195 bis Fischerweg. **Auto:** ↗ Hann. Münden, Parkplatz Unterer Tanzwerder. **Rad:** R1, Weserradweg. **Zeiten:** Rundfahrten Mai – Sep Mo 14.30, Di, Do, Sa, So 11, 12.30, 14.30, 16, Fr 11, 14.30 Uhr; Linienfahrten auf Anfrage. **Preise:** Rundfahrt 8,50 €, Kinder 5 – 14 Jahre 4,50 €; Linienfahrt 22,50 €, Kinder 11 €; Fahrrad 2 €.

Wo Werra sich und Fulda küssen, sie ihren Namen büßen müssen. Und hier entsteht durch diesen Kuss, deutsch bis zum Meer der ***Weserfluss.***

▶ Jeder Mensch, der Hann. Münden besucht, will zu der Stelle, wo sich die Flüsse küssen. Dort seht ihr den Weserstein. Lest einmal den Reim darauf, dann versteht ihr, warum Hann. Münden auch die *Drei-Flüsse-Stadt* genannt wird. Wenn ihr vom Stein aus auf die **Weser** schaut, fließen die *Fulda* von links und die *Werra* von rechts. Für Rundfahrten auf Fulda oder Weser ist der Weserstein in den Sommermonaten der Treffpunkt schlechthin. Denn dort legen die Schiffe ab. Es gibt auch Linienfahrten nach Bad Karlshafen. Ihr könnt Hin- und Rückfahrscheine lösen oder euch mit dem Bus zurückbringen lassen.

© pixelio, Foto: Klaus M.

Bietet vom Boot aus einen hübschen Anblick: Bad Karlshafen

Rundfahrt auf der Weser

Weserfahrten mit dem Fahrgastschiff Hessen, Hafenplatz 8, 34385 Bad Karlshafen. ✆ 05672/999923, Fax 999925. Handy 0173/7377221. www.weserschiff-linie2000.de. linie2000@bad-karlshafen.de. **Dauer Rundfahrt:** 1,5 Std. **Bahn/Bus:** Bhf Bad Karlshafen, Bus 180 bis Hafenplatz. **Auto:** ↗ Bad Karlshafen. **Rad:** R4. **Zeiten:** Rundfahrten Mai – Sep Di, Do 12.30 und 14.30, Fr 14.30, Sa 10.30, 12.30, 15 und 16.30, So 10.30, 12.30 und 14.30 Uhr, April und Okt nur Sa, So, Fei; Linienfahrten Mai – Sep Mi 10.15 Uhr. **Preise:** Rundfahrten 8,50 €; Linienfahrten je nach Strecke 7,50 – 13 €, Fahrräder 2 €; Rundfahrten Kinder 6 – 15 Jahre 3 €; Linienfahrten 4 €; in der Hauptsaison Di Familientag, Kinder fahren kostenlos.

Auf der *Hessen* könnt ihr mittwochs auch Linienfahrten unternehmen. Dann fährt das Schiff von Bad Karlshafen über Wahmbeck, Bodenfelde, Lippoldsberg, Gieselwerder bis Oedelsheim.

▶ Das Fahrgastschiff trägt zwar den Namen *Hessen*, die Rundfahrt durchs Dreiländereck führt aber an Sehenswürdigkeiten in den angrenzenden Bundesländern Niedersachsen und Nordrhein-Westfalen vorbei. An der Kaimauer in Bad Karlshafen geht ihr an Bord. Die Weser aufwärts, fährt das Schiff an den Salinen vorbei zum Sportboothafen, wo es wendet und von jetzt an gemütlich flussabwärts schippert. Während der Rundtour seht ihr die Einmündung der Diemel, den Hugenottenturm, die Hannoverschen Klippen und die Burg Herstelle.

Wandern und Toben

Mit dem Rad in den Reinhardswald

Region Kassel-Land e.V., Raiffeisenweg 2, 34466 Wolfhagen. ✆ 05692/987326-0. www.kassel-land.de. **Länge:** 54 km, Etappen möglich. **Bahn/Bus:** Ab Hbf Kassel R3 bis Hofgeismar, Ausflugsbus 190 mit Fahrrad-Anhänger Richtung Reinhardshagen. **Auto:** ↗ Kassel bzw. ↗ Trendelburg-Wülmersen.

▶ Der **Reinhardswald-Radweg** führt durch eine Landschaft mit alten Eichen und Alleen. Passend dazu ist er mit dem Zeichen einer alten knorrigen Eiche beschildert. Der Weg beginnt am Kasseler Hauptbahnhof und endet nach 54 km am *Wasserschloss Wülmersen* bei Trendelburg. Ihr könnt einen Teil der Strecke auswählen. Von Kassel aus sind es an der *Ahne* entlang etwa 15 km über Vellmar bis Espenau. Nach wenigen Kilometern kommt Immenhausen mit dem ↗ *Glasmuseum.* Direkt gegenüber ist der Bahnhof. **Zweite Möglichkeit:** Ihr fahrt mit dem Zug von Kassel bis Hofgeismar und nehmt von dort den Ausflugsbus 190 mit Fahrrad-Anhänger bis zur Haltestelle Dornröschenschloss. Von dort folgt ihr dem Eichen-Symbol gut 10 km bis zum mittelalterlichen Wasserschloss Wülmersen. Auf diesem Abschnitt habt ihr die größten Steigungen ausgelassen und fahrt durch das malerische *Holzapetal.* Auf dem *Diemelradweg* geht es ein paar Kilometer bis zum nächsten Bahnanschluss in *Hümme.*

Spaziergang durch den Urwald Sababurg

Tourist-Info Märchenland Reinhardswald, Markt 5, 34369 Hofgeismar. ✆ 05671/5070400, www.rein-

FRISCHE LUFT UND SPORT

Hunger & Durst

Museumskiosk, Trendelburg-Wülmersen. ✆ 05675/7210348. www.wasserschloss-wuelmersen.de. Di – Fr 10 – 18, Sa 14 – 17, So 11 – 18 Uhr. Erfrischungen und kleine Gerichte.

Ausflugsbus 190 Mo – Fr zwischen 9 und 18, Sa 8 – 18 Uhr 5 x am Tag, So 10 – 18 Uhr 4 x von Dornröschenschloss – Sababurg Gasthaus Arche – Tierpark – NSG Urwald – Bhf Hofgeismar – Fürstenweg.

Dicke Dinger: Die Bäume im Urwald sind so dick, dass ihr 10 Leute braucht, um sie zu umarmen

hardswald.de. reinhardswald-info@gmx.de. **Länge:** 2,5 km. **Bahn/Bus:** Bhf Hofgeismar, Bus 190 bis Naturschutzgebiet Urwald. **Auto:** ↗ Hofgeismar Richtung Sababurg bis Waldparkplatz. **Zeiten:** frei zugänglich. **Preise:** Sagenführungen mit Ritter Dietrich oder Naturführungen, Dauer 1,5 Std, 1,50 €, Mindestpreis pro Gruppe 30 €; Sagenführung Kinder ab 3 Jahre 1,50 €.

▶ Auf diesem Rundweg begegnet ihr bis zu 1000 Jahre alten knorrigen Eichen. Sie stehen inmitten von Buchen, Erlen und meterhohen Farnen. Der Pfad ist angenehm zu laufen. Dort, wo es sumpfig ist, führt er über Holzbohlen. Der **Urwald** hat etwas Zauberhaftes an sich. Gleich nach den ersten paar Metern tauchen die ersten Baumriesen auf. Jede Eiche besitzt eine einzigartige Form. Einige biegen ihre Äste auf den Boden, als wollten sie sich abstützen. Andere andere öffnen einladend ihren hohlen Stamm als Heim für Tiere. Manche, so scheint es, haben sich für immer schlafen gelegt und spenden neues Leben. Die gewaltigen Eichen haben teilweise einen Umfang von bis zu 8 m. Hunderte Käferarten und andere Tiere leben im Altholz. Wenn ihr auf den Boden schaut, seht ihr Winzlinge von Eichen nachwachsen.

*Der **Urwald Sababurg** ist seit 1907 das älteste Naturschutzgebiet in Hessen. Früher war der Urwald ein sogenannter Hutewald: Das Vieh und die Schweine wurden zum Fressen in den Wald getrieben und dort gehütet.*

Spaziergang zum Tillyschanzenturm

Touristik Naturpark Münden, Rathaus, Lotzestraße 2, 34346 Hann. Münden. ✆ 05541/75-313, 75-343, Fax -404. www.hann.muenden-tourismus.de. info@hann.muenden-tourismus.de. **Dauer:** 20 – 30 Min. **Bahn/Bus:** Bhf Hann. Münden, Bus 126 bis Schloss. **Auto:** ↗ Hann. Münden. **Rad:** R1, Weserradweg.

Zeiten: April – Okt Di – So 11 – 20 Uhr, Nov – März Fr – So 11 – 18 Uhr. **Preise:** 1,20 €; Kinder 0,60 €.

▶ Ihr seht den Turm mit der wehenden Fahne von der Altstadt aus über dem linken Fuldaufer. Er heißt Tillyschanze und ihr erreicht ihn bequem in gut 20 Minuten. Über die Pionier-Brücke überquert ihr das Inselchen *Oberer Tanzwerder.* Der Turm liegt 90 m über der Stadt und ist 25 m hoch. Von der Aussichtsplattform aus genießt ihr einen einmaligen Blick auf die Drei-Flüsse-Stadt und den Reinhardswald. Der Turm trägt den Namen des Freiherrn Graf von Tilly. Der soll 1626 im Dreißigjährigen Krieg dort seine Kanonen aufgestellt und die Stadtmauer beschossen haben. In Erinnerung an dieses geschichtsträchtige Ereignis wurde die Tillyschanze 300 Jahre später von Bürgern der Stadt errichtet.

Anziehungspunkt: Der Tillyschanzenturm

Hunger & Durst

Waldgaststätte Tillyschanze, Hann. Münden. ✆ 05541/1890. www.tillyschanze.de. Ostern – Okt Di – So ab 11 Uhr, Nov – Ostern Fr – So ab 11 Uhr. Gutbürgerliche Küche, Wildgerichte und Kuchen.

Planwagen und Bauernolympiade

Hofgut Stammen, Schlossstraße 29, 34388 Trendelburg-Stammen. ✆ 05675/725094, Fax 725095. www.hofgut.de. info@hofgut.de. **Bahn/Bus:** Bhf Hofgeismar, Bus 180 bis Trendelburg-Stammen B83. **Auto:** ➚ Trendelburg Richtung Hofgeismar bis Stammen, im Dorf den Schildern folgen. **Rad:** R4. **Zeiten:** auf Anfrage. **Preise:** Erlebnistouren 25 €, Bogenschießen und Bauernspiele 8 €; Kinder ab 6 Jahre und Schüler Erlebnistouren 19 €, Bogenschießen 6 €, Bauernspiele 8 €. **Infos:** ➚ Ferienadressen, ➚ Fahrradverleih.

▶ Das Hofgut Stammen ist Ausgangspunkt für jede Menge **Ausflüge** in die Umgebung. Ein Planwagen bringt euch zu den *Eberschützer Klippen.* Dort gibt es Picknick am Lagerfeuer. Anschließend könnt ihr Bogenschießen lernen. Auf einer anderen Route fahrt ihr mit einer Kutsche durch das Holzapetal zum *Tierpark Sababurg* und besucht dort die Greifvogelschau. Für die Erlebnistouren können auch Mountainbikes gebucht werden. Auf dem **Hofgut** ist Bogenschießen auf einem Spaß-, Pirsch- und Erlebnisparcours möglich. Oder möchtet ihr bei der Bauernolympiade mit-

Happy Birthday!

Kindergeburtstag mit 1,5 Std Schnupperschießen pro Kind 6 €.

Bosseln? Dieser Ostfriesen-Sport ist eine Mischung aus Wandern und Kegeln.

machen? Disziplinen sind Wettmelken, Gummistiefel-Zielschießen und **Bosseln.** Das Hofgut bietet außerdem Specksteinbildhauerei, Schatzsuche, Ponyreiten und Floßbau an. Ihr könnt dort zelten oder euch einfach im Schlafsack aufs Heubett legen.

UMWELT ERFORSCHEN

Täglich könnt ihr beim Schaufüttern zusehen: Fischotter 10 und 14.30, Pinguine 11 und 15, Vielfraß und Luchs 13.30 und Wildschweine 15.30 Uhr. Greifvogelschau April – Okt Di – So 11.30, 14 und 16.15 Uhr.

Hunger & Durst

Zum Thiergarten, Sababurger Straße 100, Hofgeismar-Sababurg. ✆ 05671/508777. www.gasthaus-zum-thiergarten.de. Mo – Do 10 – 21, Fr – So 10 – 23 Uhr.

Tiere ohne Grenzen

Tierpark Sababurg

Sababurg 1, 34369 Hofgeismar-Sababurg. ✆ 05671/766499-0, Fax 766499-99. www.tierpark-sababurg.de. info@tierpark-sababurg.de. **Bahn/Bus:** Bhf Hofgeismar oder Hann.Münden, Bus 190 bis Sababurg Tierpark. **Auto:** ↗ Hofgeismar, B83, Landstraße, Schildern folgen. **Zeiten:** Jan – Feb 10 – 16, März 9 – 17, April – Sep 8 – 19, Okt 9 – 18, Nov – Dez 10 – 16 Uhr. **Preise:** 6 €; Kinder und Jugendliche 4 – 15 Jahre 3,50 €; Familienkarte (2 Erw mit zwei oder mehr eigenen Kindern) 17 €; Jahreskarte Erw und Jugendliche ab 16 Jahre 17 €, Kinder 11 €; Familien- und Großeltern-Jahreskarte jeweils 39 €.

▶ Hier leben 700 Tiere aus 80 Arten. Er ist mit 130 ha Fläche noch immer so groß wie zu der Zeit, als er entstand. Einen *Thiergarten* ließ der damalige Landgraf *Wilhelm IV.* vor 500 Jahren unterhalb seines Jagdschlosses anlegen. Der Tierpark Sababurg zählt damit zu den ältesten Zoos in Europa. Heute könnt ihr neben Rentieren, Steinböcken, Wildschweinen, Luchsen und Eulen auch Exoten wie Pinguine, Kängurus und Affen erleben. Auf dem **Bauernhof** wohnen seltene Nutztierrassen. Im **Kinderzoo,** im Damwildstreichelgehege und auf der Eselwiese dürft ihr Tiere streicheln. Später lockt der **Spielplatz** mit Minicars und Wasseraktionen. Wenn ihr dann müde seid, dreht einfach die Runde noch einmal – mit der historischen **Parkbahn.** Der Tierpark bietet übers Jahr viele Veranstaltungen, wie: Vollmondführungen, Lapplandabende und Wolfnächte.

Unvergesslich: Bei eurem Kindergeburtstag dürft ihr die Pinguine des Tierpark Sababurg selbst füttern

Burgen und Schlösser

Märchenrundgang auf der Sababurg

Dornröschenschloss Sababurg, Familie Koseck, 34369 Hofgeismar-Sababurg. ✆ 05671/808-0, Fax -200. www.sababurg.de. dornroeschenschloss@sababurg.de. **Bahn/Bus:** Bhf Hofgeismar, Bus 190 bis Dornröschenschloss. **Auto:** ↗ Hofgeismar, B83, K55, Schildern folgen. **Zeiten:** April – Okt 10 – 17 Uhr während Außenbesichtigung. **Preise:** 2,50 €; Kinder 5 – 15 Jahre 1,50 €.

▶ Schaut mal vom Schlosshof zur Palasruine rauf: Dort sitzen Dornröschens Eltern als stählerne Scherenschnitte im Fenster. Wer ist der König, wer die Königin? Das Bild gibt Rätsel auf. Wie unterscheiden sich die beiden Kronen und warum? Auch an den folgenden Stationen des Märchenrundgangs lohnt es sich, genau hinzuschauen. Am Brunnen im Schlossgarten sitzt ein Frosch mit leicht krokodilhaften Zügen. Sind wir im falschen Märchen? Keineswegs. Lasst euch die Geschichte vom Dornröschen beim Rundgang von euren Eltern vorlesen, ihr bekommt dazu ein Faltblatt. Außer den Frosch seht ihr den Küchenjungen, der eine Ohrfeige kriegt, ebenso die Tauben, die wie alle im Schloss in einen 100-jährigen Schlaf fallen. 11 Szenen und ein Denkmal für die

HANDWERK UND GESCHICHTE

Schlossführung: April – Okt Mi 14.30, So 11 und 14.30 Uhr; Führungen entlang der Schattenriss-Laternen Nov – März Sa 17.30 Uhr.

Hunger & Durst

Speise- und Kaffeeschenke Heimatpforte, im Dornröschenschloss Sababurg. ✆ 05671/808-0. www.sababurg.de. 11 – 21 Uhr. Heimische Küche auf neue Art, auch nach Familienrezepten der Brüder Grimm. Terrasse mit Blick auf den Reinhardswald.

Brüder Grimm hat der Künstler *Alfons Holtgreve* in Stahl geschnitten.

Die Burg der Äbte: Die Krukenburg

Am Krukenberg, 34385 Bad Karlshafen-Helmarshausen. ✆ 05672/9999-22, Fax -25. www.heimatverein-helmarshausen.de. heimatverein-helmarshausen@freenet.de. **Bahn/Bus:** Bhf Bad Karlshafen, Bus 180 bis Helmarshausen Krankenhaus. **Auto:** ➚ Bad Karlshafen Richtung Helmarshausen, rechts den Schildern folgen. **Rad:** R4. **Zeiten:** April – Okt täglich 10 – 18 Uhr. **Preise:** 1 €.

▶ Auf der Krukenburg soll der Sage nach der Riese *Kruko* gehaust haben. Tatsächlich war die Burg vieles in einem: Wohnhaus, Wehranlage und Kirche. Auf dem Krukenberg stand zuerst eine Holzkirche, die *Johannes dem Täufer* gewidmet war. Danach wurde viel gewaltiger neu gebaut. Der Stumpf des dicken grauen Turms zeigt noch die Ausmaße. Mitten in der Ruine seht ihr die Reste einer Kirche aus dem 12. Jahrhundert. Aus der Luft betrachtet, sind die Umrisse eines Kreuzes zu sehen. Diese Form hatte sich der Abt von Helmarshausen von der *Heilig-Grab-Kirche* in Jerusalem abgeschaut. Später entstand um die Kirche herum die mächtige Burg. Eine hohe Mauer mit Graben umschloss sie. Nur durch eine kleine Tür auf halber Höhe konnte man in den Turm gelangen. Vom Bergfried aus habt ihr einen Rundblick auf die Gegend um Bad Karlshafen.

In Deckung! Rapunzel wirft ihr Haar herunter

Bei Rapunzel auf der Trendelburg

Privathotels Dr. Lohbeck, Steinweg 1, 34388 Trendelburg. ✆ 05675/9090, www.burg-hotel-trendelburg.com. info@burg-hotel-trendelburg.com. **Bahn/Bus:** Bhf Hofgeismar, Bus 180, 186 bis Trendelburg Diemelbrücke. **Auto:** ➚ Hofgeismar, B83 Richtung Bad Karlshafen. **Rad:** R4. **Zeiten:** Burghof täglich ab 11 Uhr, Autogrammstunde April – Okt So 15 Uhr. **Preise:** Autogrammstunde 3 €, Märchen-Dinner 55 €; Auto-

© GrimmHeimat NordHessen

Mittelalterfest auf der Trendelburg: Staunen, Ritterturniere und Bogenschießen – Herz was begehrst du mehr?

grammstunde Kinder 6 – 12 Jahre 1,50 €; Märchen-Dinner Kinder 6 – 8 Jahre 12,50 €, 10 – 12 Jahre 22,50 €. **Infos:** Burg- und Themenführungen auf Anfrage, Tourist-Info ✆ 05675/749918.

▶ Vom dicken Turm der **Trendelburg** soll Rapunzel ihr geflochtenes Haar heruntergelassen haben. Heute hält das Mädchen mit dem sehr langem Zopf regelmäßig Autogrammstunde – natürlich in Begleitung des Prinzen. Außerhalb der Märchenaktionen ist nur der Hof frei zugänglich. Innen steht das Gebäude Hotel- und Restaurantgästen zur Verfügung. Besuchen könnt ihr die Burg auch zu historischen Themenführungen und Rittermahlzeiten. Bevor alle an der großen Tafel Platz nehmen, begleitet euch Ritter Dietrich zur Pfotenwaschung. Die Trendelburg ist außerdem Kulisse für Märchen-Dinner-Abende. Der Künstler *Albert Völkl* hat das Papiertheaterstück *Rapunzel und die Macht der Tränen* in 4 Akten eigens für die Trendelburg geschaffen. Es erzählt, wie es dazu kam, dass der erblindete Prinz durch Rapunzels Tränen wieder sehen konnte.

Die sagenhafte ***Burg*** *mit traumhaftem Ausblick aufs Diemeltal wird 1303 als Trindirberg erstmals erwähnt. Der Sage nach hat die böse Riesenschwester Trendula die Burg erbauen lassen.*

© GrimmHeimat NordHessen

Uralter Hof: Wasserschloss Wülmersen

Dorothea Fellinger, 34388 Trendelburg-Wülmersen. ✆ 05675/7210348, Fax 720115. www.wasserschloss-wuelmersen.de. d.fellinger@wasserschloss-wuelmersen.de. **Bahn/Bus:** Bhf Bad Karlshafen, Bus 180 bis Trendelburg Abzweig Wülmersen. **Auto:** ➚ Trendelburg Richtung Bad Karlshafen, rechts nach Wülmersen. **Rad:** R4. **Zeiten:** Museum Di – Fr 10 – 18, Sa 14 – 17, So 11 – 18 Uhr. **Preise:** Schlossanlage frei, Museum 2 €; Kinder Eintritt frei. **Infos:** ➚ Ferienadressen.

▶ Inmitten von Wiesen, umgeben von dem Bach *Holzape* und der *Diemel,* liegt dieses mittelalterliche Anwesen. Hier könnt ihr jede Biene einzeln summen hören, so einsam ist es. Das scheint aber nur so, denn das Wasserschloss verknüpft Arbeit mit Freizeit. Arbeitslose junge Menschen werden hier auf Berufe mit Holz, Metall, Verwaltung und Hauswirtschaft vorbereitet. Es gibt außerdem ein **Landmuseum** mit wechselnden Ausstellungen über bäuerliches Leben und Handwerk in der Region.

Das Wasserschloss Wülmersen wurde mehr als 800 Jahre lang als Bauernhof betrieben. Viele Gebäudeteile sind Ruinen. Andere wurden liebevoll wiederhergestellt. Erkennt ihr das Torhaus und den Glockenturm? Das Hofgut ist ein schöner Ausgangspunkt für Ausflüge und Naturerkundungen.

In den ausgebauten Dachböden der ehemaligen Ställe können Gruppen übernachten. Wer aber lieber im Freien schläft, schlägt sein Zelt einfach im früheren Obstgarten auf.

Museen und Aktionen

Ganz nach Karls Geschmack

Kur- und Touristik-Information, Hafenplatz 8, 34385 Bad Karlshafen. ✆ 05672/9999-22, Fax 9999-25. www.bad-karlshafen.de. kurverwaltung@bad-karlshafen.de. **Bahn/Bus:** Bhf Bad Karlshafen, Bus 180, 220 bis Hafenplatz. **Auto:** ➚ Bad Karlshafen. **Rad:** R4. **Zeiten:** Mai – Sep Mo – Fr 9 – 17, Sa (bis 13. Okt) 9.30 – 12, So (bis 14. Okt) 14.30 – 17 Uhr, Okt – April Mo – Fr 9 – 12, 14 – 16 Uhr.

Hunger & Durst

Eissalon Cortina, Weserstraße 33, Bad Karlshafen. ✆ 05672/522. Leckere Eisbecher mit ausgefallenen Sorten und mit Blick auf die Weser.

▶ Wir sind am nördlichsten Zipfel Hessens. Hier in Bad Karlshafen mündet die *Diemel* in die *Weser.* Namensgeber *Landgraf Karl zu Hessen* hat die Stadt 1699 nach seinem Geschmack errichten lassen. Verträumt dümpelt ein Boot im Hafenbecken. Ihr folgt dem Kanal und steht plötzlich vor der Antriebsachse einer Dampflok. Sie erinnert an die älteste Bahnlinie Hessens. Von der Kaimauer gelangt ihr zur Schleusenanlage und zu einer Brücke. Am Pegelhäuschen könnt ihr sehen, wie hoch das Wasser stand. Gegenüber liegt der Campingplatz. Auf der Kurpromenade lauft ihr bis zum Gradierwerk und den Kuranlagen. Über die Weserstraße geht es zurück zum Hafen.

Beim Stadtspiel Hann. Münden erkunden

Touristik Naturpark Münden, Rathaus, Lotzestraße 2, 34346 Hann. Münden. ✆ 05541/75-313, -343, Fax 75-404. www.hann.muenden-tourismus.de. info@hann.muenden-tourismus.de. **Dauer:** ca. 90 Min. **Bahn/Bus:** Bhf Hann. Münden, Bus 126 bis Schloss. **Auto:** ➚ Hann. Münden. **Rad:** R1, Weserradweg. **Preise:** 1 € für Stadtspiel-Heftchen.

▶ Spielt das Stadtspiel! Es ist eine Entdeckungsreise durch **Hann. Münden.** Ihr holt euch in der Tourist-Info ein Heftchen mit Stadtplan und einer Liste von 25 Fragen. Die Nummern der Fragen sind an entsprechender Stelle im Stadtplan eingezeichnet. Das erleichtert euch die Suche nach dem Weg. An den meisten Sehenswürdigkeiten sind Hinweistafeln angebracht, die bei der Beantwortung helfen. Aus den richtigen Antworten müsst ihr 35 Buchstaben ermitteln. Diese ergeben einen Lösungsspruch. Wenn ihr den gefunden habt, ist das Stadtspiel geschafft.

Spektakel mit Doktor Eisenbart

Touristik Naturpark Münden, Rathaus, Lotzestraße 2, 34346 Hann. Münden. ✆ 05541/75-313, 75-343, Fax 75-404. www.hann.muenden-tourismus.de. info@hann.muenden-tourismus.de. **Bahn/Bus:** ➚ Hann. Mün-

Hunger & Durst

Klostermühle Bursfelde, Klosterhof 24, Bursfelde. ✆ 05544/91070. www.klostermuehle-bursfelde.de. Täglich 12 – 21 Uhr. Von Currywurst mit Pfirsich-Currysoße bis Lammbraten.

Die Stadt heißt seit 1991 amtlich ***Hann. Münden,*** *früher Hannoversch Münden oder auch nur Münden.*

© pmv, Foto: Annette Friauf

Ach du Schreck: Zum Glück geht's heut beim Zahnarzt anders zu als bei Dr. Eisenbart

den. **Rad:** R1, Weserradweg. **Zeiten:** Glockenspiel im Rathausgiebel täglich 12, 15 und 17 Uhr; kleine Sprechstunde am Rathaus bzw. untere Rathaushalle Mai – Sep Sa 13.30 Uhr, andere Spektakel auf Anfrage.

▶ Kennt ihr das Spottlied auf den legendären Wanderarzt? »Ich bin der Doktor Eisenbart, kurier' die Leut' nach meiner Art, kann machen, dass die Lahmen sehn, und dass die Blinden wieder gehn.« Nehmt an einer mit Anekdoten gespickten Altstadtführung des **Scharlatans** teil. Oder ihr macht bei einer kleinen Sprechstunde Bekanntschaft mit ihm. Einmal pro Woche schaut sich Eisenbart Wehwehchen an. Schließlich tritt der Doktor im Gefolge seiner Gehilfen *Pickelhering* und *Feuerspucker* 3 x am Tag aus dem Rathaus-Giebel hervor. Eisenbart starb 1727 in Hann. Münden. Die Stadt findet bei allem Spott, dass er anders als sein Ruf war. Sein Grabstein steht an der Aegidienkirche.

Einen schlecht ausgebildeten Arzt und Betrüger nennt man ***Scharlatan,*** *Quacksalber oder Kurpfuscher.*

Aus Omas Vitrine

Glasmuseum Immenhausen, Dagmar Ruhlig, Am Bahnhof 3, 34376 Immenhausen. ✆ 05673/2060. www.immenhausen.de/glasmuseum. glasmuseum@immenhausen.de. **Bahn/Bus:** Hbf Kassel, RT3 bis Bhf Immenhausen. **Auto:** ➚ Immenhausen, Schildern zum Bhf folgen. **Zeiten:** Di – Do 10 – 17, Fr – So 13 – 17 Uhr. **Preise:** 3,50 €; Kinder 6 – 17 Jahre 2,50 €; Familienkarte (2 Erw mit 2 oder mehr eigenen Kindern) 8 €.

▶ Kann man aus jedem Glas trinken? In diesem Spezialmuseum seht ihr alle möglichen Produkte aus Glas, darunter auch Kirchenfenster. In den Vitrinen stehen Trinkgläser wie sie früher mal Mode waren. Vielleicht besitzen eure Großeltern ähnliche Gläser. Das Museum zeigt die Geschichte der Glashütte seit 1898. Damals wurde der Betrieb aus dem *Kaufunger*

Happy Birthday!

Ein Nachmittag mit Führung, Film über die Herstellung von Glas, Rallye durchs Museum und Mosaik-Basteln kostet pro Kind ab 10 Jahre 10 €, min jedoch 80 €, Material und Erfrischung inklusive.

»Um das Schloss aber begann eine Dornenhecke zu wachsen, die jedes Jahr höher ward und endlich das ganze Schloss so umzog und darüber hinauswuchs, dass gar nichts mehr zu sehen war, selbst nicht die Fahnen auf den beiden Türmen.« Ein Schloss, zwei Türme, eine Dornenhecke. Das Bild passt nach Sababurg. Wegen ihrer Lage im einsamen Reinhardswald und die Architektur des Schlosses wurde hier der Schauplatz des Märchens erkannt. Im 18. Jahrhundert war das Schloss wild zugewachsen. Der Reiseführerautor *Wilhelm Ide* findet 1938 Sababurg umhüllt von Holunderduft und wildem Wein und schwärmt: »Da war mir's, als könnte das nur hier gewesen sein, wo Dornröschens Königsschloss stand.« Doch erst um 1950 wurde das einstige Jagdschloss der Landgrafen wiedererweckt. Als Erlebnisschloss mit Hotel, Restaurant und Kulturangebot schmückt es heute die Märchenfantasien aus. Natürlich könnt ihr auch in anderen Schlössern Dornröschen 100 Jahre schlafen sehen. *Otto Ubbelohde,* ein bekannter Maler von Grimms Märchen, sah den Schauplatz in Weilburg an der Lahn.

WO DORNRÖSCHEN SCHLIEF

Wald hier her verlegt, weil Immenhausen schon an die Eisenbahn angeschlossen war. Lange Zeit wurden Glasbehälter für Medizin und Apotheke hergestellt. Nach Feierabend produzierten die Hüttenarbeiter auch Haushaltsgeräte für den Eigenbedarf. Ihr könnt die Flaschenorgel spielen und über eine Brücke mit umgestülpten Flaschen laufen.

Es klappern die Mühlen

Der Mühlenplatz, Mühlenplatz 10, 34399 Oberweser-Gieselwerder. ✆ 05572/9373-0, www.muehlenplatz-gieselwerder.de. verkehrsamt@oberweser.de. **Bahn/Bus:** Bhf Bad Karlshafen, Bus 180, Bhf Trendelburg, Bus 186, Trendelburg-Gottsbüren Sababurger Straße, Bus 192 bis Oberweser-Gieselwerder Neustadtstraße. **Auto:** ↗ Bad Karlshafen, B80 bis Oberweser-Gieselwerder, Ortsausgang Richtung Gottsbüren. **Zeiten:** April – Sep 10 – 18, 1. – 15. Okt 10 – 17 Uhr. **Preise:** 2 €; Kin-

Wollt ihr *Dornröschen* in englischer Fassung hören? Dann kommt So um 16.30 Uhr auf die Sababurg. Oder lasst euch von ihr und ihrem Prinzen Märchen in gereimter Form erzählen. Märchenführung auf Deutsch April – Okt Mi 14.30, So 11 und 14.30 Uhr sowie mehrfach Märchen- und Sagen-Audienzen. www.sababurg.de.

Auf dem Mühlenplatz ist Picknicken erlaubt.

Flaschenrätsel: Welcher Hals gehört zu welchem Bauch?

*Mit einem **Aquädukt** haben die Römer Wasser über weite Strecken bis in ihre Städte geleitete.*

der ab 5 Jahre 0,80 €, Jugendliche ab 14 Jahre 1 €; Gruppen ab 15 Pers je 1 €.

▶ Hier ist Platz für viele Mühlen. Sogar für solche, deren Vorbilder in Originalgröße gar nicht mehr existieren. Die faszinierende Miniaturwelt auf einer Waldwiese am *Lumbach* zeigt mehr als 60 Bauwerke, nachgebaut im Maßstab 1:25 und 1:40. Vielleicht erkennt ihr Burgen, Kirchen und Rathäuser aus eurer Heimatstadt? Oder weltbekannte Bauwerke wie das bayerische Schloss Neuschwanstein, die thüringische Wartburg oder die römische **Aquäduktbrücke** Pont du Gard in Südfrankreich? Besonders lieblich sind aber die Mühlen, in die Wasser über winzige Rinnen fließt, damit sich die Räder drehen.

Würfeln mit Graf Reinhard

Dornröschenschloss Sababurg, Familie Koseck, 34369 Hofgeismar-Sababurg. ✆ 05671/808-0, Fax 808-200. www.sababurg.de. dornroeschenschloss@sababurg.de. **Bahn/Bus:** Bhf Hofgeismar, Bus 190 bis Dornröschenschloss Sababurg. **Auto:** ↗ Hofgeismar, B83, Landstraße, Schildern folgen. **Zeiten:** April – Okt Sa 16 Uhr. **Preise:** Die Aufführung ist im Rahmen der Außenbesichtigung kostenlos.

Aufgepasst, lasst euch vom Würfelprofi Reinhard nicht übers Ohr hauen!

© GrimmHeimat NordHessen

▶ *Graf Reinhard* würfelt gern, und ihr könnt gegen ihn antreten. Samstags besucht er das Dornröschenschloss Sababurg und erzählt, wie der Reinhardswald zu seinem Namen kam. Einst gehörte das Land dem Grafen. Der hatte Pech im Spiel, mit einem Wurf verlor er sein Reich. Doch der Graf war listig. Er ließ die Dörfer niederbrennen, vertrieb die Bewohner und ließ auf den Äckern überall Baumsamen ausstreuen. So wuchs der *Reinhardswald.* Heutzutage ist der Graf mit seinem großen ledernen Würfelbecher ein großzügiger Verlierer. Wer das Spiel gewinnt, bekommt Goldtaler.

KASSEL & UMLAND

HERKULES MACHT SICH STARK FÜR EUCH

Kassels Wahrzeichen ist von weither zu sehen: der Herkules. Er wacht über Europas größten Bergpark mit Schloss Wilhelmshöhe, Löwenburg und Wasserkünsten. Wenige Schritte sind es zur Karlsaue mit dem Astronomisch-Physikalischen Kabinett, der Blumeninsel Siebenbergen und zum Badestrand am Bugasee.

In Kassel habt ihr viel Spaß in Kletterparks, Theater und Kinos. Auch das Umland ist interessant. Prachtvoll ist Schloss Wilhelmsthal in Calden. Im Naturpark Habichtswald erhebt sich der 579 m hohe Dörnberg mit seinen sagenumwobenen Felsen. In der Baunataler Knallhütte könnt ihr beim Märchenerzählen zuhören. Auch die Schauenburger Märchenwache erinnert an die Zeit der Grimms. Wolfhagen hat Wolf und Geißlein ein Denkmal gesetzt. In Gudensberg steht eine fantasievolle Märchenbühne. In Naumburg könnt ihr den Dampfzug Hessencourrier pfeifen hören. Von Kaufungen ist es nicht weit zu den Mammutbäumen Niester Riesen.

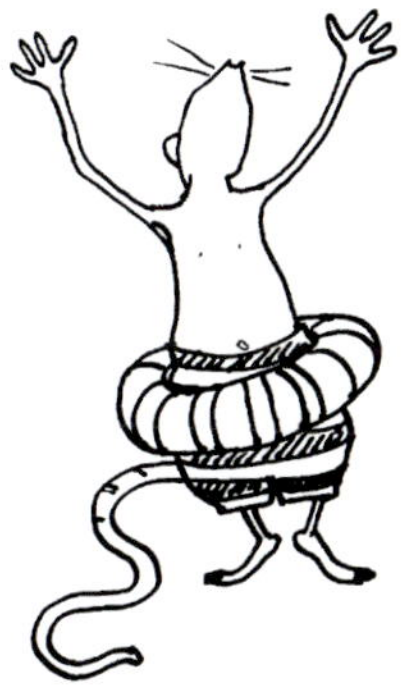

Schwimmbäder und Badesee

TIPPS FÜR WASSERRATTEN

Baden unter Pagoden

Kurhessen Therme, Wilhelmshöher Allee 361, 34131 Kassel-Wilhelmshöhe. © 0561/31808-0, Fax 31808-13. www.kurhessen-therme.de. info@kurhessen-therme.de. **Bahn/Bus:** Hbf Kassel, Tram 1 bis Kurhessen-Therme. **Auto:** ➚ Kassel, Wilhelmshöher Allee Richtung Bergpark, Schildern folgen. **Zeiten:** täglich 9 – 23, Mi, Fr, Sa 9 – 24 Uhr. **Preise:** 1,5 Std 13 €, 3 Std 17,50 €, Tageskarte 25 €; Kinder 6 – 12 Jahre in Begleitung 10 €.

Happy Birthday! Geburtstagskinder haben gegen Nachweis freien Eintritt.

▶ Mit Pagodentempeln und Wasserfällen wirkt das Thermalsolebad ziemlich fernöstlich. Und wie in Asien ist es auch in der Kurhessen Therme tropisch warm. Im heißesten Becken hat das Wasser 37 Grad. Die Badelandschaft zieht sich innen und

Konzentriert: Basteln mit dem Burgfräulein der Gudensbergburg

außen über 1200 qm Fläche. Es gibt Thermalsolebecken und sprudelnde Quellen. Rutscht die 106 m lange Rutsche herunter! In der Saunawelt stehen finnische Blockhäuser, römisches Dampfbad sowie Kräuter- und Aromasaunen zur Verfügung. Es gibt Wohlfühlangebote mit Salz und Honig und zahlreiche Gesundheitsanwendungen. Zur Therme gehören Restaurant, Sommerbar und eine Boutique.

Schwimmen und klettern

Aqua-Park, Altenritter Straße 41, 34225 Baunatal. ✆ 0561/499930, Fax 9497520. www.aquapark-baunatal.de. info@stadtwerke-baunatal.de. **Bahn/Bus:** Bhf Kassel-Wilhelmshöhe, Bus 51 bis Baunatal-Altenbauna, Aqua-Park. **Auto:** ↗ Baunatal. **Zeiten:** Juni – Aug Mo 12 – 20, Di – So, Fei 8 – 20 Uhr, Sep – Mai Mo 12 – 20, Di – Fr 8 – 20, Sa, So, Fei 8 – 19 Uhr. **Preise:** 4,20 € (im Winter für 3 Std); Kinder 6 – 17 Jahre 3 € (im Winter 3 Std); Familienkarte 12,50 €.

▶ Das Freizeitbad Aqua-Park hat das ganze Jahr über geöffnet. Hier könnt ihr nicht nur schwimmen und planschen, sondern auch klettern und euch ins Nass fallen lassen. Die Kletterwand ist am Springerbecken angebracht. Eintauchen vom 1er, 3er und 5er könnt ihr auch. Ab durch die Röhre: Der Aqua-Park hat 2 Rutschen, die 85 m lang sind und eine ist sogar eine Black Hole mit Lichteffekten. Für Wettbewerbe gibt es eine Zeitmessanlage. Für Schwimmer gibt es sechs Bahnen à 25 m, dazu ein Erlebnisbecken für Gymnastik- und Schwimmkurse. Für Kleinkinder gibt es 3 Becken mit Rutsche, Pinguin und Delphin. In den flachen Becken ist das Wasser mehr als 30 Grad warm. Die Außenbecken sind auch in der kalten Jahreszeit geöffnet und haben Sog, Pilz, Schwallwasserdüsen, Geysir und Wasserfall. 2-mal monatlich gibt es samstags **Kinderspielnachmittage.**

Voll viel Wasser: Die Schwalldusche macht auch viel Spaß

© pmv

Wasserspaß mit Babysauna

Märchenlandtherme, Schulstraße 5, 34479 Breuna. ✆ 05693/1660, www.maerchenlandthermebreuna.de. gemeinde@breuna.de. **Bahn/Bus:** Bhf Wolfhagen, Bus 130, 140, 150, 160 bis Breuna, Kirchweg. **Auto:** A44 Ausfahrt 66 Breuna, im Ort Schildern folgen. **Zeiten:** Mo – Fr 15 – 21, Sa 13 – 21, So, Fei 9 – 18 Uhr. **Preise:** 2,80 €; Kinder 5 – 15 Jahre 2,30 €. **Infos:** Infos zu Babysauna über Beate Kühne ✆ 05693/7906.

▶ Die Märchenlandtherme möchte besonders Kindern Freude an Wasser und Wellness bereiten. Dazu gibt es nicht nur die üblichen Rutschen und Kinderbecken, sondern auch **Gesundheitsangebote** speziell für Familien. Hier gehen schon Babys in die Sauna. Eltern mit Kindern ab dem 4. Monat werden im sanften Schwitzen geschult. Sie besuchen zunächst 2 Minuten lang die 60 Grad warme Bio-Sauna und wenn es ihnen angenehm ist, steigern sie sich. Wer schon früh sauniert, erkrankt seltener an den Atemwegen, sagen die Kursleiterinnen. Auch die Haut z.B. bei Neurodermitis bessert sich. Es gibt auch Kurse in Aqua-Fitness und Kinderschwimmen. Danach könnt ihr auf Liegen entspannen. An jedem 1. Samstag im Monat, 13 – 16.30 Uhr, gibt es **Kindernachmittage.** Ihr könnt auf einem großen Wassertier toben und dürft auch Wasserspielzeug mitbringen.

Hunger & Durst

Bistro Märchenlandtherme, Schulstraße 5, Breuna. ✆ 05693/1349. www.maerchenlandthermebreuna.de. Mo – Fr 15 – 23, Sa 13 – 23, So, Fei 9 – 18 Uhr. Salate, überbackene Baguettes, Eis, Milchshakes.

Baden und surfen am Bugasee

Freizeitzentrum Fuldaaue, Damaschkestraße, 34117 Kassel. ✆ 0561/7077-07, Fax 7077-169. www.kassel-marketing.de. info@kassel-marketing.de. **Bahn/Bus:** Hbf Kassel, Bus 25 bis Fuldaseen oder für Wasserspielplatz Bus 16 bis Gärtnerplatzbrücke. **Auto:** ↗ Kassel, Schildern Messehallen folgen.

▶ Auf dem Gelände der Bundesgartenschau von 1981 ist in der Fuldaaue ein **Bade- und Surfzentrum** entstanden. Die Kasseler nennen den Freizeitort kurz *Bugasee.* Ein Viertel der Gesamtfläche von 40 ha ist für Tiere und Pflanzen geschützt. Auf dem Rest könnt ihr euch austoben. Das Wasser ist etwa 4 bis 6 m tief. Zum Ausruhen gibt es einen Sandstrand. Kioske, Gaststätten und Grillplätze sorgen dafür, dass der Hunger gestillt werden kann. Besonderen Spaß bereitet der **Abenteuer-Wasserspielplatz** nahe der Gärtnerplatzbrücke. Wer sich nicht nass machen will, schwebt mit der **Seilbahn** oder fährt mit Rädern über Wipprampen. Der Spielplatz in der Fuldaaue ist der größte in Kassel und behindertengerecht gebaut.

Eine Schifffahrt, die ist lustig

Eine Schiffstour auf der Fulda

Personenschiffahrt K & K Söllner, Die Schlagd, 34117 Kassel. ✆ 0561/774670, Fax 777776. www.personenschiffahrt.com. info@personenschiffahrt.com. **Bahn/Bus:** Hbf Kassel, RT5, RT9, Tram 3, 4, 6, 7, 8 bis Altmarkt/Regierungspräsidium. **Auto:** ➚ Kassel, Frankfurter Straße, Steinweg, Renthof, Karl-Branner-Brücke. **Zeiten:** Tour Stausee Wahnhausen: Ende Juni – Aug täglich, Mai – Juni, Sep Mi, Sa, So jeweils 14 Uhr; Tour Hann. Münden Mai – Sep Mi, So, Fei 9.30 Uhr. **Preise:** Kassel – Stausee Wahnhausen – Kassel 9 €, Kassel – Hann. Münden – Kassel 18 €; Kinder 4 – 14 Jahre 5 € bzw. 9 €.

▶ Mit den Dampfern *Hessen* und *Stadt Kassel* könnt ihr die Fulda flussaufwärts schippern. Einstieg ist an der **Schlagd** neben der Karl-Branner-Brücke. Die kürzere Tour führt in 3 Stunden zum Stausee Wahnhausen und wieder zurück, die längere dauert 9 Stunden und folgt der Fulda bis zum Weserstein in Hann. Münden und zurück. Beidesmal kommt ihr an der *Stadtschleuse* vorbei, wo wie in alten Zeiten ein Höhenunterschied von fast 3 m überwunden werden muss.

In **Richtung Stausee Wahnhausen** fährt das Schiff über Niestetal-Sandershausen und erreicht den Kaufunger Wald. Hier windet sich die Fulda in einer schönen Schleife. Über Spiekershausen geht es weiter

zum Stausee. Das Schiff fährt bis zur Staumauer, bevor es wendet.
Wer sich für die **Tour nach Hann. Münden** entscheidet, passiert die Dörfer Wahnhausen, Speele und Wilhelmshausen. Nach der Schleuse Benaforth erreicht man Niedersachsen. In Hann. Münden können die Ausflügler 2,5 Stunden an Land gehen und durch die Altstadt bummeln, bevor es zurück nach Kassel geht. Fahrräder und Kinderwagen werden übrigens kostenlos auf dem Schiff transportiert.

FRISCHE LUFT & SPORT

Radeln – oder lieber wandern?

Mit dem E-Bike der Lok auf der Spur

Hessencourrier-Radweg, Johanna-Waescher-Straße, 34117 Kassel. ✆ 0561/987326-0. www.kassel-land.de. info@region-kassel-land.de. **Länge:** 43 km oder etwa 30 km. **Bahn/Bus:** Bhf Kassel-Wilhelmshöhe, Tram 4, 7 bis Hasselweg oder Marbachshöhe. **Auto:** ↗ Kassel, Frankfurter Straße, Ludwig-Mond-, Kohlenstraße, nach ca. 1 km vor den Bahngleisen links Eugen-Richter-, nach 150 m links Johanna-Waescher-Straße. **Zeiten:** Verleihstation Fahrradhof im Bhf Wilhelmshöhe Mo – Fr 9 – 13, 14 – 18.30, Sa 9 – 15 Uhr.

▶ Der **Hessencourrier-Radweg** führt von *Kassel* bis *Naumburg* entlang der Strecke der Museumsbahn. Die 43 km lange Tour ist etwas für Fortgeschrittene, weil einige Höhen zu überwinden sind. In etwa 5 Stunden seid ihr am Ziel. Wer es bequemer haben möchte, fährt mit dem E-Bike eine etwa 30 km lange Variante des Hessencourrier-Radwegs. Am Start im **Bahnhof Wilhelmshöhe** gibt es eine Verleihstation. Von dort folgt ihr den Wegweisern mit der Lok. Ihr fahrt durch das Naturschutzgebiet *Dönche* bis nach **Baunatal.** Über *Altenbauna* geht es nach *Altenritte* und weiter bis nach *Schauenburg* mit dem Ortsteil **Hoof.** Dort verlasst ihr den Hessencourrier-Radweg. An der **Kreuzung Wahlgemeinde** biegt ihr rechts ab

und bewältigt einen 2,5 km langen Anstieg zum *Hohen Gras.* Das ist mit 615 m der höchste Berg des Habichtswälder Berglands. Hier gibt es einen Kletterwald. Weiter geht es bis zum Herkules, wo ihr auf den **Herkules-Wartburg-Radweg** stoßt. Sein grün-blaues Schild weist euch den Weg durch den Bergpark *Wilhelmshöhe.* Nach der Querung der Wilhelmshöher Allee kreuzt der Radweg die Straßenbahnlinie 1 und führt weiter zu Rammelsberg- und Lange Straße. An der Einmündung Bremelbachweg wendet ihr euch vor der Bahnunterführung nach rechts und erreicht nach 200 m wieder den **Bahnhof Wilhelmshöhe.**

Wie in den Alpen

Alpenpfad, Auf dem Dörnberg 13, 34289 Zierenberg. ✆ 05606/533266, 533327, Fax 533291. www.naturpark-habichtswald.de. infonaturpark-habichtswald.de. **Länge:** 6 km. **Bahn/Bus:** Bhf Kassel-Wilhelmshöhe, R4, RT4 bis Bhf Zierenberg, Bus 117 bis Hoher Dörnberg, an Wochenenden AST ✆ 05692/993899. **Auto:** A44 Ausfahrt 67 Zierenberg, Landstraße Richtung Calden-Ehrsten, Schildern Richtung Segelflugplatz folgen. **Infos:** Gehbehinderte Menschen können im Naturparkzentrum einen Geländerollstuhl ähnlich einer Sänfte ausleihen. Halbtagestouren 5 €, Tagestouren 10 €.

▶ Ihr seid hier zwar nicht in den Alpen, aber landschaftlich könnte man schon meinen, von Südtirol nicht weit weg zu sein. Durch jahrhundertelange Weidewirtschaft ist der *Dörnberg* im *Habichtswald* kahl gefressen. Hier wachsen Orchideen und im Herbst Enzian. Auf dem 6 km langen **Alpenpfad** könnt ihr den Dörnberg zu Fuß erkunden. Der mit der Zahl 1 markierte Rundweg ist weniger anstrengend als andere Wanderwege, die *Helfenstein, Hohlestein und Wallanlagen* miteinander verbinden. Der Alpenpfad führt einmal um den Kleinen Dörnberg, der auch Treffpunkt der Segelflieger ist. Start ist an der Infohütte gegenüber dem

Typisch alpenländisch: Blauer Enzian – vor seiner Verarbeitung zum Erwachsenengetränk …

© Annette Sievers

Parkplatz vor dem *Naturparkzentrum Habichtswald.* Ihr lauft am Rand des Berges über offene Wacholderflächen und Kalkmagerrasen. Ein kurzer Abstecher lohnt sich zur *Wichtelkirche.* Das ist ein Basaltfelsen, der wegen seiner Form an eine kleine Kirche erinnert. Auf ihm lag eine mittelalterliche Burg, von der aber nichts mehr übrig ist. Bevor ihr am Ziel seid, bewundert den *Helfenstein.* Die Felsen sollen schon die Kelten angezogen haben. Manche Menschen glauben, sie besitzen noch immer geheimnisvolle Kraft.

Hunger & Durst

Café Eden, Auf dem Dörnberg 13, Zierenberg. ✆ 05606/ 533532. www.helfensteine.de. Di – So 10 – 18 Uhr. Zu Füßen des Helfensteins Café des Seminarzentrums mit großer Sonnenterrasse, Kaffee, Kuchen, Snacks und Tageskarte.

Zu den Mammutbäumen

Premiumweg Niester Riesen, 34329 Nieste. ✆ 05605/925218, Fax 925217. www.wanderschule-nieste.de. gemeinde@nieste.de. **Länge:** 5,5 km mit Panoramaschleife, Abkürzung auf 4 km möglich. **Bahn/ Bus:** Hbf Kassel, Tram 4 bis Kaufungen-Oberkaufungen Gesamtschule, Bus 34 bis Abzweig Sensenstein. **Auto:** ↗ Kassel, A7 Dreieck Kassel-Ost, B7 Richtung Hessisch-Lichtenau bis Oberkaufungen, Richtung Nieste bis Wanderparkplatz Niester Riesen. **Zeiten:** April – Okt.

▶ Am Westhang des *Kaufunger Waldes* wachsen exotische Mammutbäume himmelwärts in die Höhe. Sie stehen zwischen einheimischen Pflanzen und sind ungefähr 160 Jahre alt. Möglicherweise sind sie als Setzlinge von Übersee nach Nordhessen gelangt. Oder waren doch Geister im Spiel? Der Sage nach soll ein guter Waldgeist Riesen in Bäume verwandelt haben. Diese hatte ein böser Herzog zuvor in den Wald geschickt, um die Burg *Sensenstein* zu erstürmen. So stehen die *Niester Riesen* bis heute. Inspiriert durch die Sage, hat ein Künstler einen 4 m hohen Riesen aus Metall geschaffen, der am Eingang der Jugendburg Sensenstein steht.

Das **Naturdenkmal Niester Riesen** könnt ihr auf einem 5,5 km langen **Rundweg** durch Wald und Feld erreichen, der mit P11 markiert ist. Eine Abkürzung auf 4 km ist ausgeschildert. Start ist am Wanderparkplatz zwischen Nieste und Oberkaufungen.

Hunger & Durst

Königsalm Nieste, Tannenhütte 1, Nieste. ✆ 05605/9290628. www.koenigsalm.de. Täglich 11 – 23 Uhr. Bayerischer Berghüttencharme, 400 Plätze und Terrasse, deftige Küche und Riesenwaffeln.

Naturparks und Klettergarten

Wasserfälle im größten Bergpark Europas

Bergpark Wilhelmshöhe und Wasserkünste, Schlosspark 1, 34131 Kassel-Wilhelmshöhe. Museumslandschaft Hessen Kassel, ✆ 0561/7392173, www.museum-kassel.de. info@museum-kassel.de. **Bahn/Bus:** Bhf Kassel-Wilhelmshöhe, Tram 1, Bus 23 bis Wilhelmshöhe Park (Tal) oder Tram 3, Bus 22 bis Endstation Herkules (Berg). **Auto:** ↗ Kassel, Wilhelmshöher Allee Richtung Bergpark, Schildern folgen. **Zeiten:** ganzjährig geöffnet, Wasserkünste Mai – Okt Mi, So, Fei 14.30 Uhr ab Herkules, 15.30 Uhr Abschluss am Fontänenteich, beleuchtete Wasserkünste jeweils 1. Sa im Juni, Juli, Aug und Sep nach Einbruch der Dunkelheit. **Preise:** Eintritt und Wasserspiele frei.

▶ Zu Füßen des Herkules erstreckt sich der größte Bergpark Europas. Wie der antike Held blickt ihr von der Terrasse am Oktogon aus bis hinunter zum Schloss Wilhelmshöhe auf eine Parklandschaft, die etwa so groß wie 350 Fußballplätze ist. *Landgraf Karl* war großer Italien-Fan und ließ den Garten von einem italienischen Architekten an diesem steilen Hang im *Habichtswald* anlegen. Hier wachsen 500 verschiedene Gehölze und es gibt viele auffällige Gebäude wie Löwenburg, Gewächshaus, Ballhaus sowie Tempelchen. Einzigartig sind die Wasserkünste im Sommer. Dabei wird ein riesiger Schwall zu einem spektakulären Wassertheater den Berg hinab gelenkt. Das funktioniert allein durch die Nutzung des natürlichen Gefälles. Sechs Leute öffnen per

Lass mich mal: Mit dem Fernglas könnt ihr den Herkules ganz nah ran holen, auf **↗ Seite 46** **haben wir das gemacht**

© pmv, Foto: Annette Friauf

Hand die Schleusen. Es macht großen Spaß, vom Herkules aus den Wasserfällen und -läufen zu folgen. Ihr kommt an Teichen, Brücken, Grotten und dem Aquädukt vorbei. Nach einer Stunde schießt im Teich unten am Schloss eine Fontäne gen Himmel. Im neuen **Besucherzentrum** hinter dem Herkules-Monument könnt ihr euch ausführlich über den Bergpark informieren. Die Kasseler wünschen sich, dass das einzigartige Gesamtkunstwerk aus Architektur, Landschaft und Garten UNESCO-Welterbe wird.

»Den Bergpark entdecken« heißt ein Suchspiel mit kniffligen Quizfragen und kleinen Aktionen, das ihr Mai – Sep mitmachen könnt. Das Abenteuer gibt es auch als GPS-Schnitzeljagd, ✆ 0561/31680-123, besucherdienst@museum-kassel.de.

Von der Orangerie bis Siebenbergen

Staatspark Karlsaue mit Insel Siebenbergen, An der Karlsaue, 34121 Kassel. ✆ 0561/7392173, www.museum-kassel.de. info@museum-kassel.de. **Bahn/Bus:** Hbf Kassel, Bus 16 bis Orangerie bzw. RT3, RT5, Tram 5, 6 bis Auestadion, Bus 25 bis Damaschkebrücke. **Auto:** ↗ Kassel, Frankfurter Straße bis Parkhaus Friedrichsplatz. **Zeiten:** Karlsaue täglich, Insel Siebenbergen April – Okt Di – So, Fei 10 – 18 Uhr. **Preise:** Insel Siebenbergen 3 €; frei.

▶ Auch dieser Park trägt die Handschrift des *Landgrafen Karl.* Und wieder wird, egal von wo ihr kommt, euer Blick auf ein Schloss gerichtet. Die gelb leuchtende **Orangerie** soll ein bisschen wie französische barocke Prachtbauten aussehen. Wie der Name vermuten lässt, diente sie auch als Gewächshaus. Heute beherbergt das Schloss Museen wie das *Astronomisch-Physikalische Kabinett* und das prächtig ausgestattete *Marmorbad.* Die heutige **Karlsaue** ist mit 150 ha Fläche riesig groß. Bereits Mitte des 16. Jahrhunderts begannen die Landgrafen, in der Fuldaaue einen weiträumigen Park anzulegen. Überall fließt Wasser durch Kanäle und sammelt sich in Bassins. Besonders romantisch sind die Inseln. Die *Schwaneninsel* trägt einen Tempel. Den südlichen Abschluss des Parks bildet die **Blumeninsel Siebenbergen.** Auf ihr wachsen viele seltene Pflanzen. Bereits im Frühjahr ist die Insel ein Blütenmeer.

@ Die Hessische Gesellschaft für Ornithologie und Naturschutz bietet vogelkundliche Exkursionen durch die Fuldaaue an: www.hgon.de.

Große Schritte: Auf dem Kletterparcours

Hangeln im Habichtswald

Kletterwald Kassel, Hohes Gras, 34131 Kassel-Wilhelmshöhe. ✆ 0561/8719471, www.kletterwald-kassel.de. mail@kletterpark-gmbh.de. **Bahn/Bus:** Bhf Kassel-Wilhelmshöhe, Bus 22 bis Hohes Gras. **Auto:** ↗ Kassel, Frankfurter Straße, Wilhelmshöher Allee Richtung Bergpark und Ehlen, am Parkplatz Herkules links ab, Schildern folgen. **Zeiten:** Fr 15 – 20, Sa, So, Fei 10 – 20 Uhr, hessische Schulferien Mi – Fr 12 – 20 Uhr. **Preise:** 3 Std 19 €; Kinder ab 10 Jahre 3 Std 15 €; Familienkarte 15 € pro Person.

▶ Hier im Habichtswald seid ihr schon fast so hoch wie der Herkules. Im Kletterwald *Hohes Gras* geht noch mehr. Auf bis zu 15 m Höhe könnt ihr euch durch die Bäume hangeln. 5 Parcours mit verschiedenen Schwierigkeitsgraden stehen zur Verfügung. Kletterer finden 60 verschiedene Elemente, darunter bis zu 50 m lange Seilrutschen. Wer noch nie geklettert ist, bekommt ein Sicherheitstraining am Boden. Ihr könnt schon ab 1 m Höhe Erfahrungen sammeln.

Happy Birthday!

3 Std Kletterprogramm mit Einweisung und Ausrüstung sowie Betreuung kostet pro Kind 15 €. Ab 5 Gästen hat das Geburtstagskind freien Eintritt. Ein Extra-Trainer kostet 45 €.

Ganz hoch hinaus

Kletterzentrum Kassel, Lilienthalstraße 12, 34123 Kassel. ✆ 0561/ 5790505, www.verticalworld.de. verticalworld@gmx.de. **Bahn/Bus:** Hbf Kassel, Bus 37 bis Wohnstraße/AEG. **Auto:** ↗ Kassel, Südtangente bis Kassel-Waldau, B83, Lilienthalstraße, Unternehmenspark Kassel, Tor 2. **Zeiten:** Mai – Sep 14 – 22.30, Mo, Mi, Sa 10 – 22.30, So, Fei 10 – 20 Uhr; Okt – April 1 – 22.30, So, Fei 10 – 20 Uhr. **Preise:** Tageskarte 11 €, Eltern-Kind-Kurs ab 41 €; Kinder bis 11 Jahre 7 €, 12 – 18 Jahre 8 €; Familienkarte 30 €.

▶ Mit bis zu 18 m Wandhöhe ist das Kletterzentrum Vertical World eine der höchsten Kletterhallen Deutschlands. Euch stehen 1000 qm zur Verfügung. Ihr könnt auf eigene Faust klettern oder in Kursen erst einmal Gleichgewichtsgefühl und Beweglichkeit schulen. Es gibt Eltern-Kind-Kletterkurse. Danach können Eltern die Kinder im Toprope sichern, d.h. das Seil kommt von der Decke. Fortgeschrittene lernen den Vorstieg, bei dem das Seil von unten in die Wand gehängt wird. Ideal für die ersten Versuche ist Bouldern, für das ihr weder Gurt noch Seil benötigt. Wenn ihr fallt, dann auf eine Matte.

Happy Birthday!
Das 2-stündige Programm kostet bei bis zu 6 Kindern 72 €, jedes weitere Kind 12 €. Geburtstagsfeiern sind wochentags ab 16 Uhr sowie am Wochenende ab 13, 15 oder 17.15 Uhr möglich.

Der Natur auf der Spur

UMWELT ERFORSCHEN

Wo die Kelten waren

Naturparkzentrum Habichtswald, Auf dem Dörnberg 13, 34289 Zierenberg. ✆ 05606/533266, 533327, Fax 533291. www.naturpark-habichtswald.de. infonaturpark-habichtswald.de. **Bahn/Bus:** Bhf Kassel-Wilhelmshöhe, R4, RT4 bis Bhf Zierenberg, Bus 117 bis Hoher Dörnberg, an Wochenenden AST ✆ 05692/993899. **Auto:** A44 Ausfahrt 67 Zierenberg, Landstraße Richtung Calden-Ehrsten, Schildern Richtung Segelflugplatz folgen. **Zeiten:** März – Okt Di – So 10 – 17 Uhr, Nov – Feb Di – Fr 12 – 16, Sa, So 10 – 16 Uhr.

▶ Basaltkuppen sind das typische Merkmal des Naturparks Habichtswald. Viele davon sind bewaldet. Eine eigenartig karge Landschaft findet ihr auf dem fast 580 m hohen Dörnberg bei Zierenberg. Verrückte Felsen überragen die kahlen, nur mit Magerrasen bewachsenen Kuppen. Der Dörnberg gehört zu den nördlichsten Orten in Deutschland, an denen die Kelten gesiedelt haben. Ihr könnt noch Reste der Wallanlagen erkennen. Auf dem Helfenstein wurden Keramikscherben gefunden. Vermutlich war er schon lange vor Christus ein Naturheiligtum. Mehr über Landschaft und Geschichte erfahrt ihr im **Naturpark-**

Von Zierenberg bis zum Edersee verläuft seit Herbst 2011 der 85 km lange **Habichtswaldsteig.** Keine Angst: Ihr müsst dem Habichtskopf nicht die gesamte Strecke folgen. Besucht mal einen der Märchenrastplätze mit Landschaftsschaukeln! Infos unter www.habichtswaldsteig.de.

zentrum. Dort gibt es eine Ausstellung über den Lebensraum *Habichtswald.* Ein Muschelkalkdiorama zeigt die geologischen Besonderheiten des Mittelgebirgsmassivs. Ein eisenzeitlicher Wohn- und Werkstattraum ist nachgestellt. Mitmachstationen und eine Hausrallye runden den Besuch ab. Im Foyer deckt ihr euch mit Büchern, Prospekten und Wanderkarten ein. Kindergruppen können Entdeckertouren buchen. Manchmal gibt es Sternenführungen oder Kräuter-Märchen-Spaziergänge auf dem Dörnberg.

Von Äpfeln und Hummeln

Naturerlebnisraum und Hummelwerkstatt, Claudia Thöne, Hattenhäuser Weg 10 – 12, 34311 Naumburg. ✆ 05625/790973, 790974, Fax 790976. www.naumburg.eu. claudia.thoene@naumburg.eu. **Bahn/Bus:** Bhf Wolfhagen, Bus 52, 144 bis Bhf Naumburg, für Hummelwerkstatt Bus 52, 152 bis Naumburg, Fritzlarer Straße. **Auto:** A44, Ausfahrt 67 Zierenberg, B251. **Rad:** R4. **Zeiten:** Naturerlebnisraum Mo – Do 9 – 12, 14 – 17, Fr 9 – 13 Uhr; Hummelwerkstatt Mai – Sep Mi 15 – 17, Sa, So 14 – 16 Uhr.

▶ Das Natur-Informationszentrum will euch in Räumen und im Freien zu Beobachtungen anregen. Im **Naturerlebnisraum** im Haus des Gastes findet ihr viele Lern- und Spielstationen. Ein Puzzle mit großen Würfeln zeigt Lebensräume. Am Mikroskopiertisch seht ihr Insekten und Falter ganz groß. Lustig ist auch das Baum-Bingo-Spiel. Ausführlich könnt ihr euch an einer Computersäule mit dem Thema Apfel beschäftigen. Schaut mal, wie viele Sorten es gibt. Welche Tiere leben in einer Streuobstwiese? Das könnt

Hummel im Anflug: Achtung, ich kommmme

ihr in der Außenstation des Informationszentrums, der **Hummelwerkstatt,** vertiefen. In einer Holzhütte am Ortsausgang Fritzlarer Straße, umgeben von einer bunten Blumenwiese, leben verschiedene Hummelvölker. Es gibt Stein-, Baum-, Acker-, Wiesen- und Erdhummeln. Ihr könnt sie in einem Rotlichtraum beobachten. Im Garten sind Nistkästen aufgestellt. Bei einer Führung lernt ihr viel über Flugfertigkeit, Sanftmut, Bestäubungs- und Sammelverhalten der **Hummeln.** Weitere Bewohner sind Waldameisen, die ihren Bau in einem großen Glaskasten haben.

*Honigbienen bauen sechseckige Waben, bei **Hummeln** sind sie rund.*

Sonne, Mond und Sterne

Astronomisch-Physikalisches Kabinett mit Planetarium, An der Karlsaue 20a, 34121 Kassel. ✆ 0561/ 31680-500, Fax 31680-555. www.museum-kassel.de. info@ museum-kassel.de. **Bahn/Bus:** Hbf Kassel, RT4, RT5, Tram 1 – 6, 8 bis Friedrichsplatz. **Auto:** ➚ Kassel, Frankfurter Straße bis Parkhaus Friedrichsplatz. **Zeiten:** Di – So, Fei 10 – 17, So 10 – 20 Uhr, Vorführungen für Familien im Planetarium Sa, So 14 Uhr, Anmeldung erforderlich. **Preise:** Museum 3 €, Planetarium 3 €; Kinder Museum frei, 6 – 18 Jahre Planetarium 2 €.

▶ Hier dreht sich alles um Sonne, Mond und Sterne. Das **Kabinett** zeigt eine Vielzahl von naturwissenschaftlichen und technischen Objekten. Wieder einmal war es ein Kasseler Landgraf, der die Sammlung begann. *Wilhelm IV.* eröffnete 1560 die erste Sternwarte Mitteleuropas. In 5 Ausstellungsbereichen entdeckt ihr Himmelsgloben, Teleskope und vieles mehr. Schaut euch in Ruhe das *Kasseler Pendel* an: an einem 9 m langen Faden hängt eine schwere Kugel, die in einem Kreis angeordnete bewegliche Metallstäbe zu Fall bringt. Dieses Modell veranschaulicht, wie sich die Erde um die eigene Achse dreht. In der Abteilung Mathematik/Informationstechnik geht es um die Entwicklung von Geräten aus dem Büroalltag. Neben Rechenmaschinen und alten Registrierkassen seht ihr, wie die ersten Computer aussahen. Am

Im Kabinett gibt es manchmal technische Vorführungen. Ihr könnt beobachten, wie eine Dampfpumpe, eine Handdruckerei mit Bleisatz oder das Morsen funktioniert.

Hunger & Durst

Café Nenninger, Friedrichsplatz 8, Kassel. ✆ 0561/7661690. www.cafe-nenninger.de. Mo – Fr 8 – 20, Sa 9 – 20, So 9.30 – 19, Fei 9.30 – 18 Uhr. Riesige Auswahl, Spezialitäten: Brüder-Grimm-Torte.

Wochenende könnt ihr im **Planetarium** eine Reise unter dem Sternenhimmel erleben. Wie sieht es dort oben gerade aus?

HANDWERK UND GESCHICHTE

Erkundigt euch nach den Teddybär- und Nikolausfahrten.

Bahnen und Betriebe

Dampfzugfahrt von Kassel nach Naumburg

Hessencourrier, Johanna-Waescher-Straße, 34131 Kassel-Wilhelmshöhe. ✆ 0561/8075700, www.hessencourrier.de. info@hessencourrier.de. **Dauer:** Einfache Fahrt 1,5 Std. **Bahn/Bus:** Bhf Kassel-Wilhelmshöhe, Tram 4, 7 bis Hasselweg oder Marbachshöhe. **Auto:** ↗ Kassel, Frankfurter Straße, Ludwig-Mond-Straße, Kohlenstraße, nach ca. 1 km vor den Bahnschienen links Eugen-Richter-Straße, nach 150 m links Johanna-Waescher-Straße. **Zeiten:** April – Dez laut Fahrplan. **Preise:** hin und zurück 17 €; Kinder bis 12 Jahre hin und zurück 9 €; Familienkarte hin und zurück 38 €.

▶ Von Ostern bis Weihnachten dampft mindestens einmal im Monat der *Hessencourrier* von Kassel nach Naumburg und zurück. Die 33 km lange Strecke – einfache Fahrt – ist landschaftlich reizvoll. Sie führt über Baunatal, Schauenburg und Bad Emstal kurvenreich durch den Habichtswald. Der Zug überwindet dabei 230 Höhen-m. Das könnt ihr am schweren Auspuffschlag der Dampflok hören. 1925 waren 6 Loks speziell für die anspruchsvolle Strecke gebaut worden. Eine ist noch erhalten. Start ist am Bahnhof im Technologiepark Marbachshöhe. In Naumburg ist ein Aufenthalt eingeplant, bei dem ihr das **Eisenbahnmuseum** besichtigen könnt.

Besuch bei Käfer Klaus

Volkswagen AG, Ulrich von Klopmann, Dr.-Rudolf-Leiding-Platz, 34225 Baunatal. ✆ 0561/4902099, Fax 49082099. www.volkswagen.de. besucherdienst@volkswagen.de. **Dauer Rundgang:** 2 Std. **Bahn/Bus:**

Bhf Kassel-Wilhelmshöhe, Tram 5 bis VW-Werk. **Auto:** A49 Ausfahrt 8 Baunatal Nord, Schildern folgen. **Zeiten:** Rundgang Mo – Fr. **Preise:** Eintritt frei. **Infos:** Nur per Anmeldung.

▶ Baunatal ist seit mehr als 50 Jahren eng mit den 2 Buchstaben VW verknüpft. Hier steht die zweitgrößte Produktionsstätte des Autoherstellers nach dem Stammwerk Wolfsburg. Mehreren tausend Menschen bietet sie ihren Arbeitsplatz. Sie montieren Getriebe und produzieren Originalteile, die in alle Welt verschickt werden. Bei einer Werksbesichtigung könnt ihr das Gelände kennen lernen, dass so groß wie 420 Fußballfelder ist. Ihr seht, wie Türen und Dächer gefertigt werden und bekommt Einblick in die Gießerei. Für Jugendliche gibt es Führungen, in denen sie die Azubis von VW an ihren Arbeitsplätzen interviewen können.

Kinderführungen ab 25 Teilnehmern. Startet den Rundgang mit einem Bobbycarrennen und schaut dann im Kino einen Zeichentrickfilm, in dem Käfer Klaus seine Geschichte erzählt.

Burgen und Schlösser

Fast wie im Mittelalter: Löwenburg

Im Schlosspark Wilhelmshöhe, 34131 Kassel-Wilhelmshöhe. ✆ 0561/31680-244, Fax 31680-222. www.kassel-marketing.de. info@kassel-marketing.de. **Bahn/Bus:** Hbf Kassel, Tram 1, Bus 23 bis Wilhelmshöhe Park (Tal) oder Tram 3, Bus 22 bis Endstation Herkules (Berg), während der Wasserkünste Bergparkbus. **Auto:** ➚ Kassel, Wilhelmshöher Allee Richtung Bergpark, Schildern folgen. **Zeiten:** März – Okt Führungen zur vollen Stunde Di – So 10 – 17 Uhr, Jan, Feb, Nov Di – So, Fei sowie Dez Sa, So 10 – 16 Uhr. **Preise:** Führung 4 €; Kinder frei.

▶ Die Löwenburg sieht aus, als sei sie im Mittelalter in Schottland gebaut worden. Tatsächlich aber ließ *Wilhelm IX.* sie zwischen 1793 und 1801 als barockes Lustschloss errichten. Der spätere Kurfürst wäre wohl gern ein Ritter gewesen. Sein Schloss bekam Belagerungstürme, die von Anfang an ein bisschen

© Museumslandschaft Hessen-Kassel

Herkules, Sohn des höchsten griechischen Gotts Zeus, ist das Wahrzeichen von Kassel. Gestützt auf eine Keule, schaut der Halbgott von Wilhelmshöhe auf die Fuldastadt. Der aus Kupferblech gefertigte Gigant hat beeindruckende Maße: allein misst Herkules schon 8,30 m, das ganze Denkmal ist über 70 m groß

*Eine adelige Dame verbrauchte 6 kg Puder und Schminke pro Jahr, um dem Schönheitsideal des **Rokoko** zu entsprechen.*

wie Ruinen aussahen. Einen Graben mit Zugbrücke gibt es auch. Die Löwenburg ist das wohl märchenhafteste Bauwerk im ↗ *Bergpark Wilhelmshöhe.* Am Eingang stehen 2 Löwen. Bei einer Führung könnt ihr die fürstlichen Wohnräume mit edlen Möbeln und Teppichen und die Rüstkammer mit der Waffensammlung besichtigen.

Papageien und Putten

Schloss und Schlosspark Wilhelmsthal, Rasenallee, 34379 Calden. ✆ 05674/6898, Fax 4053. www.museum-kassel.de. info@museum-kassel.de. **Bahn/Bus:** Hbf Kassel, Bus 120 bis Calden-Wilhelmsthal. **Auto:** ↗ Kassel, B7 Richtung Hofgeismar bis Parkplatz Wilhelmsthal. **Zeiten:** März – Okt Di – So, Fei 10 – 17 Uhr, Nov – Feb Di – So, Fei 10 – 16 Uhr, Dez Sa, So, Fei 10 – 16 Uhr. **Preise:** 4 €; Kinder frei. **Infos:** Führungen Märchenhaftes Wilhelmsthal ✆ 05674/6578.

▶ Ein paar km nördlich von Kassel steht das **Rokokoschloss** Wilhelmsthal. *Landgraf Wilhelm VIII.* ließ es zwischen 1747 und 1761 als Lust- und Jagdschloss im französischen Stil erbauen. Wenn ihr die Schlösser in Kassel schon besucht habt, erkennt ihr den Unterschied: Wilhelmsthal ist recht klein und mit vielen verspielten Details dekoriert. Besonders deutlich seht ihr das im **Papageienkabinett.** Die Wände sind voll mit lebendig dargestellten exotischen Vögeln. Auch in den anderen Räumen erfahrt ihr, wie das höfische Leben damals ablief. Man umgab sich mit edlen Porzellanfiguren. Manche sehen lustig aus wie der Elefant mit den Hundepfoten. Schaut euch die Schönheitengalerie an: lauter hübsche Damen mit vornehm blassen Gesichtern. Mit Puder hat man damals nicht gespart. Weltweit einzigartig ist das Kistenbett, das man zusammenklappen konnte. Es war für niederes Personal gedacht. Zuletzt ein Blick in die Küche, die technisch schon sehr gut ausgestattet war, wie die Bratenwendemaschine zeigt. Schloss Wilhelmsthal hat auch einen sehr schönen **Park.** An einer Grotte mit Wasserbecken sitzen goldene *Putten,* kindliche Figuren.

Die List der Rittersfrau

Weidelsburg, 34466 Wolfhagen-Ippinghausen. ✆ 05692/602-102, Fax -190. www.wolfhagen.de. tourist-info@wolfhagen.de. http://weidelsburg.de. **Bahn/ Bus:** Bhf Wolfhagen, Bus 100, 110 bis Ippinghausen Mitte. **Auto:** A44 Ausfahrt 67 Zierenberg, B251.

▶ Auf einem mächtigen, fast 500 m hohen Basaltkegel liegt Nordhessens größte Burgruine, die **Weidelsburg.** Die beiden früheren Wohntürme überragen das *Wolfhager Land.* Vom südlichen Turm aus könnt ihr die Aussicht genießen. Zur Anlage gehören 2 zusätzliche Tortürme und eine Ringmauer mit halbrunden Bastionen. Sie wurden von Ritter *Reinhard von Dalwigk* im 15. Jahrhundert angelegt, um sich besser verteidigen zu können. Denn der Ritter hatte viele Feinde: er war nämlich für seine Brandstiftungen berüchtigt und deshalb in Hessen in Ungnade gefallen. Als Landgraf *Ludwig der Friedsame* die Burg belagerte, rettete *Agnes,* die Frau des Ritters, ihren Mann mit einer List. Sie trug ihn auf dem Rücken zum Tor hinaus. Denn der Landgraf hatte ihr zuvor versprochen, dass sie alles mitnehmen dürfe, was sie tragen könne. Die Sage von der Weidelsburer Weibertreue ist auf einem Relief im Nordtor verewigt.

Museen und Aktionen

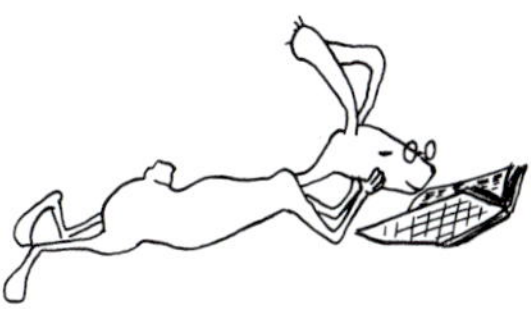

Alles über die Grimms

Brüder Grimm Museum, Schöne Aussicht 2, 34117 Kassel. ✆ 0561/787-2033, Fax 713299. www.grimms.de. grimm-museum@t-online.de. **Bahn/**

ZWEI BRÜDER, GAR NICHT GRIMMIG

»Die Kasseler Jahre waren die glücklichsten unseres Lebens«, schrieb *Jacob Grimm* 1860. Er und sein jüngerer Bruder *Wilhelm* lebten gut 30 Jahre in Kassel und als Studenten in Marburg. Aus diesem Grund präsentiert sich die Region als GrimmHeimat NordHessen. Hier sammelten sie die *Kinder- und Hausmärchen* und schrieben das weltweit erfolgreichste deutsche Buch aller Zeiten. Vor 200 Jahren, 1812, wurde der erste Band gedruckt. Die Märchen gehören zum Weltdokumentenerbe der UNESCO. Geboren sind die Grimms in Hanau: Jacob am 4. Januar 1785, Wilhelm am 24. Februar 1786. Im nahen Steinau an der Straße wuchsen sie auf. Der Vater war dort Amtmann. Er starb früh und so zogen die Kinder zu ihrer Tante nach Kassel. Von 1814 bis 1822 lebten sie und ihre Schwester *Lotte* im Torgebäude am heutigen Brüder-Grimm-Platz. In Kassel gingen die Brüder aufs Gymnasium und dann zum Jurastudium nach Marburg. Rechtsanwälte wollten die zwei aber nicht werden. Sie beschäftigten sich lieber mit Volksdichtung und hatten Sehnsucht nach dem Mittelalter. Sie luden Menschen ein, die ihnen alte Geschichten erzählten. Meist waren diese Märchenbeiträger Frauen. Die Grimms haben auch Sprachen erforscht und kämpften für die Demokratie. In Nordhessen entstanden Jacobs *Deutsche Grammatik*, Wilhelms *Die deutsche Heldensage* und Teile für das *Deutsche Wörterbuch*. Begraben liegen die Grimms in Berlin.

*Das **Palais Bellevue** wurde 1714 von Paul du Ry als Sternwarte für den hessischen Landgrafen Karl erbaut.*

Bus: Hbf Kassel, RT4, RT5, Tram 1 – 6, 8 bis Rathaus. **Auto:** ↗ Kassel, Frankfurter Straße, in Richtung Karlsaue rechts ab zur Schönen Aussicht. **Zeiten:** Di – So 10 – 17, Mi 10 – 20 Uhr. **Preise:** 3 €; Kinder frei.

Im herrschaftlichen **Palais Bellevue** an der Schönen Aussicht erfahrt ihr viel über das Leben von *Jacob* und *Wilhelm Grimm.* Schatz der Schauräume ist das zweibändige Handexemplar der Kinder- und Hausmärchen von 1812 bis 1815. Die kostbare Schrift zählt zum Weltdokumentenerbe der UNESCO. Zum 200. Jubiläum wurde das Museum neu gestaltet. Ihr könnt auf einem Thronsessel oder auf Sitzwürfeln Platz nehmen. Die Würfel sind zugleich Puzzlesteine für 6 Märchenmotive. Es gibt eine Sonderschau darüber, wie die Märchen entstanden sind. Das Museum informiert auch über den jüngeren, malenden Bruder *Ludwig Emil Grimm,*. Die Welt der Märchen soll bald in einem Neubau gezeigt werden. Besucher sollen dort spielen, raten und experimentieren können.

Auf der wichtigsten Kunstschau der Welt

Documenta, Friedrichsplatz 18, 34117 Kassel. ✆ 0561/707270, Fax 7072739. www.documenta.de. office@documenta.de. **Bahn/Bus:** Hbf Kassel, RT4, RT5, Tram 1 – 6, 8. **Auto:** ↗ Kassel, Frankfurter Straße bis Parkhaus Friedrichsplatz. **Zeiten:** 9. Juni – 16. Sep täglich 10 – 20 Uhr. **Preise:** Tageskarte 20 €; Kinder ab 6 Jahre 14 €; Familienkarte 50 €.

▶ Alle 5 Jahre strömen Menschen in die nordhessische Großstadt, um die *Documenta* zu sehen. Sie ist die wichtigste Kunstausstellung für aktuelle Kunst der Welt. Sie wurde 1955 von *Arnold Bode* gegründet. Im Sommer 2012 könnt ihr von Juni bis Sep die 13. Ausgabe der Documenta besuchen. Der Kunstrummel verteilt sich auf verschiedene Orte. Zentrum ist die Kunsthalle **Fridericianum** am Friedrichsplatz, der älteste Museumsbau auf dem europäischen Festland. Dann gibt es am Staatstheater die moderne **Documenta-Halle**, das **Gloria Kino** in der Friedrich-Ebert-Straße und auch in der Karlsaue sind Objekte zu sehen. Auch wenn gerade keine Kunstschau stattfindet, könnt ihr spektakuläre Arbeiten aus früheren Jahren sehen. An der Fulda hat sich die 12 m hohe *Spitzhacke* von *Claes Oldenburg* in den Boden festgegraben. Nur der starke Herkules kann sie geworfen haben, meint man. Am Kulturbahnhof steht der

Mit dem Workshop-Programm Studio d(13) erforschen Kinder und Jugendliche die Kunstschau. An Wochenenden können Kinder 6 – 16 Jahre ohne Anmeldung teilnehmen. kids@documenta.de

Lustige Tiere bevölkern plötzlich die Straßen: Es ist Documenta

© Annette Sievers, Documenta 2007

Neue Galerie, Schöne Aussicht 1, Kassel. ✆ 0561/31680400. www.museum-kassel.de. Di – So, Fei 10 – 17, Do 10 – 20 Uhr.

Happy Birthday! Besuch des Museums mit Workshop unter einem Motto: Piraten oder Geister (6- bis 10-Jährige) bzw. Schokolade oder Forscher (10- bis 15-Jährige). Die Pauschale kostet 100 €.

Ghana – Praktisches Reisehandbuch für die »Goldküste« Westafrikas. Jojo Cobbinah, pmv, ISBN 978-3-89859-155-3, 34 €.

Himmelsstürmer von *Jonathan Borowsky.* Weltweit einmalig war auch das *7000-Eichen-Projekt* von *Joseph Beuys.* Er ließ in der ganzen Stadt Bäume pflanzen.

Leben und Tod

Museum für Sepulkralkultur, Weinbergstraße 25 – 27, 34117 Kassel. ✆ 0561/91893-0, Fax 91893-10. www.sepulkralmuseum.de. info@sepulkralmuseum.de. **Bahn/Bus:** Hbf Kassel, RT3, RT4, RT5, Tram 1 – 6, 8 bis Rathaus. **Auto:** ↗ Kassel, Frankfurter Straße Richtung Zentrum, Fünffensterstraße, Brüder-Grimm-Platz. **Zeiten:** Di – So 10 – 17, Mi 10 – 20 Uhr. **Preise:** 5 €; Kinder ab 6 Jahre 3,50 €; Familienkarte 8 €.

▶ Ein bunter Hahn oder Fisch aus Holz, in den ein menschlicher Körper hineinpasst – das soll ein Sarg sein? In dem westafrikanischen Land Ghana hatte ein lustiger Schreiner diese Idee und ist damit weltberühmt geworden. Die Ausstellung zu den Themen Sterben, Tod und Trauer zeigt überraschend viele fröhliche Objekte. Ihr seht Masken und Schmuck, die zu den jeweiligen Ritualen in den verschiedenen Ländern benutzt werden. Es gibt Holzbilder und viele künstlerische Arbeiten, die sich mit der Vergänglichkeit auseinandersetzen. Schaut euch auch die Särge der Familie von Stockhausen an, wie kunstvoll sie verziert sind. Das Museum selbst ist hell und gar nicht düster, aus den großen Fenstern habt ihr eine schöne Aussicht auf die Kasseler Südstadt. Warum sitzt am Eingang des Kasseler Hauptfriedhofs ein Engel aus Stein? Was ist ein Mausoleum? Das Museum organisiert speziell für Kinder Spaziergänge über den *Friedhof* oder die *Künstlernekropole* in

© pmv, Foto Eric Hinz aus Reiseführer »Ghana«

Das soll ein Sarg sein? Da lachen ja die ghanaischen Fische

Harleshausen, das ist ein Friedhof für Künstler, die dort ihre eigenen Gräber gestaltet haben.

Reise in die Eiszeit

Naturkundemuseum im Ottoneum, Steinweg 2, 34117 Kassel. ✆ 0561/ 787-4066, Fax 787-4058. www.naturkundemuseum-kassel.de. naturkundemuseum@stadt-kassel.de. **Bahn/Bus:** Hbf Kassel, RT4, RT5, Tram 1, 3, 4, 5, 6, 8 bis Friedrichsplatz. **Auto:** ↗ Kassel, Frankfurter Straße bis Parkhaus Friedrichsplatz. **Zeiten:** Di – Sa 10 – 17, Mi 10 – 20, So 10 – 18 Uhr. **Preise:** 1,50 €; Kinder 6 – 16 Jahre 1 €.

© pmv, Foto: Annette Friauf

Wahnsinnszähne: Ansonsten sieht so ein Mammut doch eigentlich ganz gemütlich aus

▶ Ein Dinosaurier begrüßt euch vor dem **Ottoneum.** Das Gebäude entstand 1607 als erster fester Theaterbau in Europa. Heute beherbergt es das Naturkundemuseum. Die Dauerausstellung im ersten Obergeschoss zeigt regionale Naturgeschichte der letzen 300 Mio Jahre bis heute. Ihr seht, was in Meeren, Wüsten, Urwäldern und Eiszeitlandschaften gelebt hat. Inszenierte Stationen machen die Epochen anschaulich. Beeindruckend ist das riesige Mammut mit seinem zotteligen Haar. Auch das Steppenwisent ist kolossal. Steinzeitmenschen sitzen um eine Feuerstelle. In Vitrinen wird gezeigt, wie sie Pfeile und Klingen hergestellt haben. Heutige Naturräume rund um Kassel werden in einem Diorama zum Buchenwald dargestellt. Was ist ein Kaisermantel? Ihr seht den Tagfalter 20-fach vergrößert. Wisst ihr, wie sich eine Zwitscherheuschrecke anhört? Drückt einfach den Knopf, dann könnt ihr sie zirpen hören. Es gibt übrigens auch lebendige Tiere im Museum: in einem Terrarium sind Bartagamen zu Hause. Sehen die Echsen nicht wie kleine Saurier aus?

Schaut mal ins Programm des Naturkundemueums. Es gibt viele Termine speziell für Kinder, z.B. Steinzeitbäckerei oder Mal- und Bastelaktionen mit Dinos. Manchmal wird im Museum auch Theater gespielt.

Von der Dampfkraft zum Transrapid

Technik-Museum Kassel, Wolfhager Straße 109, 34127 Kassel-Rothenditmold. ✆ 0561/86190-400, Fax 86190-444. www.tmk-kassel.de. ewald.griesel@tmk-kassel.de. **Bahn/Bus:** Hbf Kassel, Bus 18, 19 bis Siemensstraße. **Auto:** ➚ Kassel, Frankfurter Straße, B251. **Zeiten:** Mi – Fr 14 – 17, Sa, So 11 – 17 Uhr, Führungen auf Anmeldung. **Preise:** 5 €; Kinder ab 6 Jahre 2 €; Familienkarte 10 €.

▶ Auf dem ehemaligen *Henschel-Areal* in Rothenditmold kommen Eisenbahnfans voll auf ihre Kosten: Es gibt schöne nostalgische Loks, Trams und Triebwagen zu sehen. Besonders eindrucksvoll ist die erste Lokomotive von 1848. Sie hieß *Drache.* Die Objekte zeigen eine Entwicklung über 300 Jahre, von der Dampfkraftpumpe Denis Papins bis zum Shanghai Transrapid. Wisst ihr, was ein *Fieseler Storch* ist? Das Flugzeug ist ebenso ausgestellt wie ein Motorrad von 1924.

Zum Technik-Museum gehört das Einsteinlabor mit Computerplätzen. Das Museum öffnet es auf Nachfrage.

Henschel-Museum, Wolfhager Straße 109, Kassel. ✆ 561/8017250. www.henschel-museum.com. 1. Sa und So im Monat 14 – 17 Uhr. Über das weltbekannte Unternehmen der Familie Henschel.

Helden im Schloss

Museum Schloss Wilhelmshöhe, Antikensammlung und Gemäldegalerie Alte Meister, Schlosspark 1, 34131 Kassel-Wilhelmshöhe. ✆ 0561/31680-0, Fax 31680-111. www.museum-kassel.de. info@museum-kassel.de. **Bahn/Bus:** Bhf Kassel-Wilhelmshöhe, Tram 1, Bus 23 bis Wilhelmshöhe Park. **Auto:** ➚ Kassel, Richtung Bergpark Wilhelmshöhe, Schildern folgen. **Zeiten:** Di – So, Fei 10 – 17, Do 10 – 20 Uhr. **Preise:** 6 €, Audioguide 3 €; Kinder frei. **Infos:** Familienführungen und Mitmachaktionen an den Wochenenden, ✆ 0561/21680-700.

▶ Vom Schloss Wilhelmshöhe aus seht ihr Herkules, der über den Bergpark wacht. Wenn ihr mehr über den Helden und die Welt der Antike wissen möchtet, besucht die Sammlung im Schloss. Etwa 800 Objekte sind im Erdgeschoss ausgestellt. Ihr entdeckt Kaiser, Götter und Stein gewordene Musen. Bereits 1688 brachten hessische Truppen Funde aus Athen

Happy Birthday!
Die Programme sind je nach Alter abgestimmt: Museumsdetektive, Seefahrer, Stark wie Herkules, Abenteuer Bergpark mit dem GPS etc. Für max 15 Kinder kosten 1,5 Std 60 €.

nach Kassel. Landgraf *Friedrich II.* von Hessen-Kassel interessierte sich sehr für die Antike. Eine Sammlung von 33 Modellen aus Kork zeigt berühmte Bauwerke Roms. Auf weiteren 3 Stockwerken im Schloss könnt ihr viel Kunst sehen. Die Gemäldegalerie Alte Meister besitzt so berühmte Bilder wie das 1499 von Albrecht Dürer gemalte Porträt von *Elsbeth Tucher.* Eure Eltern oder Großeltern kennen es bestimmt. Früher war es auf dem 20-Mark-Schein abgedruckt.

Eine Kirche voller Kutschen

Hessisches Kutschen- und Wagenmuseum, Horst Fehr, Friedrich-Ebert-Ring 14, 34253 Lohfelden. ✆ 0561/ 516894, www.lohfelden.de. gemeinde@lohfelden.de. **Bahn/Bus:** Hbf Kassel, RT5 Bhf Kaufungen-Papierfabrik, Bus 35, 37 bis Lohfelden-Crumbach Sandweg. **Auto:** ↗ Kassel, Südtangente, Ausfahrt Kassel- Mitte Richtung Lohfelden, Crumbacher Straße, Lange Straße, Friedrich-Ebert-Ring. **Zeiten:** 1. So im Monat 15 – 17 Uhr. **Preise:** 2 €; Kinder ab 6 Jahre 2 €.

▶ In der ehemaligen Kirche stehen heute wunderschöne alte Kutschen. Die in Hessen einmalige Privatsammlung zeigt mehr als 30 Kutschen, Wagen und Schlitten. Ihr seht, wie sich die Gespanne vom 19. bis zum 20. Jahrhundert entwickelt haben: sie wurden immer eleganter und komfortabler. Die Kutschen stehen dicht an dicht: Landauer, Chaisen, Kaleschen, Tandem-Carts. Vielen sieht man ihre vornehmen Besitzer noch an. Sie sind mit Samt drapiert und mit edlen Metallen verziert. Einige sind mit Laternen ausgestattet. Nicht alle gelben Kutschen sind übrigens Postkutschen. Manche Adelige hatten diese Farbe für sich gepachtet. Neben den Fahrzeugen könnt ihr Werkzeug von Handwerkern, die Kutschen gebaut haben, besichtigen. Reisekoffer und Hutschachteln zeigen, was man damals auf Reisen mitnahm. Zu Festen und Filmaufnahmen verlässt die eine oder andere Kutsche schon mal die Kirche.

@ Landkreis Kassel, Denkmalpflege und örtliche Partner haben die Eco Pfade eingerichtet, auf denen Geschichte erkundet wird. Einer führt durch Lohfelden, www.eco-pfade.de.

Die Wassernixe auf den Kopf gestellt

Schauenburger Märchenwache, Christian Abendroth, Lange Straße 2, 34270 Schauenburg-Breitenbach. ✆ 05601/925678, www.schauenburger-maerchenwache.de. info@maerchenwache.de. **Bahn/Bus:** Bhf Kassel-Wilhelmshöhe, Bus 52 bis Schauenburg-Breitenbach Querstraße. **Auto:** A44 Ausfahrt 68 Kassel-Bad Wilhelmshöhe, B520. **Zeiten:** So 15 – 18 Uhr und auf Anfrage.

▶ In der früheren Feuerwache ist ein **Kunst- und Kulturhaus** entstanden, das die Handschrift des Künstlers *Albert Schindehütte* trägt. Schon durch die großen Fenster seht ihr seine fantasievollen Holzschnitte. Schindehütte hat die Schauenburger Märchenwache den beiden Grimm'schen Märchenbeiträgern *Marie Hassenpflug* und *Johann Friedrich Krause* gewidmet. Stellt euch mal vor den halbrunden Brunnen auf dem Vorplatz der Märchenwache. Darüber ist eine Texttafel angebracht. Die Buchstaben stehen auf dem Kopf. Dennoch könnt ihr die Zeilen lesen: in der Spiegelung des Wassers. Erzählt wird die Geschichte von der Wassernixe. Marie Hassenpflug hatte das Märchen 1810 den Brüdern Grimm erzählt. Es wurde 2 Jahre später im ersten Band der Kinder- und Hausmärchen veröffentlicht. In der Märchenwache könnt ihr manchmal Holzschnitte drucken oder den Turm besichtigen. Früher hingen dort Feuerwehrschläuche, heute sind es 6 m lange Märchenbilder, gemalt von Kindern.

Schauenburg liegt wie viele andere Orte in diesem Buch an der ***Deutschen Märchenstraße,*** *die über eine Strecke von mehr als 600 km eine Reiseroute von Hanau bis Bremerhaven beschreibt.*

Fußspuren vom Saurier

Regionalmuseum Wolfhager Land, Ritterstraße 1, 34466 Wolfhagen. ✆ 05692/992431, Fax 992434. www.regionalmuseum-wolfhager-land.de. info@regionalmuseum-wolfhager-land.de. **Bahn/Bus:** Bhf Wolfhagen. **Auto:** A44 Ausfahrt 67 Zierenberg, B251. **Zeiten:** Di – Do 10 – 13, 14 – 17, Sa, So 14 – 17 Uhr. **Preise:** inklusive Audioguide 3 €; Kinder 6 – 17 Jahre 1 €; Familienkarte 6 €.

▶ In einem ehemaligen Sandsteinbruch südwestlich von Wolfhagen fanden Geologen 1999 versteinerte Saurierfährten. Die Fußspuren, sogenannte *Trittsiegel,* sind 250 Mio Jahre alt und ähneln einer menschlichen Hand. Sie stammen von der Gruppe der *Chirotherien* – es handelte sich um Raubsaurier, die sich von anderen Wirbeltieren und Aas ernährten. Den Funden nach waren sie etwa 2 m lang. Wie das Tier ausgesehen haben könnte, zeigt ein Modell im Regionalmuseum am Uslarplatz. Womit haben Kinder in bürgerlichen Familien früher gespielt? Ihr könnt Puppenküchen und Eisenbahnen bestaunen. Interessant ist auch die Geschichte des Brasilienfahrers *Hans Staden.* Der Abenteurer schrieb das erste deutsche Buch über das südamerikanische Land.

Stadtführungen

Kassel auf vielen Wegen

Stadtrundgänge und -fahrten, Obere Königsstraße 15, 34117 Kassel. ✆ 0561/7077-07, Fax 7077-169. www.kassel-marketing.de. info@kassel-marketing.de. **Dauer:** Rundgang und Fahrt 2 Std. **Bahn/Bus:** Hbf Kassel, RT4, RT5, Tram 1 – 6, 8. **Auto:** ↗ Kassel, Frankfurter Straße bis Parkhaus Friedrichsplatz. **Zeiten:** Stadtrundfahrten März – Dez Sa 11 Uhr, Start am Busparkplatz Staatstheater, Stadtrundgang Fr 16 Uhr, Treffpunkt Tourist-Info am Rathaus. **Preise:** Stadtrundfahrt 14 €, Stadtrundgang 7 €, Straßenbahnfahrt 14 €; Kinder ab 7 Jahre Stadtrundfahrt 10 €, Stadtrundgang 7 €, Straßenbahnfahrt 10 €. **Infos:** Bitte Plätze reservieren.

▶ Kassel ist auf viele verschiedene Arten zu erkunden: mit dem Doppeldeckerbus oder auch zu Fuß. In jedem Fall seid ihr auf den Spuren der Brüder Grimm unterwegs. Der Bus fährt natürlich zum *Bergpark Wilhelmshöhe* und zum *Herkules.* Der Spaziergang bleibt im Zentrum und streift die Standorte der Documenta. Zu bestimmten Terminen gibt es So Kostümführun-

Mit dem NVV-Kombiticket zahlt ihr in und um Kassel den regulären Eintrittspreis für Museen und fahrt kostenlos mit Bus, Tram und Regiotram. Das Ticket gibt es an Automaten, beim Busfahrer oder an der Museumskasse.

gen im *Barockpark Karlsaue* und in *Wilhelmshöhe.* An jedem 2. Donnerstag im Monat könnt ihr mit dem Tratschweib Malchen Butterweck über den Markt laufen. Nostalgisch ist eine Fahrt in der historischen Straßenbahn. An jedem 3. Donnerstag im Monat bimmelt der Schaffner persönlich.

Spaziergang durch Naumburg

Tourist-Information Naumburg, Hattenhäuser Weg 10 – 12, 34311 Naumburg. ✆ 05625/7909-73, -74, Fax -76. www.naumburg.eu. claudia.thoene@ naumburg.eu. **Bahn/Bus:** Bhf Wolfhagen, Bus 52, 144 bis Bhf Naumburg. **Auto:** A44, Ausfahrt 67 Zierenberg, B251. **Rad:** R4. **Zeiten:** Mo – Do 9 – 12, 14 – 17, Fr 9 – 13 Uhr.

▶ Im Mittelalter war Naumburg von einer wehrhaften Mauer umgeben. Bewohner der umliegenden Dörfer und Höfe zogen in die Stadtanlage und bestellten von hier aus ihre Felder. So entstand auf einem Bergrücken die Ackerbürgerstadt Naumburg. Heute hockt der Froschkönig mit seiner goldenen Kugel am **Brunnen** in der Unteren Straße. Er wacht über die schön restaurierten Fachwerkhäuser und malerischen Gassen des Kneippheilbades. Einen Stadtrundgang durch Naumburg könnt ihr am Bahnhof beginnen. Er ist das Ziel für Ausflugsfahrten mit dem *Hessencourrier.* Ein kleines **Eisenbahnmuseum** zeigt die Geschichte der Naumburger Kleinbahn sowie Modellbahnen. Es öffnet bei Ankunft des Dampfzuges oder auf Anfrage. Im **Heimatmuseum** im Kronbergweg gibt es hauswirtschaftliche Geräte zu sehen. Interessant ist auch der **Kurpark** mit Kunstobjekten und Kräutergarten.

Hunger & Durst

Café Milch & Zucker, Untere Straße 20, Naumburg. ✆ 05625/ 923565. www.milchund-zucker-cafe.de. Mi – So 9.30 – 18 Uhr. Wenige Schritte vom Froschkönigbrunnen, süße und herzhafte Leckereien.

Hab sie: Die goldene Kugel gibt *der* nicht mehr her …

© pmv, Foto: Annette Friauf

Stadtspaziergang durch Wolfhagen

Stadt- und Tourist-Info, Burgstraße 33, 34466 Wolfhagen. ✆ 05692/ 602-102, Fax 602-190. www.wolfhagen.de. tourist-info@wolfhagen.de. **Dauer:** 1,5 Std. **Bahn/ Bus:** Bhf Wolfhagen, Bus 100, 110. **Auto:** A44 Ausfahrt 67 Zierenberg, B251. **Zeiten:** kostenlose Stadtführung Mai – Sep Sa 11 Uhr, Treffpunkt Märchenbrunnen. **Infos:** Faltblatt Historischer Stadtrundgang in der Stadt- und Tourist-Info erhältlich.

© pmv, Foto: Annette Friauf

Boah, bin ich satt, ich mag kein Blatt – und auch kein 7. Geißlein mehr!

▶ Auf dem Marktplatz lehnt der Wolf lässig am **Brunnen,** sein Bauch ist voll. Das 7. Geißlein steht auf dem Rand. Mit diesen Bronzefiguren hat Wolfhagen seinem berüchtigten Namensgeber ein Denkmal gesetzt. Märchenhaft geht es im **Alten Rathaus** weiter. Im Kellergewölbe hängen reproduzierte Bilder des Malers *Ludwig Emil Grimm.* Er war der jüngere Bruder der Märchensammler. Ein aufgeschlagenes hölzernes Buch enthält das Wolfhager Stadtmärchen. Hier finden manchmal Lesungen, Theater und auch Hochzeiten statt. Wolfhagen hat viele gepflegte Fachwerkhäuser und verwinkelte Gässchen. Besonders schön ist die Alte Wache am Marktplatz. Dort war früher die Wohnung des Nachtwächters. Heute beherbergt das Gebäude ein Café.

Chattenturm, nördlich vom Schützeberger Tor, Wolfhagen, www.wolfhagen.de. Der letzte von 11 Türmen an der einstigen Stadtmauer. Den Turmschlüssel könnt ihr in der Tourist-Info holen.

BÜHNE, LEINWAND UND AKTIONEN

Kino, Theater und viele Märchen

Cinestar, Karlsplatz 8, 34117 Kassel. ✆ 0561/ 701710, www.cinestar.de. kassel@cinestar.de. **Bahn/ Bus:** Hbf Kassel. **Auto:** ↗ Kassel. **Zeiten:** Mo – Fr 9 – 18, Sa 9 – 14 Uhr.

▶ In Kassels größtem Kinozentrum laufen aktuelle Filme, es gibt Familien- und Geburtstagsangebote: z.B. Kinokarte, Popcorn, Saft und Geschenk für 9,50 € pro Gast zwischen 6 und 11 Jahre. Das Geburtstagskind bekommt eine Freikarte für den nächsten Kinobesuch.

Oh, wie schön ist Theater

Staatstheater Kassel, Junges Staatstheater, Friedrichsplatz 15, 34117 Kassel. ✆ 0561/1094-222, www.staatstheater-kassel.de. kit@staatstheater-kassel.de. **Bahn/Bus:** Hbf Kassel, RT4, RT5, Tram 1 – 6, 8. **Auto:** ↗ Kassel, Frankfurter Straße bis Parkhaus Friedrichsplatz. **Zeiten:** Theaterkasse im Opernhaus Di – Fr 10 – 18 Uhr, an Vorstellungsabenden bis 19.30, Sa 10 – 15 Uhr. **Preise:** 9 €; Kinder ab 6 Jahre 6,50 €.

▶ Das Junge Staatstheater Kassel bietet Stücke für Kinder, Jugendliche, Familien und Schulklassen. Im Repertoire sind Märchen wie »Die Kleine Meerjungfrau« und Klassiker wie »Oh, wie schön ist Panama«. Aber auch die spannende Bankräubergeschichte von Bonnie und Clyde wird gezeigt. Darüber hinaus gibt es Kinderkonzerte. Das Ensemble spielt auf der großen *Opernbühne* mit fast 1000 Sitzplätzen und im *Schauspielhaus* mit gut 500 Plätzen. Die Kinderstücke werden meist in der *Studiobühne TIF* (Theater im Fridericianum) mit 99 Klappstühlen gezeigt.

Hunger & Durst

Brauhaus Knallhütte, Baunatal-Rengershausen. ✆ 0561/492076. www.brauhaus-knallhuette.de. Täglich ab 11 Uhr. Zwergenschnitzel mit Erbsen und Pommes und weitere Kindergerichte, sonntags Kinderbetreuung im Biergarten.

Märchenlesung mit der Viehmännin

Brauhaus Knallhütte, 34225 Baunatal-Rengershausen. ✆ 0561/492076, Fax 4756905. www.brauhaus-knallhuette.de. info@knallhuette.de. **Bahn/Bus:** Bhf Baunatal, Bus 63, 64 bis Baunatal-Rengershausen, Lohkaserne. **Auto:** A49 Ausfahrt Baunatal Nord/Knallhütte. **Zeiten:** Sa 17.30 Uhr. **Preise:** Eintritt frei.

▶ *Dorothea Viehmann,* eine der wichtigsten Märchenbeiträgerinnen der Brüder Grimm, kam 1755 als Dorothea Pierson in Baunatal-Rengershausen zur Welt. Ihre Vorfahren waren Hugenotten. Sie erzählte den

Märchensammlern mehr als 40 Geschichten, die in die Kinder- und Hausmärchen eingingen. Ihr Elternhaus ist das **Wirtshaus Knallhütte,** das seinen Namen von dem Peitschenknallen der Fuhrleute hat. Die Kutscher mussten die Pferde antreiben, damit sie den steilen Berg zu dem Wirtshaus hinaufkamen. Die durchreisenden Kaufleute, Handwerker und Soldaten erzählten viele Geschichten, die Dorothea ihnen ablauschte. Sie heiratete den Schneider *Nikolaus Viehmann* und hatte kein leichtes Leben. Häufig zog sie mit einem Korb auf dem Rücken von Zwehren in die Stadt Kassel, um Obst und Gemüse zu verkaufen. So lernte sie die Brüder Grimm kennen. Jeden Samstag schlüpft eine Märchenerzählerin in die Rolle der Viehmännin. Ihr könnt ihr an diesem historischen Ort zuhören.

Ein Besuch in Gudensberg

Märchenbühne Gudensberg und Ruine Obernburg, Kasseler Straße, 34281 Gudensberg. © 05603/933-128, Fax 933-222. www.gudensberg.de. kulturbuero@

Gemütlich und anheimelnd: Unterm Holzzelt lauscht ihr der Märchenvorleserin in Gudensberg

stadt-gudensberg.de. **Bahn/Bus:** Bhf Bad Wildungen-Mandern, Bus 500 bis Gudensberg, Rathaus. **Auto:** A49 Ausfahrt 13 Gudensberg.

▶ Im Stadtpark steht seit Sommer 2010 eine fantasievoll gestaltete **Freilichtbühne.** Sie bietet die Kulisse für Theater, Konzerte und Kleinkunst. Besonders geeignet ist sie für Märchenaufführungen. 250 Zuschauer können Platz nehmen. Die Märchenbühne ist auch außerhalb der Spielzeit einen Besuch wert, nicht nur wegen der zipfelmützenartig gebogenen Türmchen. Ihr könnt sie von einem unterirdischen Spieltunnel aus erkunden. Von ganz unten nach ganz oben: Die Altstadt wird von der **Ruine Obernburg** überragt. Gut erkennbar sind noch Burgtor, Unterbau des Bergfrieds und Teile der Mauern. Gudensberg organisiert spezielle Stadtführungen für Kinder. Ihr könnt dem Trommler folgen. Die Märchenfigur der Brüder Grimm ist hier zu Hause. Es gibt auch eine Rallye auf der Spur der sagenhaften **Blauen Blume.**

Romantische Schriftsteller wie Novalis, Joseph von Eichendorff und die Brüder Grimm sahen in der ***blauen Blume*** *ein Symbol für Liebe und die Sehnsucht nach Unendlichkeit.*

Hier kommt der Beweis: Ostereier werden nicht vom Hasen gelegt, sondern von bunten Hähnen

WALDECKER LAND & DIEMELSEE

Rutsche – ist mit 32 Grad wohl temperiert. Kinder nutzen gern die 100 m lange Röhrenrutsche, die sich in Spiralen windet. Von Mai bis September gibt es an jedem ersten Freitag im Monat für 6- bis 12-Jährige einen Spaß- und Aktionsnachmittag mit Wett- und Geschicklichkeitsspielen. In den Wintermonaten sorgt die Kinderdisco mit fetziger Musik und funkelnden Lichtern für Schwung. Besucher zwischen 1,5 und 3 Jahre können am Bambini-Schwimmen teilnehmen. Zum Bad gehören Saunen für jeden Hitzegeschmack, Beach-Bar, Massageräume und ein Gesundheitszentrum.

Ein Hauch Karibik

Lagunen Erlebnisbad, Am Hagen 9-10, 34508 Willingen. ✆ 05632/969430, Fax 9694396. www.lagunen-erlebnisbad.de. info@lagunenerlebnisbad.de. **Bahn/Bus:** Bhf Willingen, AST ✆ 0180/5050180. **Auto:** ➚ Willingen, gegenüber der Touristen-Information. **Zeiten:** täglich 9 – 23 Uhr. **Preise:** 90 Min 7,50 €, Tageskarte 14,50 €, mit Sauerland-Card 1 € weniger; Kinder 2 – 6 Jahre 90 Min 1,10 €, Tageskarte 2,10 €, 7 – 16 Jahre 90 Min 4,10 €, Tageskarte 7,80 €; Familienkarte 20 €, mit Sauerland-Card 18,50 €.

▶ Das Lagunenbad bietet auf 1200 qm Fläche Badespaß mit einem Hauch von Karibik. Palmen spiegeln sich in der 28 Grad warmen Lagune. Noch kuscheliger ist es im 33 Grad warmen Solewasserbecken. Hinter einem Wasserfall liegt eine Grotte. Euch erwartet eine eigene **Kinderbadewelt** mit Höhlen, Wasserkanonen, Schiffchenkanal und Fontäneninseln. Aus Quellen blubbert es lustig. Der absolute Hit ist aber der **Aqua-Rutschenpark.** Auf einer 3 m breiten Wellenrutsche saust ihr gleichzeitig abwärts. Noch mehr Aktion gefragt? In 5 m Höhe taucht ihr in ein schwarzes Loch ein. Lichtinstallationen und Blitzeffekte begleiten eure Rutschpartie mit abrupt wechselnden Windungen. Auf der Riesenrutsche mit Panoramaaussicht geht es 125 m lang abwärts. Ihr könnt euch auch über den Wildwasserkanal hinaus ins Freie treiben lassen. Die beiden Außenbecken sind das ganze Jahr über beheizt – auch dann, wenn Schnee liegt.

Das Bad am See

Familien- und Erlebnisbad Diemelsee, Kirchstraße 6, 34519 Diemelsee-Heringhausen. ✆ 05633/91135, Fax 91134. www.diemelsee.de. info@diemelsee.de. **Bahn/Bus:** Bhf Bad Arolsen, Bus 506, 508 bis Diemelsee-Heringhausen Mitte. **Auto:** ➚ Diemelsee. **Zeiten:** April – Sep Mo – Do 9 – 12, 14 – 22, Fr 8 – 12, 14 – 22, Sa, So, Fei 8 – 18 Uhr; Okt – März Mo – Fr 9 – 12, 14 – 22, Sa, So, Fei 9 – 18 Uhr; während der hessischen und nordrhein-westfälischen Ferien auch über Mittag geöffnet. **Preise:** 2 Std 3,50 €, Solegrotte 2 €, Sauna 6,50 €; Kinder 6 – 17 Jahre 2 Std 2 €.

▶ Das ganzjährig geöffnete Bad im **Haus des Gastes** liegt nur ein paar Meter vom *Diemelsee* entfernt. Nicht nur für Schlechtwettertage ist es eine wunderbare Alternative zum Strand. Hier ist das Nass ständig in Bewegung. Ein Wasserfall tost über eine Grotte. Es gibt Bodensprudel, Massageduschen und einen Whirlpool mit 37 Grad warmem Wasser. Die Kinderbadelandschaft bietet viele Spielmöglichkeiten. Währenddessen können eure Eltern und Großeltern tüchtig schwitzen: im römischen Dampfbad oder in der finnischen Trockensauna mit Farblichttherapie. Neu ist die Solegrotte.

Im Juli und August gibt es dienstags ab 10 Uhr Spielangebote mit Märchenfiguren, Rittern und Burgfräulein.

Auf, im und am See

Klein, aber oho: Twistesee

34454 Bad Arolsen-Wetterburg. ✆ 05691/801-240, Fax 801-238. www.bad-arolsen.de. info@bad-arolsen.de. **Bahn/Bus:** Bhf Bad Arolsen, R4 bis Bhf Volkmarsen, Bus 505 bis Wetterburg Mitte. **Auto:** ➚ Bad Arolsen Richtung Volksmarsen, Schildern folgen.

Preise: Tretboot 30 Min 5 €, Aquabike 4,50 €, Ruderboot 4 €, Katamaran, Kajak und Surfboard je 3 €, Liege und Sonnenschirm 5 €. **Infos:** Bootsverleih Seeschwalbe: ✆ 05691/2587, Golf- und Landclub: ✆ 05691/628443.

▶ Wie ein müde gewordener Blitz schaut der 3 km lange Twistesee aus der Luft aus. Der Haussee von Bad Arolsen bietet viele Überraschungen, z.B. Wasserski. Die Strände sind kostenfrei. Der schönste liegt unterhalb des Golfplatzes. Dort könnt ihr euch im Sand aalen und direkt ins klare Wasser springen. Ein ungestörtes Plätzchen findet ihr auf der terrassierten Liegewiese mit Blick auf den gegenüberliegenden Waldsaum. Am **Strandbad** sind auch die meisten Spiel- und Sportanlagen: Trampolin, Volleyballfeld, Freiluftschach, Tischtennisplatten. Der *Bootsverleih Seeschwalbe* vermietet alles, was schwimmt. Wer lieber an Land bleiben möchte, kann den See auf einem 7 km langen **Uferweg** umwandern. In Richtung Braunsen liegt ein Naturschutzgebiet für selten gewordene Wasservögel mit Beobachtungsstation. Bei **Wetterburg** gibt es einen weiteren Zugang zum Wasser. Autofahrer folgen den Schildern zum Reisemobilhafen.

Der Twistesee wurde in den 1970er Jahren zum Zwecke des Hochwasserschutzes angelegt. Mit entsprechendem Schein darf man angeln.

Hunger & Durst

Café im See, Bad Arolsen-Wetterburg. ✆ 05691/7611. www.cafeimsee-twistesee.de.tl. 10.30 – 19, So ab 9 Uhr. Frische Waffeln und kleine Gerichte wie Putenschnitzel und Strammer Max, Sonntag Frühstückbüffet.

Für den Abfluss des Wassers wurde vor dem Hauptdamm ein 20 m hoher Überlauftrichter errichtet – darauf ist heute das Café im See.

Strandbaden mit Naturparkblick

Strandbad Diemelsee-Heringhausen, 34519 Diemelsee-Heringhausen. ✆ 05633/91133, Fax 91134. www.diemelsee.de. info@diemelsee.de. **Bahn/Bus:** Bhf Bad Arolsen, Bus 506, 508 bis Diemelsee-Heringhausen Mitte. **Auto:** ↗ Diemelsee.

▶ Heringhausen ist das Zentrum für Diemelsee-Besucher, die gern alle Annehmlichkeiten in der Nähe haben: eine von Bäumen beschattete Liegewiese, Promenade, Gastronomie, Campingplatz, ausreichend Parkplätze und Hotels. Von der Liegewiese

Hunger & Durst

Zum Strandbad, Kirchstraße 12, Diemelsee-Heringhausen. ✆ 05633/91133. www.diemelsee.de. Kleine Mahlzeiten, Eis und Erfrischungen – dazu Seeblick.

habt ihr einen besonders schönen Blick: der Diemelsee bildet weiche Schwünge aus und verbindet sich mit den bewaldeten Kuppen des Naturparks. Ihr könnt zuschauen, wie die Kanuten am gegenüberliegenden Ufer ihre Boote zu Wasser lassen oder selbst eine Bootstour planen. Das Strandbad Heringhausen ist nicht nur ein Platz zum Träumen, sondern bietet jede Menge Aktion. Es gibt eine Nassrutsche, die in ein Wasserbecken mündet. Der Spielplatz lädt zum Toben ein. Am Ufer legt das Fahrgastschiff an und nimmt euch zu einer Rundfahrt mit.

© pmv, Foto: Annette Friauf

Alles da am Diemelsee: Sand, Wasser, Schatten und viel Platz

Über die blaue Landesgrenze

Seerundfahrten S. Koch, Stefan Koch, 34431 Marsberg-Helminghausen. ✆ 02991/6441, Fax 908038. Handy 0151/11633941. www.seerundfahrten-diemelsee.de. info@seerundfahrten-diemelsee.de. **Bahn/ Bus:** Bhf Bad Arolsen, Bus 506, 508 bis Diemelsee-Heringhausen Mitte bzw. Bus 385 bis Marsberg-Helminghausen. **Auto:** ➚ Diemelsee. **Zeiten:** in der Sommersaison jeweils stündlich ab Marsberg-Helminghausen 11 – 16 Uhr, ab Diemelsee-Heringhausen 11.30 – 15.30 Uhr. **Preise:** Seerundfahrt 4,40 €, Tretboot für 2 Personen und Ruderboot je 30 Min 3,50 €, Elektroboot 30 Min 7,50 €; Kinder Seerundfahrt 2 – 14 Jahre 2,20 €; Familienkarte 11 €.

▶ Das kleine Fahrgastschiff *St. Muffert* nimmt an 2 Anlegestellen Gäste auf: in Diemelsee-Heringhausen und in Marsberg-Helminghausen. Auf einer 45 Min langen Rundfahrt könnt ihr die Talsperre erkunden und immer wieder neue Aussichten auf den Naturpark mit seinen grünen Bergkegeln genießen. Ihr

überquert dabei mehrfach die blaue Grenze zwischen Hessen und Nordrhein-Westfalen. Die St. Muffert bietet Platz für 115 Menschen. Wollt ihr lieber euer eigener Kapitän sein? Der Anbieter der Seerundfahrten verleiht auch Boote – zum Treten, Rudern oder mit Elektromotor.

FRISCHE LUFT UND SPORT

Der **Diemelradweg** ist mit einem Ammoniten-Symbol ausgeschildert. Auf gesamter Länge von Willingen-Usseln bis Bad Karlshafen ist er 110 km lang.

Hunger & Durst

Restaurant-Café Fährhaus, Am See, Marsberg-Helminghausen. ✆ 02991/78112. www.faehrhaus-diemelsee.de. Sommer ab 9 Uhr, Winter ab 11 Uhr und Mo Ruhetag. Am Uferweg des Diemelsee, hausgemachter Kuchen.

Mit dem Fahrrad oder zu Fuß

An der Diemel entlang

Diemelradweg, 34519 Diemelsee. ✆ 05633/9873260, www.diemelradweg.de. info@region-kasselland.de. **Länge:** je nach Variante mindestens 9 km. **Bahn/Bus:** Bhf Willingen, R55 bis Willingen-Usseln. **Auto:** ↗ Diemelsee.

▶ Der Radweg folgt der Diemel von der Quelle im Waldecker Upland bis zur Mündung in die Weser in *Bad Karlshafen.* Außerhalb der Orte ist er meist als separater und vom Autoverkehr getrennter Radweg ausgebaut. Zum Schnuppern: Auf etwa 9 km folgt der Diemelradweg wenig befahrenen, kleinen Land- und Uferstraßen am Rand des Sees. Eigentlich startet er 2 km südlich von **Willingen-Usseln** im Wald. Dieser Abschnitt ist nur Mountainbikern empfohlen. Ihr könnt die Radtour auch am ↗ *Milchmuhseum* in Usseln beginnen und 15 km bis zum Diemelstausee strampeln. Der erste Teil führt durch die offene, bewaldete Landschaft. Von der Sperrmauer aus ist es allerdings aufwändig, mit öffentlichen Verkehrsmitteln zurück nach Usseln zu kommen.

Zu Wasser und zu Land: Fährschiffwanderung

Diemelsee. ✆ 05633/91133, Fax 91134. www.diemelsee.de. info@diemelsee.de. **Länge:** 9 km, etwa 2,5 Std, kinderwagentauglich. **Bahn/Bus:** Bhf Bad Arolsen, Bus 506, 508 bis Diemelsee-Heringhausen Mitte, Bus 385 bis Marsberg-Helminghausen. **Auto:** ↗ Diemelsee.

▶ Die Fährschiffwanderung ist eine Mischung aus Seerundfahrt und Wanderung. Start ist am Großparkplatz der *Diemeltalsperre,* direkt am **Bootshafen** in **Marsberg-Helminghausen.** Mit der Fähre MS Muffert schippert ihr zunächst zur Anlegestelle auf der anderen Seite des Sees am Badestrand *Heringhausen.* Hier beginnt die **Wanderung.** Ihr lauft rechts über die Diemelbrücke und folgt dem Wanderweg H6. Vorbei an Campingpark und Segelboothafen führt der Weg durch den Wald zum *Itterarm* des Diemelsees. Entlang des Natur- und Vogelschutzgebietes geht ihr bis zur Holzbrücke über die *Itter.* Hier könnt ihr auf den Diemelsteig abzweigen, aber ihr folgt dem Fährschiffwanderweg in Richtung *Kotthausen.* Dieser führt vorbei am Strandbad *Helminghausen* und zurück zum Start – dem Bootshafen. Wer es lieber anders herum mag, kann auch mit der Fährschiffwanderung am Badestrand Heringhausen beginnen, um dann nach Besichtigung der Diemeltalsperre in Helminghausen wieder mit dem Schiff zurückzufahren.

© pmv, Foto: Alexander Kraft

Schillernder Wurm: Diemelsee und Diemeltalsperre

Rodeln im Sommer oder Winter

Nehmt ihr Schlitten oder Reifen?

Sommerrodelbahn und Sommertubing, Am Ritzhagen, 34508 Willingen. ✆ 05632/966977, Fax 966978. www.sommerrodelbahn-willingen.de. info@ sommerrodelbahn-willingen.de. **Bahn/Bus:** Bhf Willingen, AST ✆ 0180/5050180. **Auto:** ➚ Willingen, B251 Richtung Brilon, links ab Zur Hoppecke, Schildern folgen. **Zeiten:** Mitte März – Okt 9 – 18 Uhr; Juli, Aug 9 – 19 Uhr. **Prei-**

se: 2,20 €, mit Sauerland-Card 2 €; Kinder 5 – 14 Jahre 1,50 €, mit Sauerland-Card 1,30 €.

▶ Der Schlepplift zieht euch 250 m bergauf. Ihr müsst nicht umsteigen, sondern startet im Schlitten gleich auf eine 700 m lange Tour. Jeder kann nach seinem Geschmack rodeln. Wer es gemächlich mag, gleitet einfach sanft talwärts. Ihr könnt aber genauso mit einem Tempo von bis zu 40 km pro Stunde hinabsausen. Es geht durch Steilkurven, Bögen und Geraden. Zur Sommerrodelbahn gehören ein großer Kinderspielplatz und eine 6-Feld-Trampolinanlage. Schon mal Sommer-Tubing ausprobiert? Ihr setzt euch in Reifen und rutscht auf speziellen Matten, die in der Wiese verlegt sind, den Berg hinunter. Das ist auch für kleinere Kinder ein ungefährlicher Spaß.

Mit dem Willinger Familienpass habt ihr täglich freien Eintritt in die Eissporthalle und könnt viele andere Angebote gratis nutzen. Sie kostet für Kinder ab 4 Jahre 39,50 € und gilt für Oster-, Sommer- und Herbstferien. Den Pass gibt es bei der Tourist-Info.

Auf scharfen Kufen

Eissporthalle, Am Hagen 9 – 10, 34508 Willingen. ✆ 05632/969430, Fax 9694396. www.eissporthalle-willingen.de. info@eissporthalle-willingen.de.

Bahn/ Bus: Bhf Willingen, AST ✆ 0180/5050180.

Auto: ↗ Willingen, neben der Tourist-Info. **Zeiten:** Weihnachten – Ostern Mo – Fr 10 – 20, Sa, So 10 – 18.30 Uhr; Mai, Juni geschlossen; Juli – Dez Mo – Fr 15.30 – 20, Sa, So 14 – 18.30, Mi 18 Uhr Eisdisco. **Preise:** 4,50 €, mit Sauerland-Card 4 €; Kinder bis 6 Jahre 2 €, 7 – 16 Jahre 3,50 €; Familienkarte 14,50 €, mit Sauerland-Card 13 €.

▶ Die spiegelblanke Eisfläche misst 60 mal 30 m. Sie steht fast das ganze Jahr über zum Schlittervergnügen bereit. Nach den Osterferien bis Ende Juni ist die Halle geschlossen. Ansonsten könnt ihr selbst im Hochsommer auf scharfen Kufen eure Runden drehen und nach Voranmeldung auch Eishockey spielen. Schlittschuhe und Laufhilfen für Kleinkinder sind ausleihbar. Jede Woche erklingt fetzige Musik zur Eisdisco. Oder wie wäre es mit Eis & Heiß? Dabei kombiniert ihr Eislaufen mit einem Besuch im Lagunen-Erlebnisbad. Manchmal könnt ihr auch den Profis beim

Eiskunstlauf zuschauen. In der Wintersporthochburg Willingen wird die Halle natürlich auch für Trainings genutzt. Gruppen aus Deutschland und den Beneluxländern bereiten sich auf Wettkämpfe vor.

Kalter Spaß: Rodeln im Sauerland

Wintersport im Weltcup-Ort

Touristen-Information im Besucherzentrum, Am Hagen 10, 34508 Willingen. ✆ 05632/401180, Fax 401150. www.willingen.de. willingen@willingen.de. **Bahn/Bus:** Bhf Kassel-Wilhelmshöhe, R55, im Winter Sonderzüge und Shuttleservice. **Auto:** ↗ Willingen. **Preise:** Skipass pro Tag 22 €; Kinder 6 – 15 Jahre Skipass pro Tag 14 €, Jugendliche ab 16 Jahre 22 €. **Infos:** Schneetelefon ✆ 05632/9691223.

▶ Willingen ist Mitglied der Wintersportarena Sauerland und der größte Wintersportort in Hessen. Wenn Schnee liegt, sind 7 Schlepplifte in Betrieb. Es gibt 16 km präparierte Pisten mit Abfahrtslängen bis 2 km. Ihr könnt Skipässe für Höhenlagen auf 580 bis 830 m kaufen. Eine Kabinenseilbahn bringt euch zum Ettelsberg hinauf. An mehreren Stellen gibt es Kinderangebote, dazu Rodelhänge mit Aufstiegsanlagen, Skischulen und -verleihe. Langläufer finden 80 km gespurte Loipen.

UMWELT ERFORSCHEN

Tiere, Gold und Fossilien

Zu den Papageien des Sauerlands

Wild- und Freizeitpark, Am Ettelsberg 2, 34508 Willingen. ✆ 05632/69198, Fax 69062. www.wildpark-willingen.de. info@wildpark-willingen.de. **Bahn/Bus:**

»Die Ordnung der Papageienvögel umfasst rund 350 Arten mit rund 850 Unterarten« – alles klar? Das hier sind ein Gelbbrust- und ein Hellroter Ara

Bhf Willingen, AST ✆ 0180/5050180. **Auto:** ↗ Willingen Richtung Ettelsberg, Schildern folgen. **Zeiten:** April – Okt 9 – 18 Uhr, Nov – März 10 – 16 Uhr; Greifvogelvorführungen April – Okt außer Do 12, 14.15 und 16.15 Uhr, Nov – März außer Do 13 Uhr. **Preise:** Sommer 9 €, mit Kurkarte 7,50 €; Winter 7,50 €, mit Kurkarte 6 €; Kinder 4 – 14 Jahre Sommer 6 €, mit Kurkarte 5 €; Winter 5 €, mit Kurkarte 4 €.

▶ Der Park liegt am Hang des *Ettelsberges* inmitten eines Naturschutzgebietes. Gleich hinter dem Eingangstor befindet ihr euch im Wald. In den Gehegen könnt ihr Dam-, Rot- und Sikawild beobachten. Im Park leben außerdem Braunbären und Wildkatzen. Es gibt aber auch exotische Tiere wie Berberaffen und Papageien. Amazonen, Kakadus und andere farbenfrohe Vögel zeigen euch täglich außer freitags kleine Kunststücke und überraschen mit ihrer Lernfähigkeit. Weitere Stationen im Wild- und Freizeitpark sind Streichelwiese, Waldlehrpfad, Jagdmuseum, Märchenwald und Dinoland. Fahr- und Spielgeräte laden zur Pause ein. Ihr könnt die Unterwasserwelt von heimischen Fischen erleben. Eindrucksvoll sind die Vorführungen der Greifvögel unter Leitung eines Berufsfalkners.

Goldwaschen in Korbach

Hotel Goldflair am Rathaus, Familie Zabel, Stechbahn 8, 34497 Korbach. ✆ 05631/500-90, Fax 500-959. www.goldflair.de. gast@goldflair.de. **Bahn/Bus:** ↗ Korbach, am Rathaus. **Zeiten:** auf Anfrage. **Preise:** Erw und Kinder 3 €.

▶ Ihr bekommt ein Eimerchen, voll mit Sand und Steinen. Und da soll **Gold** drin sein? Um das edle Metall

Gold ist fast 20 mal schwerer als Wasser.

heraus zu sieben, müsst ihr es waschen. Treffpunkt ist am Brunnen hinter dem Hotel Goldflair. In dem gemauerten Mini-Bach soll schon so manches Goldkörnchen versunken sein. Als Hilfsmittel bekommt ihr eine flache Schale mit Rillen an der Seite. Dort schüttet ihr den Inhalt des Eimerchens hinein und taucht das Ganze unter Wasser. Dann müsst ihr den Teller schwenken und langsam Stein und Sand über den Rillenrand herausspülen. Die Bewegung müsst ihr viele Male wiederholen. Keine Angst: Das Gold bleibt unten in der Schale, weil es viel schwerer als Wasser ist. Irgendwann seht ihr kleine Teilchen funkeln. Jetzt habt ihr den Schatz gefunden. Aber wie wollt ihr ihn bergen? Dabei helfen euch die Leute vom Hotel. Der Goldflitter muss von der nassen Schale auf den Finger und von dort auf ein Zertifikat, das ihr als Andenken mitnehmen dürft: Korbacher 24 Karat Gold, selbst gewaschen!

Auf den Spuren säugetierähnlicher Reptilien in der Korbacher Spalte

Frankenberger Landstraße, 34497 Korbach. ✆ 05631/ 53-232, Fax 53-320. www.korbacher-spalte.de. info@korbach.de. **Dauer:** 1 Std. **Bahn/Bus:** Bhf Korbach, RE04 bis Korbach Süd, längerer Fußweg. **Auto:** ➚ Korbach, am Ortsausgang in Richtung Frankenberg rechts ab, Schildern folgen. **Zeiten:** Führungen Mai – Okt, So 10.15 und 11.15, Fr 16.15 Uhr. **Preise:** 2 €; Kinder bis 6 Jahre kostenlos.

▶ Direkt vor den Toren Korbachs liegt am südlichen Ortsausgang diese **Fossilienfundstätte** von weltweitem Interesse. Man könnte sagen, hier liegen seit 250 Mio Jahren unsere ältesten Vorfahren begraben. In der bis zu 3 m breiten und 12 m tiefen Spalte haben Wissenschaftler Knochen von säugetierähnlichen Reptilien – sogenannte *Therapsiden* – aus der Permzeit gefunden. Fossilien dieser Tiere gibt es sonst nur in Südafrika und in Russland. Sie markieren einen sehr interessanten Zeitpunkt der Erdgeschichte, an dem sich aus den ursprünglichen Reptilien die Urahnen von Dinosauriern und Säugetieren getrennt voneinander entwickelten. Die meisten der in der Korbacher Spalte gefundenen Knochenbruchstücke stammen von dem Therapsiden **Procynosuchus.** Der Allesfresser war nur 60 cm klein. Andere Knochen gehörten größeren Sauriern: dem 2,5 m großen *Pareiasaurier* und dem 2 m langen *Protorosaurus.* Direkt am Kalksteinbruch informieren Tafeln über die Fundstätte. Sie gilt als Attraktion des Geoparks Grenzwelten. Mehr über die Zeit, als Korbach noch nahe am Äquator lag, erfahrt ihr bei regelmäßigen Führungen.

Das säugetierähnliche Reptil ***Procynosuchus*** *wird auch Hundezähner oder volkstümlich Korbacher Dackel genannt.*

HANDWERK UND GESCHICHTE

Bahnen, Bergwerke & Betriebe

Zum höchsten Aussichtspunkt Nordwestdeutschlands

Ettelsberg-Kabinenbahn und Hochheideturm, Zur Hoppecke 5, 34508 Willingen. ✆ 05632/ 969820, Fax 9698228. www.ettelsberg-seilbahn.de. info@ettelsberg-seilbahn.de. **Bahn/Bus:** Bhf Willingen, AST ✆ 0180/5050180. **Auto:** ↗ Willingen, Schildern folgen. **Zeiten:** ganzjährig 9 – 17 Uhr. **Preise:** einfache Fahrt 5 €, Berg- und Talfahrt 7,50 €, Turmbesuch allein 2,50 €; Kinder 6 – 15 Jahre einfache Fahrt 3,50 €, Berg- und Talfahrt 4,50 €. **Infos:** Kabinen befördern auch Kinderwagen, Rollstühle und Mountainbikes, Ein- und Ausstieg ist behindertengerecht.

▶ Vor etwa 10.000 Jahren dehnte sich im Upland eine baumlose Tundra aus. Als es nach der Eiszeit wieder wärmer wurde, eroberte sich der Wald Flächen zurück. Aber in Mooren, an Felsen und auf den hochgelegenen kargen Böden konnte die eiszeitliche Tundra überleben. Diese Hochheide ist ein besonderes Naturerlebnis in Willingen. Dazu schwebt ihr auf den Ettelsberg zum höchsten begehbaren Aussichtspunkt in Nordwestdeutschland. Eine hochmoderne Seil-

Hunger & Durst

Ettelsberghütte, Bergstation der Ettelsberg-Kabinenbahn, Willingen. ✆ 05632/6750. www.ettelsberg-seilbahn.de. Täglich geöffnet. Die Ettelsberghütte, besser bekannt als Siggi's Hütte, ist eine Kult-Adresse im Sauerland. Es gibt Erbsensuppe im Glas und Alphornmusik.

bahn bringt euch auf das 838 m hohe Plateau hinauf. Oben angekommen, erwartet euch der fast 60 m hohe Hochheideturm mit einmaligem Blick über die Bergwelt des Hochsauerlands, des Waldecker Landes und weit darüber hinaus. Am Fuß des Turms liegt ein Spielplatz. Am Turm selbst ist eine Kletterwand angebracht. Ihr könnt zum *Ettelsbergsee* laufen oder den *Kyrillpfad* erkunden. In Erinnerung an den Jahrhundertorkan, der im Januar 2007 wütete, haben Forstwirte einen Themenweg über umgestürzte Bäume angelegt.

Winterspaß auf dem Ettelsberg: Im Sommer sieht man Kletterer am Hochheideturm

Auf dem Adlerhorst der Skispringer

Mühlenkopfschanze mit Standseilbahn, Zur Mühlenkopfschanze 1, 34508 Willingen. ✆ 05632/960-0, Fax 960-480. www.weltcup-willingen.de. info@weltcup-willingen.de. **Bahn/Bus:** Bhf Willingen, AST ✆ 0180/5050180. **Auto:** ↗ Willingen, am Ortseingang aus Richtung Korbach links ab, Schildern folgen. **Zeiten:** Standseilbahn Di – Fr 11 – 17, Sa, So, Fei 10 – 17 Uhr, geführte Besichtigungen Di und Fr 14 Uhr und nach Vereinbarung. **Preise:** Berg- und Talfahrt jeweils 3 €, beides 5 €, geführte Besichtigung 10 €, mit Sauerland-Card 9 €; Kinder 6 – 15 Jahre Berg- und Talfahrt jeweils 1,50 €, geführte Besichtigung 5 €.

▶ Zum Weltcup-Skispringen zieht die 1951 errichtete Mühlenkopfschanze jedes Jahr tausende Besucher an. Hier nehmen die besten Athleten Anlauf zum Sprung. Ihr könnt die größte Großschanze der Welt das ganze Jahr über besichtigen. Die blaue Kabine der Standseilbahn bringt euch hinauf zum Anlaufturm. Hier überkommt euch vielleicht ein schwindeli-

66 schönste Aussichten Hessen, von Alexander Kraft, führt zu Gipfeln, Burgen, Aussichtslokalen; mit Rad- und Wanderempfehlungen. pmv, ISBN 978-3-89859-319-9, 16 €.

Hunger & Durst

Café Restaurant Aufwind, Zur Mühlenkopfschanze 1, Willingen. ✆ 05632/ 960500. www.goebel-hotels.com/willingen/cafe-aufwind. 10 – 18 Uhr. Frühstück, Mittag- und Abendessen; Kuchen, Torten und Waffelspezialitäten aus eigener Herstellung.

ges Gefühl, es ist ein bisschen wie auf einem Adlerhorst. Der Ski-Club Willingen führt Gruppen durch die Schanze und erzählt dabei viel über Sport und Technik. Auf Wunsch organisiert er auch Gästeschießen auf der Biathlonanlage. Direkt am Auslauf der Mühlenkopfschanze gibt es ein Restaurant mit einer bis zu 7 m hohen Glasfront. Von dort lässt es sich prima auf die Mühlenkopfschanze blicken.

Im Goldrausch durch den Stollen

Besucherbergwerk Unterer-Tiefe-Tal-Stollen, Familie Bachmann, 34497 Korbach-Goldhausen. ✆ 05631/ 5026424, 60466, www.goldspur-eisenberg.de. info@korbach.de. **Bahn/Bus:** Bhf Korbach, Bus 510 bis Goldhausen. **Auto:** ↗ Korbach Richtung Medebach bis Goldhausen, am Ortseingang Schildern zum Dorfgemeinschaftshaus folgen. **Zeiten:** Mai – Okt Sa, So nach Anmeldung. **Preise:** 7 €; Kinder 6 – 14 Jahre 3,50 €.

▶ Im Eisenberg bei Korbach-Goldhausen schlummert die reichste Goldlagerstätte Deutschlands. In einer Tonne Gestein liegen bis zu 20 g des edlen Metalls. Würde heute noch einmal der Goldrausch ausbrechen, müsste man den Korbacher Stadtteil Goldhausen abreißen und den *Eisenberg* sprengen. Weniger aufwändig ist eine Führung durchs Besucherbergwerk. Treffpunkt für die 2-stündige Tour ist am **Zechenhaus,** das zum Dorfgemeinschaftshaus gehört. Dort bekommt ihr gelbe Öljacken, Gummistiefel und Schutzhelme mit Grubenlampen. Gut ausgerüstet, lauft ihr mit eurem Bergwerksführer los. Erst geht es ein steiles Stück durch den Wald hinunter bis zum dem Platz, wo eine Lore steht. Dort ist der Eingang in die dunkle feuchte Welt. Das Gold entstand vor 290 Mio Jahren während einer Gebirgsbildung. Schon bei den Römern galt die

Ganz schön zünftig: Im Clondike Tiefer Stollen

© pmv, Foto: Annette Friauf

Eder als Gold führender Fluss. Als Ursprung des Goldes entdeckten sie den Eisenberg. Etwa um 1200 fingen die Goldgräber an, sich zentimeterweise vorzuarbeiten und den Berg wie einen Käse zu durchlöchern. Sie gruben Strecken von rund 20 km Länge. Über Jahrhunderte gewannen Bergleute 1,2 t reines Gold aus dem Eisenberg.

Glückauf in Adorf

Besucherbergwerk Grube Christiane, Bredelarer Straße 30, 34519 Diemelsee-Adorf. ✆ 05633/5955, www.grube-christiane.de. heino.klemme@t-online.de. **Bahn/Bus:** Bhf Korbach, Bus 506, 508 bis Diemelsee-Adorf Mitte. **Auto:** ➚ Diemelsee Richtung Bad Arolsen bis Adorf, nördlicher Ortsausgang Richtung Bredelar. **Zeiten:** April – Okt Mi 14 – 17, Sa 13 – 17, So, Fei 10 – 17 Uhr. **Preise:** 4 €; Kinder ab 3 Jahre 2 €.

▶ Die Grube Christiane war nach dem 2. Weltkrieg die größte **Eisenerzgrube** in Hessen. 1963 wurde der Abbau eingestellt, seit 1986 ist der Stollen ein Besucherbergwerk mit Museum. Wer einsteigen möchte, sollte 1,5 Std Zeit haben und 1 km Wegstrecke bei 9 Grad Lufttemperatur laufen wollen. Adorf war mehr als 700 Jahre lang Bergbaurevier. In alten Urkunden ist der Beginn der Eisenerzgewinnung im Jahr 1273 belegt. Für die Region wurde sie zur wichtigen Einnahmequelle und beeinflusste die Lebenswelt. Wo kommt das Metall her? Die Roteisenerze entstanden vor etwa 380 Mio Jahren an den Flanken eines Vulkans unter dem Meer. Im Museum könnt ihr die Kreisläufe der Gesteine nachvollziehen, es gibt eine sehenswerte Mineraliensammlung. Dort erfahrt ihr außerdem viel über die Arbeit der Bergleute.

Dem Glasbläser zuschauen

Glasmanufaktur, Zur Hoppecke 9, 34508 Willingen. ✆ 05632/9855-15, Fax -20. www.glasmanufaktur-willingen.de. info@glasmanufaktur-willingen.de. **Bahn/Bus:** Bhf Willingen, AST (✆ 0180/5050180). **Auto:** ➚ Willin-

Lehrpfad Goldspur Eisenberg führt euch auf 2 Rundwegen zu den Spuren der Goldgräber auf dem Korbacher Hausberg. Das Dorf Goldhausen ist ebenfalls Startpunkt für einen Ausflug zum Georg-Viktor-Turm mit Aussicht aufs Waldecker Land.

Happy Birthday! Lasst euch durch die Grube Christiane und das Bergwerkmuseum führen, gemeinsam mit eurem Ehrengast *Fledie,* dem Maskottchen der Gemeinde Diemelsee.

gen, B251 Richtung Brilon, Schildern folgen. **Zeiten:** April – Okt Mo – Fr 10 – 17, Sa, So 10 – 16 Uhr, Nov – März Mo – Fr 10 – 12.30, 14 – 17, Sa 10 – 12.30, 14 – 16, So 10 – 12.30 Uhr.

▶ Hier erlebt ihr, wie eine glühend heiße Glasmasse Form und Farbe annimmt. Ihr könnt dem Glasbläser bei der Arbeit zusehen und sogar, mit etwas Unterstützung, ein eigenes Glas-Unikat anfertigen. Der Glasbläser gibt euch interessante Informationen über das jahrhundertealte Kunsthandwerk. Im Ausstellungs- und Verkaufsraum sind vielfältige Stücke aus Glas zu sehen: Vasen, Schalen und Geschirr, dazu Christbaumkugeln und Kerzenhalter. Zur Manufaktur gehört auch ein Café.

Schloss und Burg

Ein Besuch in Hessens Versailles

Residenzschloss Bad Arolsen, Schlossstraße 27, 34454 Bad Arolsen. ✆ 05691/895526, Fax 3046. www.schloss-arolsen.de. information@schloss-arolsen.de. **Bahn/Bus:** Bhf Bad Arolsen, Bus 397, 505, 526 bis Rathausstraße. **Auto:** ↗ Bad Arolsen. **Zeiten:** Führungen Mai – Sep täglich 10 – 16 Uhr; April Di – So 10 – 15 Uhr; Okt – März Mi, Sa 15, So 11 Uhr. **Preise:** 6 €; Kinder bis 14 Jahre 1,50 €, Jugendliche 2 €.

▶ Es wirkt alles sehr herrschaftlich, wenn ihr vom Tor auf den Schlosshof blickt: gelbe Fassaden, symmetrische Form, ein Blumenrondell vor dem Eingang. Aber wie sieht das Residenzschloss innen aus? *Graf Friedrich Anton Ulrich zu Waldeck und Pyrmont* hatte sich die Residenz nach dem Vorbild des Versailler Schlosses in Frankreich bauen lassen und 1720 bezogen, als sie noch gar nicht fertig war. Den Abschluss erlebte er nicht mehr. Der Adelsfamilie ging das Geld aus, und so zogen sich die Arbeiten 100 Jahre lang hin. Erst 1810 wurde der große Festsaal im Obergeschoss fertig. Besonders prachtvoll ist das

Alhambra Zimmer im arabisch-maurischen Stil. Die Einrichtung war ein Hochzeitsgeschenk des Herzogs von Nassau an seine Tochter, *Herzogin Helene.* Sie war die Mutter der späteren Königin *Emma der Niederlande* und des letzten regierenden Fürsten von Waldeck.

Auf der Kugelsburg mit Adlern und Falken jagen

Falknerei auf der Kugelsburg, 34471 Volkmarsen. ✆ 05693/ 687-0, 05647/946300, www.volkmarsen.de. falkner.kroll@t-online.de. **Bahn/Bus:** Bhf Kassel-Wilhelmshöhe, R4, Bhf Volkmarsen, Bus 505 bis Kugelsburgschule. **Auto:** A44, Ausfahrt 66 Breuna, Richtung Bad Arolsen. **Zeiten:** April – Okt bei gutem Wetter Sa 15, So 11 und 15 Uhr. **Preise:** 3,50 €; Kinder ab 6 Jahre 1,50 €; Familienkarte 6 €.

▶ Auf der Kugelsburg könnt ihr **Greifvögeln** beim freien Flug zuschauen. Ihr nehmt auf Baumstämmen vor den Burgmauern Platz. Der Falkner schickt Adlerdame *Aris* in die Lüfte. Bei gutem Wetter wechselt sie von einem majestätischen Gleit- in einen atemberaubenden Sturzflug. Falken starten zu einem Jagdflug auf eine Beuteattrappe und meistern ihre Aufgabe pfeilschnell. Dazu gibt es viele Erklärungen zur Lebensweise der Greife. Der Falkner beantwortet gern eure Fragen. Zusätzlich informiert ein kleiner Lehrpfad über die Vogelwelt.

Die **Kugelsburg** will natürlich auch erkundet werden. Erhalten sind Teile des Palas, der Hexenkeller und der Treppenturm. Die Burg hatte immer wieder wechselnde Besitzer. Im 7-jährigen Krieg fiel sie der französischen Armee zum Opfer.

In der Nähe der Kugelsburg findet ihr den Abenteuerspielplatz Am Sauerbrunnen mit Sand-Spiel-Landschaft, Drahtseilbahn, Vogelnest zum Klettern, Barfußpfad etc. Ihr könnt Mineralwasser frisch von der Quelle zapfen.

Pfeilschnell sind die Falken, die auf der Kugelsburg jagen dürfen

© Annette Sievers, pmv, Alexander Kraft

Prädikat kinderfreundlich

Wolfgang-Bonhage-Museum, Kirchplatz 2, 34497 Korbach. ✆ 05631/53289, www.korbach.de. museum@korbach.de. **Bahn/Bus:** Bhf Korbach, Stadtbus 597.1 bis Marktplatz. **Auto:** ↗ Korbach, Ortsmitte. **Zeiten:** Di – So 11 – 16.30 Uhr. **Preise:** 3 €; Kinder ab 6 Jahren 1 €; Familienkarte 7 €. **Infos:** Das Museum ist zugleich Informationsstelle für ↗ Geopark Grenzwelten.

▶ In diesem Museum könnt ihr alles anfassen und ausprobieren, was mit der Farbe Gelb gekennzeichnet ist. Versetzt euch in das Jahr 1420 zurück. Korbach gehörte als einzige Stadt in Hessen zur Hanse. In diesem Städtebund halfen sich die Kaufleute gegenseitig. Hier steht eine Waage, die zeigt, was Butter, Fleisch und Wachs auf dem Markt kosteten. Zum Thema Handwerk könnt ihr Materialien fühlen: Leder, Holz, Eisen, Weidenruten. Weitere Themen sind ein Ratespiel zur Stadtgeschichte und eine Bastelanleitung für den Freischwingerstuhl, der erstmals in Korbach gefertigt wurde und heute in vielen Wohnräumen steht. Das **Wolfgang-Bonhage-Museum** informiert außerdem über die sensationellen Funde der *Korbacher Spalte:* ein Diorama zeigt lebensgroße Modelle der 250 Mio Jahre Reptilien, die schon Ähnlichkeiten mit Säugetieren hatten. Der Gewinnung von Kupfer, Eisen und Gold ist eine eigene Abteilung gewidmet. Es gibt auch ein Musikalienkabinett.

Blick in die Geschichte: Im Bonhage-Museum spannend gemacht

*Das **Museum** hat großes Lob eingeheimst: für seine kinderfreundliche Ausstellung und die herausragende Architektur. Der Bau verbindet alte Fachwerkhäuser und moderne Gebäude unterm Glasdach.*

Die Milch macht's – oder alles Käse?

Milchmuhseum Usseln, Korbacher Straße 6, 34508 Willingen-Usseln. ✆ 05632/922222, www.muhseum.de. info@muhseum.de. **Bahn/Bus:** Bhf Willingen, R55 bis Willingen-Usseln. **Auto:** ↗ Willingen, aus Richtung Korbach bis Ortsmitte Usseln. **Zeiten:** Feb – Okt Di – Fr 10 – 17, Sa, So 11 – 17 Uhr, Nov – Jan Di – Fr 14 – 17, Sa, So 11 – 17 Uhr, Führung Mi, Fr 11 Uhr. **Preise:** Führung 2,50 €; Kinder 6 – 9 Jahre Führung 1,50 €.

▶ Habt ihr schon mal gemolken? Die Museumskuh nimmt es euch nicht krumm, wenn ihr erst einmal übt, am Euter zu ziehen. In diesem Fall kommt keine Milch, sondern Wasser. Hebt mal das Tragejoch. Dann könnt ihr nachempfinden, welche Last die Milchmädchen früher tragen mussten. Das Milchmuhseum im historischen Gebäude der Upländer Gebirgsmolkerei zeigt die 100-jährige Molkereigeschichte in Usseln. Zu sehen gibt es originale Gerätschaften aus der Milchverarbeitung und aus privaten Haushalten, außerdem exotische Gefäße aus anderen Ländern. Im Museumskino im früheren Kühlraum läuft ein dokumentarischer Rückblick. Bei der Führung erfahrt ihr viel über Milch. Ihr stellt selbst **Butter** her und streicht sie auf frisches Brot. Das Ergebnis will natürlich probiert werden. Auch sonst gibt es im Museumscafé und im Molkereiladen schmackhafte Milchprodukte zu kosten, etwa Milchshake und Bio-Eis. Wenn ihr euch richtig Appetit holen wollt, besucht vorher den Upländer Milchgarten und den Milchpfad, der am Museum startet.

Gar nicht so einfach: Die Holzkuh lässt eure Melkversuche geduldig zu

Der älteste erhaltene ***Butterrest*** *lag in einem altägyptischen Grab in einer Alabastervase.*

Eine schrille Nostalgiewelt

Oldtimer Curioseum, Düdinghäuser Straße 1, 34508 Willingen-Usseln. ✆ 05632/6232, Fax 69066. www.curioseum-willingen.de. info@zumwilddieb.de. **Bahn/Bus:** Bhf Willingen, AST ✆ 0180/5050180. **Auto:** ➚ Willingen, Ortseingang Usseln aus Richtung Korbach links ab, Schildern folgen. **Zeiten:** Mai – Okt 10 – 18 Uhr, Nov – April Sa, So sowie in den Ferien 10 – 17 Uhr. **Preise:** 4,50 €; Kinder ab 6 Jahre 3,50 €.

▶ Die wild aufgebauten Fahrzeuge vor der Halle werben für ein wirklich komisches Museum. Innen hängen Flugzeuge von der Decke, stehen Klein- und Kleinstwagen in Bonbonfarben der 50er Jahre aufgereiht, ebenso Mopeds, Traktoren, Schlitten, Fahrräder und dazwischen eine knallbunte Rikscha aus Indien. Das Oldtimer Curioseum präsentiert sich als Entdeckungs- und Unterhaltungswelt für Fans von nostalgischen Fahrzeugen. Aber damit ist noch lange nicht alles gesagt. In diesem Privatmuseum könnt ihr Stunden verbringen und habt noch lange nicht all die kitschigen und komischen Ausstellungstücke betrachtet: die Vogelkäfig-Gitarre zum Beispiel oder den singenden Fisch. Alles ist schön chaotisch angeordnet. Aus jeder Ecke schauen Monstermasken, Skelette und Schaufensterpuppen. Habt ihr die Schrumpfköpfe aus dem Fundbüro des Hamburger Hafens gesehen? Und es gibt jede Menge Technikgeschichte zu studieren. Ihr könnt alte Tonbandgeräte, Schreibmaschinen und vieles mehr bestaunen, das in der Zeit eurer Großeltern mal hochmodern war.

Seit 75 Jahren Sommertheater

Freilichtbühne Korbach, Schulstraße, 34497 Korbach. ✆ 05631/2555, 05631/53232, Fax 2558. www.flb-korbach.de. info@flb-korbach.de. **Bahn/Bus:** ➚ Korbach, in der Altstadt ausgeschildert. **Zeiten:** Mitte Juni – Mitte August. **Preise:** 9 €; Kinder ab 6 Jahre 5 €; Familienkarte 25 €.

▶ Seit 75 Jahren bietet die Naturbühne an der Stadtmauer mit dem restaurierten Turm und einer schönen alten Linde eine romantische Kulisse fürs Sommertheater. Falls es mal regnen sollte, sitzt ihr im Trockenen: Ein fächerartig verstrebter Regenschutz überdacht den größten Teil der Sitzbänke. Veranstalter des Theaters im Schießhagen, wie dieser Teil der Stadtmauer genannt wird, ist der Verein *Freilichtbühne Korbach.* Mit dem Amateurtheaterspiel will er Jugendarbeit und Volksbildung fördern. Kinder sind ein unverzichtbarer Teil der Ensembles. Die Akteure kommen meist aus Korbach und Umgebung. In der Regel werden 2 Stücke pro Saison inszeniert: Klassiker des Kinder- und Jugendtheaters sowie bekannte Komödien im Erwachsenenprogramm. Im Sommer 2012 stehen die Stücke *Nora Drachenbezwingerin* und *Die Feuerzangenbowle* auf dem Programm. Würstchen und Getränke gibt es auch.

EDERSEE & KELLERWALD

devergnügen und Entspannung. Die Sauna ist auch in der kalten Jahreszeit geöffnet.

Ein paar Bahnen ziehen

Heloponte, Stresemannstraße 2, 34537 Bad Wildungen. ✆ 05621/1600, www.heloponte.de. heloponte@t-online.de. **Bahn/Bus:** Bhf Bad Wildungen, Stadtbus 590.1 – 3 bis Heloponte. **Auto:** ➚ Bad Wildungen. **Zeiten:** Freibad Mitt Mai – Aug Mo 14 – 20, Di – So 8 – 20 Uhr, Hallenbad Mo 14 – 21.30, Di – So 8 – 21.30 Uhr, Eisbahn Di – Fr 14.30 – 20.30, Sa, So 14 – 20.30, So auch 10 – 13 Uhr. **Preise:** 1 Std Hallenbad 2,50 €, Tageskarte 6,50 €, mit Sauna 14,50 €, Tageskarte Freibad 3 €, Eisbahn 3,50 €; Kinder 3 – 15 Jahre 1 Std Hallenbad 1,50 €, Tageskarte 4,50 €, Tageskarte Freibad 1,50 €, Eisbahn 1,80 €; Familientageskarte Hallenbad 16 €.

▶ Die Freizeitanlage kann sommers wie winters besucht werden und nennt sich Familienbad der Region. Athleten halten sich auf den 25 m-Bahnen im Kraul-, Brust- oder Delphinstil fit. Ihr habt die Wahl zwischen 3 Becken mit unterschiedlichen Wassertemperaturen. Mit vollem Schwung geht es über eine Rutsche hinein ins Nass. Im Warmwasserbecken könnt ihr euch von Düsen massieren lassen. Im Babybecken segeln die Kleinsten auf einem Piratenschiff über die Weltmeere. Rund um den Seehund ist jede Menge Spiel möglich. Saunaliebhaber finden die passende Schwitzbude. Zum Heloponte gehören weitere Freizeiteinrichtungen: Eisbahn, Kegelbahn und ein Fitness-Studio.

Hunger & Durst

Strandhaus No. 12, Ederseerandstraße 8, Waldeck. ✆ 05623/5676. www.strandhaus12.de. Täglich 12 – 17, 18 – 22 Uhr. Ehemaliges Badehaus aus den 30er Jahren mit Hotelzimmern, frische regionale Küche, Kuchen.

Erst baden, dann flanieren

Strandbad und Uferpromenade Waldeck, Ederseerandstraße, 34513 Waldeck. ✆ 05623/9998-0, Fax -30. www.edersee.com. edersee-info@t-online.de. **Bahn/Bus:** Bhf Bad Wildungen, Bus 556 bis Waldeck Strandbad. **Auto:** ➚ Waldeck Richtung Nieder-Werbe bis Waldparkplatz.

Das **Strandbad** mit dem vielleicht weitesten Panoramablick auf den Edersee bietet alle Annehmlichkeiten wie Liegewiese, Badeinsel, Sprungbrett, Aufsicht des DLRG, Beachvolleyballfeld, Umkleiden, Duschen, WC und Kiosk. Nach dem Wasserspaß könnt ihr oberhalb des Strandes entlang der **Uferpromenade** flanieren. Dort gibt es jede Menge Abwechslung – etwa die *Welt der Sinne*. Hört den Klang von Steinen, Hölzern und Röhren! Riecht ihr den Duft im Kräutergarten? Spaß macht es auch, mit den Drehscheiben zu spielen oder über Stangen zu balancieren. Zur Welt der Sinne gehören außerdem ein Hainbuchenlabyrinth und ein Kletterwald mit Hochsitz und Rutschbahn. Die Uferpromenade mit Cafés und Restaurants ist Kulisse für Kulturveranstaltungen, Events und Künstlermärkte.

Orientierungspunkt: Schloss Waldeck thront überm See und seiner Promenade

Zu den Eseln in Asel-Süd

Badestrand Asel-Süd mit Bootsverleih Campingplatz Ederseeparadies, Asel-Süd 1, 34516 Vöhl-Asel-Süd. ✆ 05635/608, Fax 991064. www.camping-asel-sued.de. info@camping-asel-sued.de. **Bahn/Bus:** Bhf Bad Wildungen, Bus 510 bis Waldeck Bergseilbahn, AST bis Vöhl Asel-Süd. **Auto:** ➚ Vöhl über Herzhausen, hinter der Brücke links ab nach Asel-Süd. **Preise:** Tagesgäste 2 €; Kinder 4 – 15 Jahre 1 €.

Auf der *Halbinsel Asel-Süd* findet ihr rund um den Campingplatz eine ganze Reihe von Freizeitangeboten. Zu mieten gibt es Kanus, Ruder- und Tretboote sowie E-Motorschaluppen. Hier startet ihr zu Bootsfahrten auf dem oberen Edersee. Am Badestrand lässt es sich auf den XXL-Sitzsäcken herrlich faulenzen. Danach besucht ihr die Esel, auf denen ihr gegen eine Spende auch reiten dürft. Wenn ihr ans nördliche Ufer des Edersees wollt: Zwischen Asel-Süd und Asel verkehrt April – Oktober eine Fähre.

Ein bisschen Lust auf Sport? Probiert es doch mal mit Bauerngolf auf einem 10-Loch-Parcours.

Einen weiteren Badesee, zwischen Eder und Edersee gelegen, findet ihr unter den Ferienadressen, ➚ **Ferienpark Teichmann.**

Hunger & Durst
Fischerhütte, Strandweg 9 (im Yachthafen), Edertal-Hemfurth. ✆ 05623/4177. www.fischerhuette-edersee.de. Mo 17 – 21, Do – So 12 – 21 Uhr. Fischspezialitäten, Strandkorb-Ambiente.

Mit Blick auf die Halbinsel Scheid

Strandbad Edertal-Rehbach, Strandweg, 34549 Edertal-Rehbach. ✆ 05623/2049, campingplatz-rehbach.de post@campingplatz-rehbach.de. **Bahn/Bus:** Bhf Bad Wildungen, Bus 521 bis Edertal-Hemfurth, Dornröschenshöhe oder AST ✆ 0180/5050180. **Auto:** ➚ Edertal-Affoldern über Hemfurth Richtung Bringhausen bis Campingplatz Rehbach. **Infos:** ➚ Ferienadressen.

▶ Tagesgäste lieben den lauschigen Badeplatz am Südufer des Edersees wegen seiner familiären Stimmung. Zwar hat man von hier aus nicht den großen Überblick auf die Talsperre, dafür aber grüßt von gegenüber die Halbinsel Scheid. Eine Fähre bringt euch zur Liegewiese auf die andere Seite. In der *Marina von Rehbach* schaukeln die Segelboote. Dort könnt ihr segeln lernen.

Im Winter könnt ihr im Borkener Hallenbad, Westrandstraße 40, schwimmen gehen.

Ein Tag fast wie am Meeresstrand

Naturbadesee Stockelache, 34582 Borken. ✆ 05682/808271, Fax 801165. www.borken-hessen.de. touristinfo@borken-hessen.de. **Bahn/Bus:** Bhf Borken, AST ✆ 0180/2003600. **Auto:** ➚ Borken, Richtung A 49, am Ortsausgang Schildern folgen. **Zeiten:** Mai – Sep 9 – 19.30 Uhr. **Preise:** 2,50 €, Parkgebühr ganztags 2 €; Kinder 6 – 18 Jahre 1,50 €; 10-er-Familienkarte 35 €.

Herrlich: Für Ruhe und Abwechslung ist an der Stockelache gesorgt

© pmv, Foto: Annette Friauf

▶ 2 Wasserfontänen sind die Hingucker auf diesem **Badesee** mit viel Komfort. Der Sandstrand vermittelt unbeschwert mediterranes Flair, die gepflegte Liegewiese bietet mehr als ausreichend Platz für Erholung. Bewaldete Hügel rahmen den Baggersee ein. Wer Aktion und Spaß sucht, saust die 50 m lange Wasserrutsche herunter. Nichtschwimmer haben ihren eigenen Bereich im See. Sonnenschirme stehen zum Ausleihen bereit, ebenso Zeltmuscheln mit dem dazu benötigten Werkzeug. An der Stockelache gibt es ein breites Sportangebot: Beachvolleyball, Kleinfußball, Tretboote, Schnorcheln. Rund um ein Wikingerschiff ist der **Abenteuerspielplatz** angelegt. Auf Anfrage könnt ihr auf ausgewiesenen Plätzen grillen. Und für alle, die abends gar nicht heim wollen: Gruppen dürfen an der Stockelache zelten.

Hunger & Durst
Pizzeria Bistro Stockelache See, Borken. ✆ 05682/739775. Mai – Sep 9 – 19.30 Uhr. Italienisches Lokal mit moderaten Preisen.

Aquagolf am Singliser See

Sabine Heckmann, 34582 Borken-Singlis. Handy 0172/6025833. www.aquagolf-singliser-see.de. info@aquagolfsingliser-see.de. **Bahn/Bus:** Bhf Borken, RT9 bis Borken-Singlis. **Auto:** ↗ Borken Richtung Wabern bis Singlis, Parkplatz vor dem Ortseingang links. **Zeiten:** April – Okt Mo, Mi – Fr ab 14, Sa ab 13, So, Fei ab 9.30 Uhr, in den Sommerferien täglich ab 11 Uhr, jeweils bis Sonnenuntergang. **Preise:** Badesee frei, Aquagolf je Eimer mit 60 Bällen 5 €; Aquagolf 10 x bezahlen, das 11. x kostenlos spielen.

▶ Der Singliser See ist fürs **Surfen** bekannt. Er ist 77 ha groß und verspricht vom Frühjahr bis in den späten Herbst gute Windverhältnisse. Aber auch Taucher und andere Wassersportler treffen sich gern am See, nicht zuletzt wegen eines originellen Angebots: *Aquagolf.* Am südlichen Ufer könnt ihr den Abschlag üben. Im Eimer sind 60 Bälle, da darf auch mal einer daneben gehen. Auf einer umgrenzten Wasserfläche gilt es, 13 Tore zu treffen. Bei Geschick und Glück winken Preise. Wenn nicht, lasst einfach die Bälle schwimmen Es gibt einen Badesteg und einen Kleinkinderspielplatz.

Fahrt mit euren Rädern den Rundweg ans nördliche Ufer und schaut ins Flachwasser. Fische und Frösche haben dort ihre Kinderstuben.

Hunger & Durst
Seeterrassenlokal, Borken. www.aquagolf-singliser-see.de. Öffnungszeiten wie Aquagolf. Biergarten mit Seeblick bietet Imbiss, Erfrischungen und ausgefallene Frühstücksangebote.

Sandburgen bauen am Neuenhainer See

Seeblick 11, 34599 Neuental-Neuenhain. ✆ 06693/1287, Fax 803771. Handy 0172/ 5314092. www.neuenhainer-see.de. info@neuenhainer-see.de. **Bahn/Bus:** Bhf Borken, R9 bis Bhf Neuental-Zimmersrode, AST

Hunger & Durst

Gastronomie Campers Inn, Seeblick 14, Neuenhain. ✆ 06693/ 803828. www.campersinn.de. Mai – Okt Mo – Sa ab 11, So ab 10 Uhr; Nov – April Di – Fr ab 17, Sa ab 15, So ab 10 Uhr. Große Sonnenterrasse.

*Der **Auwald** ist der natürliche Lebensraum entlang der Bäche und Flüsse. An der Eder wird er überwiegend aus Weiden gebildet.*

✆ 01802/003600. **Auto:** ↗ A49 Abfahrt Neuental, über Zimmersrode Richtung Neuenhain, vor dem Ortseingang links zum Campingplatz. **Preise:** 2 €, Tretboot 30 Min 5 €; Kinder 6 – 12 Jahre 1 €.

▶ Dieser waldgesäumte Naturbadesee ist besonders für kleine Kinder ideal. Am Sandstrand könnt ihr wunderbar buddeln und Burgen bauen, der Zugang ins Wasser ist flach. Es gibt ein Planschbecken und einen abgetrennten Nichtschwimmerbereich. Der Abenteuerspielplatz lädt zum Toben ein. Selbst im Hochsommer ist die Wasserqualität des Neuenhainer Sees gut. Die Liegewiese schafft mit 6000 qm Fläche ausreichend Abstand zu den Stellplätzen des Campingplatzes. Dessen Sportangebote können auch Tagesgäste nutzen: ihr könnt Tretboote mieten. In den hessischen Sommerferien stehen Wettbewerbe und Spiele auf dem Programm.

Wassersport und Schiffsfahrt

Paddeln auf der Eder

Erlebnistouren Odenhardt, Angela Odenhardt, Altwildunger Straße 11, 34549 Edertal-Anraff. ✆ 05621/ 74391, Fax 94726. www.eder-kanu.de. info@ederkanu.de. **Länge Mini-Tour:** 7 km. **Bahn/Bus:** Bhf Bad Wildungen, Bus 510 bis Edertal-Affoldern Mitte. **Auto:** ↗ Edertal-Affoldern, Ortseingang in Richtung Hemfurth vor der Brücke links in Schotterweg zur Kanu-Einsatzstelle. **Zeiten:** Mai – Okt. **Preise:** Mini-Tour 14 €; Mini-Tour Kinder bis 12 Jahre 8 €, Jugendliche 13 – 15 Jahre 12 €. **Infos:** ↗ Fahrradverleih.

▶ Die Eder hat viele Attribute: Sie ist der schnellste, sauberste und natürlichste Fluss dieser Größe in Hessen und weite Teile der Eder-**Auenwälder** stehen unter Naturschutz. Die Uferzonen haben urwaldähnlichen Charakter. Von der Brücke in *Affolfern* könnt ihr euch, den Edersee im Rücken, flussabwärts von der sanften Strömung vorwärts tragen lassen. Etwa 1,5

Stunden dauert die **Minitour** bis *Anraff.* Je nach Jahreszeit begleitet euch das Quaken der Frösche. Ihr passiert *Lieschensruh* und *Mehlen.* Links taucht *Bergheim* aus. Kurz vor dem Ende der Minitour solltet ihr das Kanu schon etwa 200 m vor der Brücke nach rechts steuern, damit ihr am Ausstieg nicht vorbei treibt. Der Anbieter holt dort bei bis zu 5 Teilnehmern jeweils 1 Autofahrer ohne Aufpreis ab. Wer auf den Geschmack gekommen ist, kann *Midi-, Maxi-* und *Mehrtagestouren* buchen. Der Anbieter ist mit dem Qualitäts- und Umweltsiegel im Kanutourismus ausgezeichnet.

Mit Wind und Wellen

Segelschule Edersee, Frank Rudolph, Ederseerandstraße 10, 34513 Waldeck. ✆ 05623/6060, Fax 6233. www.segelschule-edersee.de. segelschule-edersee@t-online.de. **Bahn/Bus:** Bhf Bad Wildungen, Bus 556 bis Waldeck Strandbad. **Auto:** ↗ Waldeck Richtung Nieder-Werbe bis Ufer Waldeck-West. **Zeiten:** April – Sep 9.30 – 18 Uhr, in den Ferien auch länger. **Preise:** Wochenendkurs 2 Tage 115 €, Segelgrundkurs 185 €; Kinder 6 – 12 Jahre Wochenkurs 140 €.

▶ Auf ins Abenteuer mit Wind und Wellen. Auf Optimisten und Jollen lernt ihr hier segeln. Die Segelschule Edersee in Waldeck-West bietet in den Sommerferien spezielle Kindersegelkurse an. Erfahrene Lehrer zeigen euch wie ihr mit den richtigen Manövern sicher übers Wasser kommt. Am Schluss eines 2-wöchigen Kurses könnt ihr den VDS-Juniorsegelschein oder den DSV-Jüngstensegelschein machen. Damit dürft ihr an einer Regatta teilnehmen. Wer schon gut segeln kann, darf Jol-

Opti-Rennen: Die kleinen Boote heißen nach einem Club namens Optimisten

len, Kielyachten und Katamarane chartern. Die Segelschule übernimmt Service rund ums Boot.

Schippern auf schwimmenden Sternen

Personenschiffahrt Edersee, Ederseestraße 8b, 34513 Waldeck. ✆ 05623/5415, Fax 5149. www.personenschiffahrt-edersee.de. personenschiffahrt-edersee@t-online.de. **Bahn/Bus:** Bhf Bad Wildungen, Bus 556 bis Strandbad. **Auto:** Anlegestellen ➚ Waldeck Strandbad, Sperrmauer West und Ost, Halbinsel Scheid, Bringhausen, Vöhl-Herzhausen. **Zeiten:** Mai – Anfang Sep täglich ab Waldeck Strandbad 10, 12, 14 und 16 Uhr, Sa, So, Fei zusätzlich 11 Uhr sowie täglich außer Mo und Fr 13, 15 und 17 Uhr; April und Okt ausgedünnter Fahrplan. **Preise:** 1 Std 6 €, 2 Std 9 €, Fahrrad und Handwagen je 1 €; Kinder 4 – 14 Jahre 1 Std 3,50 €, 2 Std 4,50 €. **Infos:** Alle Anlegestellen und Schiffe sind barrierefrei.

▶ Wenn ihr an Bord geht, fällt euch vielleicht das alte Volkslied ein: Eine Seefahrt, die ist lustig, eine Seefahrt, die ist schön … Zwei Fahrgastschiffe laden zu Rundfahrten auf dem Edersse ein: die *MS Stern von Waldeck* und die *MS Edersee Star.* Der größere der beiden schwimmenden Sterne hat Platz für 450 Menschen, der kleinere nimmt 300 auf. Ihr könnt an verschiedenen Stellen rund um den Edersee einsteigen. Heimathafen ist am Waldecker Strandbad. Je nach Länge der Tour kommt ihr an vielen Sehenswürdigkeiten vorbei. Die große Seerundfahrt durchquert das Gewässer auf ganzer Länge von knapp 30 km von der Sperrmauer bis Herzhausen. Die Schiffsküchen bieten Mittagstisch sowie Kaffee und Kuchen.

Mal schnell ans andere Ufer

Kultur- und Fährverein Edersee Scheid-Rehbach, Ederseestraße 2, 34513 Waldeck-Scheid bzw. Rehbach. ✆ 05631/95690, www.edersee-faehre.de. info@edersee-faehre.de. **Bahn/ Bus:** Bhf Bad Wildungen, Bus 521 bis Edertal-Hemfurth, Dornröschenshöhe oder AST

✆ 0180/5050180. **Auto:** ↗ Edertal-Affoldern über Hemfurth Richtung Bringhausen bis Campingplatz Rehbach bzw. ↗ Waldeck über Nieder-Werbe bis Scheid. **Zeiten:** April – Sep Mo – Fr 11 – 17, Sa, So, Fei 10 – 18 Uhr jeweils zur vollen Stunde; Okt – April nach telefonischer Absprache. **Preise:** 2,50 €, Fahrräder und Kinderwagen 1 €; Kinder bis 14 Jahre 1,50 €. **Infos:** Kontakt über Karl Suck, ✆ 0171/5142066, Fährdiensttelefon ✆ 01520/9721564.

© pixelio, Foto: Dirk Schmidt

Wer's ruhig mag: Seefahrt zu Füßen Schloss Waldecks

▶ Die Fähre verbindet die Ausflugsziele im Nationalpark mit denen im nördlichen *Naturpark Kellerwald-Edersee.* Sie ist die kürzeste Verbindung zwischen dem Wildpark und der Sommerrodelbahn. So könnt ihr auf dem Wasserweg die sich auf viele Kilometer schlängelnde Uferstraße einsparen und per Katzensprung zwischen Scheid und Rehbach hin und her huschen. Der Fährbetrieb ist allerdings abhängig vom Wetter und Wasserstand des Edersees.

Von Asel nach Asel-Süd

Fähre Asel und Asel-Süd, 34516 Vöhl-Asel-Süd. ✆ 05635/608, 05635/993652, www.edersee.com. edersee-info@t-online.de. **Bahn/Bus:** Bhf Bad Wildungen, Bus 510 bis Waldeck Bergseilbahn, AST ✆ 0180/5050180 bis Vöhl-Asel. **Auto:** ↗ Vöhl Richtung Edersee bis Asel bzw. Campingplatz Asel-Süd. **Zeiten:** April – Okt 9 – 17 Uhr. **Preise:** 2 €, Fahrrad 0,80 €, Handwagen 0,50 €; Kinder 4 – 17 Jahre 1,20 €.

Achtung: Der Fährbetrieb ist abhängig vom Wasserstand.

▶ Der Fährmann setzt euch über, wenn ihr die Glocke läutet. Es gibt keinen Fahrplan. Bis zu 11 Menschen nimmt er mitsamt Fahrrädern und Kinderwagen mit. Die Fähre verkehrt zwischen dem ↗ *Campingplatz*

Asel-Süd und *Asel.* Sie bietet Ausflüglern, die im westlichen Teil des Edersees schnell das Ufer wechseln wollen, eine willkommene Abkürzung. Als Verkehrsmittel ist die Fähre Asel seit 90 Jahren in Betrieb. Früher wurden Schulkinder und Holzarbeiter über den See gerudert, heute sind es Touristen.

FRISCHE LUFT UND SPORT

Mit dem Fahrrad oder zu Fuß

Abkürzungen auf dem Edersee-Radweg

Edersee-Radweg, 34513 Waldeck. ✆ 05623/9998-0, 9998-30, www.edersee.com. edersee-info@t-online.de. **Länge:** gesamt 52 km, kürzere Wege möglich. **Bahn/ Bus:** Bhf Bad Wildungen, Bus 521, 556 bis Edertal-Hemfurth, Aquapark oder AST ✆ 0180/5050180. **Auto:** ↗ Edertal-Affoldern bis Hemfurth, Schildern zum Parkplatz Sperrmauer West folgen. **Infos:** Am Edersee kann man auch Elektrofahrräder leihen, z.B. am Info-Point Affoldern.

▶ Einmal den Edersee umradeln – das sind 52 km. Wer die gesamte Strecke nicht auf sich nehmen möchte, kann sie dank Schiff und Fähre abkürzen. Die Tour startet am Vorplatz der **Sperrmauer West** und führt am Südufer des Edersees entlang bis zum **Campingplatz in Rehbach.** Dort setzt ihr mit der Fähre zur **Halbinsel Scheid** über. Jetzt folgt ihr dem Weg entlang der Bucht von **Nieder-Werbe.** Die Strecke ist nicht durchgehend geteert, also für Rennräder nicht geeignet. Über die *Waldecker Bucht* geht es gemütlich auf der ebenen Ederseerandstraße wieder zurück zur **Sperrmauer.** Die Strecke misst 20 km.

Wer etwa 5 km länger radeln möchte, fährt von **Rehbach** auf dem R5 weiter nach Westen bis **Bringhausen.** Von dort bringt euch das Fahrgastschiff hinüber nach **Scheid.** Für die Fahrer mit noch mehr Ausdauer besteht die Möglichkeit, erst bei **Asel-Süd** den Edersee zu überqueren. Auch hier verkehrt eine Fähre bis Asel. In Richtung Sperrmauer West habt ihr dann al-

Der Edersee-Radweg ist abgekürzt mit ER ausgeschildert. Trainierte Fahrer können ihn mit dem 37 km langen ER3 kombinieren. Er führt durch den östlichen Teil des Nationalparks. Start ist ebenfalls an der Sperrmauer West.

lerdings bis **Basdorf** ein knackiges Stück Steigung zu bewältigen. Auf dieser 3. Variante legt ihr im Sattel insgesamt 42 km zurück.

Wie im wilden Westen

Eder-Draisine, Hemfurther Straße 14, 34549 Edertal-Affoldern. Handy 0151/53903980. www.eder-draisine.de. kurt-stieglitz@hotmail.de. **Länge:** 4,4 km. **Bahn/Bus:** Bhf Bad Wildungen, Bus 510 bis Edertal-Affoldern Mitte. **Auto:** Edertal-Affoldern Richtung Hemfurth, Parkplatz Info-Point Affoldern. **Zeiten:** April – Okt 10 – 17 Uhr. **Preise:** 12 € pro Fahrzeug; Kinder und Jugendliche bis 16 Jahre nur in Begleitung von Erwachsenen. **Infos:** Kurt Stieglitz ✆ 05623/4470.

So sieht's aus: Muttern sitzt bequem und ihr könnt mal schön auf der Draisine strampeln

© pmv, Foto: Annette Friauf

▶ Ihr kennt dieses Fahrzeug vielleicht aus den alten amerikanischen Cowboyfilmen. Dort werden **Draisinen** mit Handhebeln auf Schienen bewegt – meist bei wilden Verfolgungsjagden. Hier am *Affolderner See* wird das Schienenfahrzeug mit Fahrrädern angetrieben. Ihr dürft gemütlicher strampeln als im wilden Westen. Die Aussicht auf das kleine Nachbargewässer des Edersees und die Bergkuppen des Nationalparks Kellerwald ist traumhaft schön. 2 sitzen im Sattel, 2 weitere Fahrgäste können wie in einer Kutsche auf der Rückbank Platz nehmen. Gut 2 km tretet ihr in die Pedale, bis das Fahrzeug einmal um die Achse gedreht wird. Dann geht es zurück zum Startpunkt. Die Fahrt dauert insgesamt etwa 30 Min, je nachdem, wie dicht der Verkehr ist. Wenn alle 4 Draisinen gleichzeitig auf der Schiene sind, solltet ihr genügend Abstand halten.

*Die **Draisine** wurde im 19. Jahrhundert von Karl Drais als Hilfsfahrzeug für Bahnarbeiter erfunden. Die Eder-Draisine fährt auf einem stillgelegten Bahngleis, das früher als Transportweg zum Kraftwerk diente.*

Märchenhaft: Urweildsteig im Herbst

Weitwandern Hessen, pmv, ISBN 978-3-89859-306-9, 16 €. 10 Streckenwanderungen, davon eine auf dem Urwaldsteig rund um den Edersee, 4 Tage. Als einzelne Tour auch im pmv-Datenshop zu beziehen.

Hunger & Durst

Altane, Schloss Waldeck. ✆ 05623/5890. www.schloss-hotel-waldeck.de. April – Sep 10 – 21 Uhr, Okt – März 10 – 18 Uhr. Hessische Spezialitäten auf gehobene Art, hausgebackener Kuchen.

Kurztour auf dem Urwaldsteig

Urwaldsteig, 34513 Waldeck. ✆ 05623/9998-0, Fax 9998-30. www.urwaldsteig-edersee.de. edersee-info@t-online.de. **Länge:** 8 km. **Bahn/Bus:** Bhf Bad Wildungen, Bus 510 bis Waldeck Mitte. **Auto:** ↗ Waldeck.

▶ Der **Urwaldsteig** – sein Wegweiser ist ein UE auf blauem Kreis – ist 68 km lang und führt rund um den Edersee. Einzelne Etappen oder auch Rundwege sind natürlich möglich. Dieser hier verbindet besonders schöne Aussichtspunkte. Ihr startet am Schlossparkplatz **Waldeck** und lauft bis zur Anhöhe des *Elsterberges* an Stadtmauerresten vorbei. Noch im Ort genießt ihr einen grandiosen Ausblick auf das blaugrüne Farbenspiel von Wasser und Wald. An der Stadtgrenze taucht ihr in die Wälder der Steilhänge ein. Am Ziegenberg und Hexenkopf seht ihr auf Schieferboden verkrüppelte Eichen und Buchen. Ihr überquert eine Schlucht, den *Teufelsgraben,* gefallene Baumstämme liegen quer über dem Pfad, und wandert zur **Kanzel.** Schaut mal unter euch: Am felsigen Hang haben sich Baumgestalten waghalsig in den Fels gekrallt. Weiter führt der Pfad zum Aussichtspunkt **Uhrenkopf** mit tollem Blick auf die Staumauer. Von hier aus steigt ihr im Zickzack auf der Nebenroute zu ihr ab. Unten angekommen, nehmt ihr das Fahrgastschiff zurück nach **Waldeck-West.** Dort folgt ihr der Uferpromenade mit Park der Sinne bis zur Waldecker ↗ Bergbahn. Die Gondel bringt euch zum **Schloss** zurück. Zum Abschluss der Wanderung könnt ihr die mittelalterliche Atmosphäre genießen.

Wanderung auf die Loreley des Edertals

Hagenstein-Route, Weg zur Wildnis 1, 34516 Vöhl-Herzhausen. ✆ 05635/75249-0, Fax 75249-19. www.nationalpark-kellerwald-edersee.de. info@nationalpark-kellerwald-edersee.de. **Länge:** 5,5 km. **Bahn/Bus:** Bhf Vöhl-Herzhausen, R42, Bus 556 bis Nationalparkzentrum. **Auto:** ↗ Vöhl bis Nationalparkzentrum in Herzhausen. **Infos:** ↗ Nationalparkzentrum mit Lokal.

▶ Der *Großblütige Fingerhut* ist euer symbolischer Wanderführer auf der **Hagenstein-Route.** Der Weg folgt auf Abschnitten dem Urwaldsteig Edersee und bringt euch zum Aussichtspunkt Hagenstein, der im Volksmund *Loreley des Edertals* heißt. Vom **Nationalparkzentrum** aus lauft ihr am Dorf *Kirchlotheim* vorbei. Kaum ist die Kirchturmspitze nicht mehr zu sehen, verschwindet der Pfad im lichten Wald. Vor Urzeiten hat die Eder hier steile Talhänge eingegraben und dabei Felsen freigespült. Am Gestein krallen sich knorrige Eichen und Buchen fest, die gegen Trockenheit, Hitze und Kälte kämpfen. Der Wald sieht hier fast ein bisschen wie in südlichen Ländern aus. Der **Hagenstein** zählt zu den Schätzen des Nationalparks. Ihr müsst noch ein Stück bergauf zum Rastplatz an einem markanten Felsvorsprung kraxeln. Atemberaubend ist der Ausblick auf das Tal der oberen Eder, die sich durch den Wald schlängelt: Deswegen der Vergleich zum Rheinfelsen Loreley. Noch ein Stück bergauf, dann öffnet sich die Hochfläche der Himmelsbreite. Von hier führt euch der Fingerhut zurück zum Ausgangspunkt.

Passt gut auf den Finger, schützt diesen beim Nähen aber nur, weil man damit nicht gescheit nähen kann: Fingerhut

Rundumsicht vom Wüstegarten

Kellerwaldturm, 34632 Jesberg. ✆ 06695/9601-0, Fax 9601-22. www.gemeinde-jesberg.de. gemeindeverwaltung@gemeinde-jesberg.de. **Bahn/Bus:** Bhf Bad Wildungen, Bus 408 bis Odershausen-Mitte, Bus 544 bis Haina-Haddenberg. **Auto:** ↗ Bad Zwesten, B3 bis Jesberg, Landstraße bis Haina-Haddenberg, Parkplatz.

▶ Im Süden des Kellerwaldes liegt auf der Grenze der Gemeinden *Jesberg* und *Haina* der 675 m hohe **Wüstegarten.** Die höchste Erhebung der Region Kellerwald-Edersee wird seit 2003 vom 25 m hohen **Kellerwaldturm** gekrönt. Er ist aus Lärchen-Kernholz gebaut. Wenn ihr die 125 Stufen hinauf gestiefelt seid, habt ihr eine einzigartige Rundumsicht vom Rothaargebirge über den *Habichtswald* bis zum *Hohen Meißner.* Im Erdgeschoss des Turms befindet sich eine

66 schönste Aussichten Hessen, von Alexander Kraft, führt zu Gipfeln, Burgen, Aussichtslokalen; mit Rad- und Wanderempfehlungen. pmv, ISBN 978-3-89859-319-9, 16 €.

Schutzhütte mit einer kleinen Ausstellung über Tiere, Pflanzen, Steine und die Geschichte des Kellerwalds. Am Fuß der Treppe stehen Bänke zum Ausruhen. Wanderer auf dem Kellerwaldsteig kommen hier vorbei. Der kürzeste Weg zum Wüstegarten startet am Parkplatz nahe *Haina-Haddenberg.* Von dort sind es zum Turm etwa 3 km.

Gärten und Erlebnisparks

Von der Sonnenuhr zur Sternwarte

Kurparkanlagen Bad Zwesten, Hardtstraße, 34596 Bad Zwesten. ✆ 05626/733, Fax 999326. www.badzwesten.de. tourismus@badzwesten.de. **Bahn/Bus:** Bhf Borken, AST ✆ 0180/2003400 bis Hardtwaldklinik. **Auto:** ↗ Bad Zwesten.

▶ Rund ums **Kurhaus** gibt es viel zu entdecken. Attraktion ist eine begehbare Sonnenuhr. Rosen-, Duft- und Kräutergarten sind ein Fest für Augen und Nase. Für die Ohren gibt es einen **Klangerlebnispfad.** Tagesgäste können wie die Kur-Urlauber in Bad Zwesten Boccia und Freiluftschach spielen. Im Kurpark starten die Touren zum **Kunstwanderweg Ars Natura** und dem **Planetenweg.** Mal einen echten Zwestener Tropfen direkt von der Quelle kosten? **Im** Kurpark am *Löwensprudel* könnt ihr von Ostern bis Oktober das Heilwasser der Löwenquelle im Brunnentempel probieren. Weitere Angebote hält die **Hardtwaldklinik** bereit. Dort befindet sich ein *Minigolfplatz* mit 18 Spielbahnen. Schläger und Bälle gibt es gegen Pfand an der Rezeption. Die Klinik ist übrigens wohl die einzige in ganz Deutschland, die über eine eigene *Sternwarte* verfügt.

Sternwarte der Hardtwaldklinik I, Hardtstraße 31, Bad Zwesten. ✆ 05626/733. www.sternwarte-hwk.de. Sternwarte April – Sep ab 20.30 Uhr, Okt – März ab 19.30 Uhr. Anmeldung über die Kurverwaltung, 2 €, Kinder bis 16 Jahre 1,50 €.

Rodeln wie in Tausendundeiner Nacht

Sommerrodelbahn Edersee, Unter dem Hagen 1, 34513 Waldeck-Nieder-Werbe. ✆ 05634/6646, Fax 995323. www.sommerrodelbahn-edersee.de. kontakt@sommerrodelbahn-edersee.de. **Bahn/Bus:** Bhf Korbach, Bus 556 bis Waldeck Nieder-Werbe. **Auto:** ↗ Waldeck bis Nieder-Werbe. **Zeiten:** April – Okt Mo – Sa 11 – 18, So, Fei sowie Juli, Aug 10 – 19.30 Uhr. **Preise:** 2,30 €; Kinder 4 – 13 Jahre 1,60 €.

▶ Ein Lift zieht eure Schlitten 250 m bergauf, dann saust ihr 850 m talwärts und lasst euch den Wind um die Ohren pfeifen. Die bunte Rodelburg mit ihrem knallroten Zwiebelturm ist wohl eins der auffälligsten Bauwerke am Edersee. Ein bisschen dürft ihr euch wie im Märchen von Tausendundeiner Nacht fühlen. Vom Turm aus schaut ihr auf das Vorbecken des Edersees. Die Sommerrodelbahn, die sich die längste der Region nennt, hat mehr als silberne Röhren zu bieten. Ringsherum könnt ihr Spiel und Spaß erleben: beim Erlebnisgolf, Bungee-Jumping, auf der großen Motorschaukel. Wer weniger Aktion mag, geht in den Streichelzoo. Mit Ausnahme des Streichelzoos ist die gesamte Freizeitanlage rollstuhlgerecht.

Happy Birthday!

Geburtstagskinder sind frei, Gäste zahlen je Fahrt oder Trampolinnutzung 1 €. Essen kann mitgebracht oder gebucht werden, z.B. Schüssel Wellenpommes für 5,50 €. Gedeckter Tisch kostet 5 €.

Hunger & Durst

Rodelburg Lokal, Unter dem Hagen 1, Waldeck. Öffnungszeiten wie Rodelbahn. Terrassenlokal mit 200 Sitzplätzen mit Blick über die gesamte Anlage.

Durchs grüne Dickicht

Maislabyrinth am Edersee, Brunnenstraße 10, 34516 Vöhl-Basdorf. ✆ 05635/1834, 596, Fax 9283. www.maislabyrinth-edersee.de. info@maislabyrinth-edersee.de. **Bahn/Bus:** Bhf Korbach, Bus 504 bis Vöhl-Basdorf. **Auto:** ↗ Vöhl Richtung Waldeck bis Basdorf. **Zeiten:** Mitte Juli – Aug täglich 11 – 19 Uhr, Sep – Anfang Okt Di – Fr 14 – 18, Sa, So 12 – 18 Uhr. **Preise:** 3,70 €; Kinder 3 – 14 Jahre 2,70 €; Familienkarte 9,50 €.

▶ Links herum oder doch lieber rechts? Im Kampf mit den Sackgassen gilt es, immer die richtige Schneise im grünen Dickicht ausfindig zu machen. Das Maislabyrinth ist ein großer Spaß. Keine Bange: Ihr verlauft euch zwar ga-

Hallo, wo seid ihr? Im Maislabyrinth!

© Edersee Touristic

Hunger & Durst

Biergarten am Maislabyrinth, Brunnenstraße 10, Vöhl-Basdorf. ✆ 05635/1834. www.maislabyrinth-edersee.de. Täglich frische Waffeln und selbst gebackener Kuchen, Do Flammkuchen.

rantiert, kommt aber irgendwann zum Ziel. Mit einer kleinen Holzhütte fingen die Betreiber im Jahr 2000 an. Mittlerweile ist das Maislabyrinth auf einer Gesamtfläche von 40.000 qm ein Freizeitpark mit umweltfreundlichem Konzept. Denn der Mais wird nach der Saison wieder abgemäht. Beim Spaziergang im Irrgarten erfahrt ihr viel über Natur und Landwirtschaft. In Bauerngarten und Küche lernt ihr Produkte aus der Region kennen. Dazu gibt es jede Menge Veranstaltungen wie den Fledermauserlebnistag und Bogenschießen. Das Maislabyrinth eignet sich auch für Ausflüge mit Kinderwagen und Rollstuhl.

Aus der Vogelperspektive

Kletterpark Edersee, Am Eschelsberg 1, 34549 Edertal-Hemfurth-Edersee. ✆ 0561/4503570, Handy 01577/3828000. www.kletterpark-edersee.de. info@kletterpark-edersee.de. **Bahn/Bus:** Bhf Bad Wildungen, Bus 521 bis Edertal-Hemfurth, Dornröschenshöhe. **Auto:** ↗ Edertal-Affoldern über Hemfurth Richtung Bringhausen, am Waldhotel Dornröschenshöhe rechts ab zum Wildpark, dem linken Waldweg zum Parkplatz folgen. **Zeiten:** Mai – Sep Mi – Fr 13 – 19, Sa, So, Fei 10.30 – 19 Uhr, April und Okt Mi – Fr 13 – 18, Sa, So, Fei 10.30 – 18 Uhr, in den hessischen Ferien täglich. **Preise:** 19 € für 3 Std; Kinder 10 – 17 Jahre 15 € für 3 Std; Familienkarte 44 €. **Infos:** Klettern dürfen Kinder ab 10 Jahre, die mindestens 1,40 m groß sind.

▶ Am Südufer des Edersees erwartet euch eine Welt aus Seilen, Tauen, Balken und Netzen. Der Park liegt mitten im Buchenwald. Ihr könnt verschiedene Parcours zwischen 3 und 11 m Höhe wählen. Je höher, desto besser ist der Blick auf den See. Wer noch nicht so geübt ist, nimmt den weißen Einführungsparcours. Unter Aufsicht von erfahrenen Kletterern gewöhnt ihr euch erst einmal an die Ausrüstung. Gelb, Orange, Rot – je nach Mut und Geschick könnt ihr euch dann steigern. Die grün markierte Strecke erfordert viel Können und Ausdauer: ihr müsst Seilrutschen überwinden. Der braune Parcours ist mehr was für Artisten. Die Farbe Violett steht für erlebnispädagogische Programme. Dann viel Spaß beim Abenteuer mit den Drahtseilen!

Tier- und Naturparks

Von Boggelreich zur Greifenwarte

Wildtierpark und Buchenhaus, Am Bericher Holz 1, 34549 Edertal-Hemfurth. ✆ 05623/933592, Fax 973332. www.nationalpark-kellerwald-edersee.de. info@nationalpark-kellerwald-edersee.de. **Bahn/Bus:** Bhf Bad Wildungen, Bus 521, 556 bis Edertal-Hemfurth, Aquapark. **Auto:** ↗ Edertal-Affoldern über Hemfurth Richtung Bringhausen, am Waldhotel Dornröschenshöh rechts ab zum Wildpark. **Zeiten:** Mai – Okt 9 – 18 Uhr, Nov – Feb 11 – 16 Uhr, März, April 10 – 18 Uhr. Flugvorführungen der Greifenwarte März – 15. Nov täglich außer Mo 11 und 15 Uhr. **Preise:** 5 €, mit Kurkarte 4,50 €; Kinder 4 – 14 Jahre 3 €; Familienkarte 14 €;

Da will unser Schweinchen gleich mitmachen: Wildsauenferkel beim Spielen

Kombiticket Wildtierpark/Nationalparkzentrum 9 €, Kinder 4 – 14 Jahre 5,50 €.

▶ Bevor ihr Hirsche, Luchse und Wölfe besucht, begrüßen euch erst einmal die *Boggel.* Die drolligen Fabelwesen mit ihren großen Flatterohren, halb Pflanze, halb Tier, hausen in Höhlen hinterm Nebeltor. Das Boggelreich ist Teil des **Buchenhauses** mit vielen Ausstellungsstationen. Im Eingangsbereich des Tierparks könnt ihr die Schätze des Nationalparks im Spiel erkunden. Wo hat das Eichhörnchen im Herbst die Bucheckern versteckt? Findet sie unter der Schneedecke wieder! Geht wie ein Hirsch oder lauscht mal durch das Luchsohr! Über eine Wendeltreppe könnt ihr in einen künstlichen Baumstamm klettern. Zum Buchenhaus gehört auch die **Wildnisschule.**

Draußen im **Tierpark** laufen Hirsche und Muffelwild frei herum. Entlang dem Rundweg kommt ihr an den Gehegen von Wildschwein und Wisent vorbei. Im Wildtierpark leben Tiere, die nach langer Zeit in der freien Natur des Nationalparks wieder vorkommen: Rothirsch, Wildkatze und Uhu. Den König der Nacht könnt ihr nach der Flugschau streicheln. Die Greifenwarte lässt die Vögel auf einem Aussichtspunkt über dem Edersee starten. Habt ihr schon mal Geier abheben sehen?

Hunger & Durst

Bericher Hütte, direkt am Eingang des Wildtierparks, Edertal-Hemfurth. ✆ 05623/4880. April – Okt 10 – 18 Uhr. Reibekuchen, Pommes und allerlei Würstchen, Schnitzel, hausgemachte Torten, günstigere Preise im Biergarten mit Selbstbedienung.

Reise ins Erdzeitalter

Geofoyer Nieder-Werbe, 34513 Waldeck-Nieder-Werbe. ✆ 05631/954-31, Fax 954-820. www.geopark-grenzwelten.de. geopark@landkreis-waldeck-frankenberg.de. **Bahn/Bus:** Bhf Bad Wildungen, Bus 510 bis Waldeck-Mitte, AST ✆ 0180/5050180 bis Nieder-Werbe. **Auto:** ↗ Waldeck Richtung Korbach bis Nieder-Werbe, direkt neben der Kirche an der Straße nach Ober-Werbe. **Zeiten:** täglich 9 – 18 Uhr.

▶ Was erzählen Steine und Felsen über das urweltliche Leben? Antworten gibt die multimediale Ausstellung am Eingangstor zum Geopark Waldeck-Edersee. Ihr bekommt dort Einblick in die Erdgeschichte des Kellerwaldes und seht beispielhaft Gesteine aus jedem Erdzeitalter. Mehr Infos gibt eine interaktive Karte. Am Geofoyer beginnt ein **Dorfpfad.** Ihr erfahrt, welche heimischen Bausteine am Ort wie verarbeitet wurden. Wenn ihr mehr Zeit habt, wandert von dort aus in das von imposanten Felsen gesäumte *Tal der Werbe,* einem kleinen Nebenbach der Eder.

Einen besonders guten Eindruck von den Raukalkfelsen bekommt ihr im Nachbarort **Ober-Werbe.** Dort wurde im 12. Jahrhundert ein Kloster in den Berg gebaut. Heute gilt die Ruine als eine der schönsten im Waldecker Land.

Mit dem Ranger in den Nationalpark

Nationalpark Kellerwald-Edersee, Weg zur Wildnis 1, 34516 Vöhl-Herzhausen. ✆ 05635/75249-0, Fax -19. www.nationalpark-kellerwald-edersee.de. info@nationalpark-kellerwald-edersee.de. **Dauer:** ca. 3 – 4 Std. **Bahn/Bus:** Bhf Vöhl-Herzhausen, R42, Bus 556 bis Nationalparkzentrum. **Auto:** ↗ Vöhl Richtung Frankenberg bis Nationalparkzentrum Herzhausen. **Zeiten:** siehe Veranstaltungskalender. **Preise:** Wanderung mit Ranger kostenfrei, Tag mit dem Ranger 10 € inklusive Essen.

▶ In Begleitung der Nationalparkranger lernt ihr das Reich der urigen Buchen aus erster Hand kennen. Die 3- bis 5-stündigen Wanderungen auf Wegen, Steigen und Pfaden führen durch die werdende Wildnis. Sie starten häufig am Nationalparkzentrum in *Vöhl-Herzhausen,* manchmal auch an anderen Treffpunkten. Werdende Wildnis – das heißt: die Natur soll ungehemmt wachsen, wie sie will. Die Ranger zeigen euch, wie spannend das aussehen kann. Hier räumen Förster nicht auf. Bäume liegen am Boden. Äste hängen im Bach. Je schwächer das Holz eines Baumes, desto anziehender ist er als Lebensraum. Der fast schon zerbröselte Stamm ist zwar tot,

Seit 2011 ist der Nationalpark Kellerwald-Edersee auch UNESCO-Weltnaturerbe.

Der sieht echt aus: Der mit dem Hut ist der Ranger, der euch führen wird

© Edersee Touristic

EDERSEE & KELLERWALD

aber Pilze, Moose und Flechten haben sich auf ihm angesiedelt. Spinnen weben ihr Netz. Schwarze Käfer laufen quer. Fledermäuse hängen in Höhlen, die sich ins morsche Holz eingegraben haben. Mit Glück findet ihr Spuren der Wildkatze. Den Nationalparkschützern könnt ihr bei der Arbeit auch zur Hand gehen: Jugendliche ab 13 Jahre können einen Tag mit dem Ranger buchen.

Hunger & Durst
Gastraum im Nationalparkzentrum,
✆ 05635/993457.
↗ Nationalparkzentrum.
Regionale Küche, z.T. mit Zutaten aus biologischer Landwirtschaft.

Den Wald mit allen Sinnen

Nationalparkzentrum Kellerwald, Weg zur Wildnis 1, 34516 Vöhl-Herzhausen. ✆ 05635/992781, www.nationalparkzentrum-kellerwald.de. info@nationalparkzentrum-kellerwald.de. **Bahn/Bus:** Bhf Bad Wildungen, Bus 510 bis Waldeck Bergseilbahn, AST ✆ 0180/5050180 bis Vöhl-Herzhausen Nationalparkzentrum. **Auto:** ↗ Vöhl über Herzhausen Richtung Kirchlotheim. **Zeiten:** April – Okt täglich 9 – 18 Uhr, Nov – März Di – So 10 – 16.30 Uhr. **Preise:** 6,50 €; Kinder ab 6 Jahre 4 €; Familienkarte 16 €. **Infos:** ↗ Fahrradverleih.

© pmv, Foto: Annette Friauf

Abgründe: Der Blick in die Nisthöhle der Blaumeise fällt auf hungrig aufgerissene Vogelkinderschnäbel

▶ In Deutschlands jüngstem Nationalparkzentrum gibt es spannende interaktive Spiele. Ihr erfahrt viel über den Kellerwald – von der Urzeit bis in die Wildnis von morgen. Im ersten Teil der Ausstellung werdet ihr atmosphärisch auf die Lebensräume eingestimmt. Quellen und Bäche sprudeln, eure Schatten kommen den Schmetterlingen ganz nah. Im Ausstellungszirkel Waldwerk könnt ihr den **Buchenwald** kreativ erforschen. Schaut durch die Gucklöcher in die verborgene Welt der Buche, in das Leben unter der Rinde und im Holz! Entdeckt und sammelt die Schätze des Nationalparks! Die Wildkatze lädt euch ein, ihren Spuren zu folgen. Am Schluss des Rundgangs steht ein ganz besonderes 4-D-Kinoerlebnis. Durch eine Farbfilterbrille seht ihr den Wald räumlich. Und der reißt euch mit allen Sinnen in sein Element. Wo kommt der Windhauch her? Wer spritzt da mit Wasser?
Das modern in die Landschaft gebaute Nationalparkzentrum ist Ausgangspunkt für Exkursionen mit den

*Die **Buchenwälder** südlich des Edersees wurden 2004 zum Nationalpark Kellerwald-Edersee erklärt.*

Parkrangern sowie Veranstaltungsort. Ihr könnt Fahrräder ausleihen. Auf dem Freigelände entsteht ein Spiel- und Erlebnisplatz.

Im Goldrausch an der Eder

Goldwaschschule, Veit-Enno Hoffmann und Gerhard Stöbener, Waldecker Straße, 34549 Edertal-Mehden. Handy 0163/4054970, ✆ 0173/8687858. www.goldwelten.de. info@goldwelten.de. **Bahn/Bus:** Bhf Bad Wildungen, Bus 510, 521 bis Böhner Weg. **Auto:** ↗ Edertal-Affoldern, Richtung B485 bis Mehlen. **Zeiten:** Mai – Okt jeden 1. So im Monat, 14 Uhr und weitere Termine, Anmeldung erforderlich. **Preise:** Erw und Kinder 15 €.

▶ Für ein Gramm **Gold** müssen 50 t Sand aus dem Fluss gewaschen werden. Das ist eine ganze Menge. Wenn es euch mehr um den Spaß geht und ihr ein bisschen Geduld mitbringt, seid ihr in der Goldwaschschule richtig. Mit Pfanne, Sieb und Schaufel sucht ihr nach dem gelben Edelmetall. Ihr werdet keine **Nuggets** finden, sondern feinen Goldstaub. Den dürft ihr mit nach Hause nehmen. In früheren Zeiten nutzten die Goldwäscher schräg gestellte, lange Holzrinnen mit Querstäben, über die Wolltücher oder schwarze Schaffelle gespannt wurden. Die Blättchen setzten sich beim Überspülen des Sandes in den feinen Fasern der Tücher fest. Die Arbeit war mühsam.

*Fast alle europäischen Flüsse und viele Bäche führen Spuren von **Gold** mit sich, das aus dem Gestein ausgewaschen wird. Diesen Goldflitter nennt man deswegen Wasch- oder Seifengold.*

*Als **Nuggets** bezeichnet man kleine Goldstücke.*

DIE SAGE VOM EDERGOLD

▶ Vor langer Zeit glaubten die Menschen, dass die Goldschätze der Eder von Wichtelmännern bewacht werden. In einer stillen Mondnacht ließen sie sich einst über die Eder rudern. Am anderen Ufer angekommen, streute jedes Männchen eine Handvoll Edersand in den Hut des Fährmannes. »Was soll ich denn damit?«, rief er zornig und warf den Sand in die lachend davonlaufende Wichtelschar. Erst viel später merkte der Fährmann, was er für ein Narr gewesen ist, als er erfuhr: »Die Wichtelmänner zahlen ja nur mit purem Gold, das im Flusssand der Eder hinab zum Meere rollt.« ◀

Nehmt Gummistiefel oder Badeschlappen mit.

Manchmal wurden Strafgefangene eingesetzt. Die Leute von der Goldwaschschule erzählen euch viel über die geologischen und historischen Aspekte des Edergolds und zeigen euch die Technik. Der Goldwaschplatz befindet sich im Ortsteil *Mehlen* nahe der Mehrzweckhalle, direkt unterhalb der Straßenbrücke.

Versunkene Schätze: Edersee-Atlantis

34549 Edertal-Affoldern. ✆ 05623/9998-0, Fax -30. www.edersee.com. edersee-info@t-online.de. **Auto:** ➚ Vöhl bis Asel bzw. ➚ Edertal-Affoldern bis Bringhausen. **Zeiten:** bei Niedrigwasser,➚ Pegeltabelle auf Internetseite unter Ausflugstipps Edersee-Atlantis. **Infos:** Faltblatt mit Markierungen bei den Info-Points.

Atlantis nannten die alten Griechen das sagenumwobene Inselreich, das nach einer Naturkatastrophe untergegangen sein soll.

▶ Als **Edersee Atlantis** werden die Überreste der drei Orte *Asel, Berich* und *Bringhausen* bezeichnet. Sie versanken 1914 in den Fluten des Stausees. Etwa 900 Einwohner waren zuvor umgesiedelt worden. Sie verloren ihr Zuhause an die Talsperre. Asel und Bringhausen wurden in der Nähe wieder aufgebaut, *Neu-Berich* entstand bei Bad Arolsen. Meist im Spätsommer und Herbst, wenn der Edersee wenig Wasser hat, könnt ihr auf trockenen Schlammflächen wattwandern. Zwischen Asel und Asel-Süd taucht die Ederbrückc wieder auf. Auch bei Bringhausen erscheinen Reste einer Brücke sowie des alten Friedhofs. In Alt-Berich ist ein Modell der Talsperre mit versunken. Dort waren die Wasserablässe getestet worden. Auch die Bericher Hütte zeigt sich bei Niedrigwasser. Sie war bereits vor der Flutung verfallen.

Lehrpfade

Zu den kleinen Vampiren

Fledermauslehrpfad in Asel, Thomas Ruch, 34516 Vöhl-Asel. ✆ 05635/8735, www.fledermauslehrpfad.de. info@fledermauslehrpfad.de. **Länge:** 3 km. **Bahn/Bus:** Bhf Bad Wildungen, Bus 510 bis Waldeck

Bergseilbahn, AST ✆ 0180/5050180 bis Vöhl-Asel. **Auto:** ↗ Vöhl bis Asel, im Ort an der ersten Kreuzung rechts, am Spielplatz wieder rechts bis Parkplatz Dorfgemeinschaftshaus.

▶ Fledermäuse in der Dämmerung aktiv. Auf einem etwa 3 km langen Rundgang erfahrt ihr an 16 Stationen alles Wissenswerte über Fledermäuse. Der Pfad führt durch die Ortsmitte, einige Stationen findet ihr bereits am Kinderspielplatz und an der Wassertretanlage. Weitere Folge-mir-Schilder mit dem Fledermauslogo führen vom Parkplatz aus in einen Feldweg. Asel ist um den Schutz der Tiere besonders bemüht. Man hat vorhandene Quartiere gesichert und neue geschaffen. In einer alten Trafostation wurde eine Ausstellung eingerichtet. Über Infrarotkameras könnt ihr live in die **Wochenstube** der Fledermäuse schauen. Das Trafohaus wird auf Anfrage gern geöffnet, egal wie groß die Gruppe ist.

Fledermausmütter bilden Gesellschaften, in denen sie ihre Jungen zur Welt bringen. Das nennt man ***Wochenstube.***

Hinauf zu den Baumwipfeln

Baumkronenweg Edersee, Brühlfeld 3, 34549 Edertal-Hemfurth. ✆ 05623/9737977. www.baumkronenweg.de. info@treetopwalk.de. **Länge:** Eichhörnchenpfad 800 m, Baumkronenweg 250 m, geeignet für Rollstuhl und Kinderwagen. **Bahn/Bus:** Bhf Bad Wildungen, Bus 521 bis Edertal-Hemfurth, Dornröschenshöhe. **Auto:** ↗ Edertal-Affoldern über Hemfurth Richtung Bringhausen, am Waldhotel Dornröschenshöh rechts ab zum Wildpark, Parkplatz Baumkronenweg ist ausgeschildert. **Zeiten:** April – Okt 10 – 19 Uhr, Nov – März Sa, So und in den Ferien 12 – 16 Uhr. **Preise:** 7,90 €; Kinder 5 – 13 Jahre 4,90 €, Jugendliche ab 14 Jahre 6,90 €; Jahreskarte 29 €.

▶ Mal Eichhörnchen spielen und von ganz oben auf den Edersee schauen? Der erste Baumkronenweg in Hessen lädt am Südufer zu einem Spiel der Perspektiven ein. Ihr könnt euch gefahrlos nach oben hangeln. Der Pfad ist aus Stahl und Holz gebaut und fest in den Boden des Eschelbergs verankert. Etwa 150 t

Waldwandern Hessen. Auf Premiumwegen und Traumpfaden durch die schönsten Wälder Hessens wandern, pmv, ISBN 978-3-89859-307-6, 16 €

Wohnt ganz oben: Schwarzspecht

EDERSEE & KELLERWALD

Kennt ihr den Steinpicker? Das ist kein Vogel, sondern eine Schnecke, die trotz ihres Namens gern in Laubbäumen lebt. Dort lutscht sie die Algen von der Rinde ab.

Material wurden verarbeitet. Über Rampen lauft ihr durch tulpenartige Bögen hindurch immer höher und erreicht nach 250 m das Niveau der Baumwipfel. Jedes Stockwerk vermittelt neue Bilder aufs Blätterdach. Sitzt da nicht ein Greifvogel auf seinem Nest? Bald habt ihr die Panorama-Aussichtsplattform auf 30 m Höhe erreicht. Der Blick ist einmalig: rechts oben liegt *Schloss Waldeck,* grüne Kuppen umrahmen das Ufer, unten leuchtet blau der Edersee, gesprenkelt von weißen Segelschiffen. Begleitet wird der Baumkronenweg von den Infotafeln des Eichhörnchenpfades. Vom Parkplatz aus lauft ihr zunächst 800 m durch den Wald. An verschiedenen Stationen erklärt das Eichhörnchen im Auftrag von Hessenforst die Tier- und Pflanzenwelt. Zwischen hölzernen Pilzen ist ein Spinnennetz zum Klettern gespannt.

HANDWERK UND GESCHICHTE

An der Talstation gibt es einen Minigolfplatz.

Bahnen, Bergwerke & Betriebe

Zum Schloss hinauf gondeln

Waldecker Bergbahn, 34513 Waldeck. ✆ 05623/ 5354, 5418, Fax 5598. www.edersee.com. elektrorischard@t-online.de. **Bahn/Bus:** Bhf Bad Wildungen, Bus 510 bis Waldeck Bergseilbahn. **Auto:** ➚ Waldeck talwärts Richtung Edersee bzw. ➚ Edertal-Affoldern Richtung Waldeck. **Zeiten:** April – Mitte Mai und Anfang Sep – Okt 9.30 – 17.30 Uhr, Mitte Mai – Anfang Sep 9.30 – 18.30 Uhr. **Preise:** Einfache Fahrt 2,50 €, hin und zurück 3,50 €, Mit Fahrrad 1 €; Kinder 5 – 14 Jahre einfache Fahrt 1,60 €, hin und zurück 2,40 €.

▶ Seit 50 Jahren schweben die Gondeln hinauf zum Schlossberg. In wenigen Minuten bringt euch die historische Bergbahn von der Talstation am Edersee 200 m hinauf zum Luftkurort Waldeck. Es ist der bequemste Weg zur Fachwerk-Altstadt mit Schloss, Museum und Aussichtsterrasse. Wenn ihr mit dem Fahrrad unterwegs seid und keine Lust auf eine schweißtreibende Tour über Serpentinen habt, steigt einfach in die Waldecker Bergbahn. Sie transportiert auch Räder. Wer mag, kann natürlich auch wieder in der Kabine hinunter schweben.

© Edersee Touristic

Durchs Grüne gondeln: Die Waldecker Bergbahn bringt euch in geziemender Gemütlichkeit aufs Schloss

Mit der Standseilbahn zum Peterskopf

E.ON Wasserkraftwerk GbmH, Kraftwerkstraße 10, 34549 Edertal-Hemfurth. ✆ 05623/948-390, Fax 948-467. www.eon-wasserkraft.com. **Bahn/Bus:** Bhf Bad Wildungen, Bus 521, 556 bis Edertal-Hemfurth, Bürgerhaus oder AST ✆ 0180/5050180. **Auto:** ➚ Edertal-Affoldern Richung Hemfurth, im Ort den Schildern folgen. **Zeiten:** Standseilbahn: April – Okt Di – So Bergfahrt stündlich 11 – 17 Uhr, Di – So Talfahrt stündlich 11.15 – 17.15 Uhr, Informationszentrum: April – Okt Di – Sa, Fei 8 – 16 Uhr. **Preise:** Einfach Fahrt 3 €, Berg- und Talfahrt 5 €; Fahrräder 2 €; Kinder 6 – 14 Jahre einfache Fahrt 2 €, Berg- und Talfahrt 3 €; So fahren Kinder kostenlos; Fr zahlen Eltern mit Kindern die Hälfte.

▶ Die Standseilbahn zieht euch 300 m hoch auf den Peterskopf. Von dort aus könnt ihr in den Nationalpark wandern oder mit dem Rad – Mitnahme ist erlaubt – wieder herunterfahren. An der Talstation befindet sich das Kraftwerk, das ihr nach Voranmeldung besichtigen könnt. Es wurde als eine der ersten deutschen Pumpspeicheranlagen in Deutschland gebaut. Im Infozentrum erfahrt ihr, wie das Kraftwerk Strom erzeugt: es nutzt den Höhenunterschied. Wenn das Wasser fällt, kommen Turbinen in Bewegung. Die daran gekoppelten Generatoren erzeugen Strom. Nachts wird das Wasser in zwei Speicherbecken auf dem Peterskopf zurückgepumpt und das Ganze kann von vorne losgehen. So erfüllt der Edersee mit bis zu 220 Mio m3 Wasser mehrere Zwecke: Er reguliert den Wasserstand auf der Weser, ist ein Freizeitparadies und hilft bei der Stromerzeugung. Im Infozentrum könnt ihr Modelle von Windkraftanlagen, Turbinen und Pumpen bedienen oder mit Muskelkraft eine Glühlampe zum Brennen bringen.

Der richtige Schliff für Funkelsteine

Edelsteinschleiferei Lange, Im Urfftal 9, 34537 Bad Wildungen-Bergfreiheit. ✆ 05626/343, Fax 1223. www.edelsteinschleiferei-lange.de. **Bahn/Bus:** Bhf Bad Wildungen, AST ✆ 0180/5050180 bis Bergfreiheit. **Auto:** ↗ Bad Wildungen über Bad Zwesten Richtung Jesberg, in Oberurff Abzweig nach Bergfreiheit. **Zeiten:** Mo – Fr 15 – 17 Uhr.

▶ Bergfreiheit ist seit dem Mittelalter mit Bergbau verbunden. *Familie Lange* nutzt alte Bergrechte, um edle Steine zu Schmuck zu verarbeiten. In der Werkstatt schaut ihr den Schleifern über die Schulter. Sie verwandeln Hämatit, Jaspis und Kellerwald-Achat zu schönen Kettenanhängern oder anderen dekorativen Dingen. Überall glitzert und funkelt es. Im Verkaufsraum könnt ihr geschliffene Schmuckstücke und Sammelsteine als Andenken erwerben – oder einfach nur betrachten.

Auf Anfrage gibt es eine geologisch-historische Wanderung mit Besuch des Bergwerks.

Vorsicht bei ächzendem Nadelholz

Kupferbergwerk Bertsch, 34537 Bad Wildungen-Bergfreiheit. ✆ 05626/592, 0700/23749375, www.schneewittchendorf.com. schneewittchendorf@bergfreiheit.de. **Bahn/Bus:** Bhf Bad Wildungen, AST ✆ 0180/5050180 bis Bergfreiheit. **Auto:** ↗ Bad Wildungen über Bad Zwesten Richtung Jesberg, in Oberurff Abzweig nach Bergfreiheit, ausgeschildert. **Zeiten:** April – Okt Mi – So und Fei Führungen 14, 14.45 und 15.30 Uhr. **Preise:** 3 €; Kinder bis 14 Jahre 2 €.

▶ Mit Schutzhelm und gelber Öljacke ausgerüstet, steigt ihr in den **Besucherstollen** ein. In den dunklen, feuchten Gewölben wird Geschichte lebendig. Vor Jahrhunderten gruben Bergleute von Hand kilometerlange Gänge in den Berg, um Kupfer zu gewinnen.

Der Graf von Waldeck erteilte 1561 die Erlaubnis, also die Bergfreiheit, und gründete damit die Bergmannssiedlung. Das abgebaute Erz wurde direkt am Ort eingeschmolzen. Die Hütte stand auf der anderen Seite der *Urff.* Um tiefer graben zu können, pumpten die Begleute mit Schöpfrädern Grundwasser nach oben. Die Gewölbe mussten stabilisiert werden. Balken wurden zu Türstöcken gezimmert. Dafür nutzen die Bergleute Nadelholz, weil das bei Einsturzgefahr der Gewölbe warnend ächzt. Bei der Führung lernt ihr verschiedene Steine kennen. Farben deuten auf verschiedene Mineralien hin: je röter, desto eisenhaltiger der Stein. Mehr erfahrt ihr auf einem 5 km langen kulturhistorisch-ökologischen **Lehrpfad,** der direkt am Besucherbergwerk beginnt.

Schlackebrocken, die beim Schmelzen von Erz übrig bleiben, nennt man Ofensau.

Untertage einfahren

Hessisches Braunkohle-Bergbaumuseum Besucherstollen, Am Amtsgericht 2 – 4, 34582 Borken. ✆ 05682/ 808-271, Fax 801-165. www.braunkohle-bergbaumuseum.de. bergbaumuseum@borken-hessen.de. **Bahn/Bus:** Bhf Borken. **Auto:** ↗ Borken, gegenüber der evangelischen Kirche, im Ort ausgeschildert. **Zeiten:** April – Okt Di – Sa 14 – 17, So 12 – 17 Uhr, Führungen ab 14 Uhr alle 90 Min, So ab 12.30 Uhr, Nov – März Di – So 14 – 17 Uhr. **Preise:** 4 €, Kombikarte mit Themenpark 6,50 €; Kinder 7 – 12 Jahre 1,50 €, Kombikarte mit Themenpark 2,50 €.

▶ Schutzhelm auf, Jacke nicht vergessen! Der unterirdische Stollen ist kein Originalbergwerk. Das Museum wurde in ein Kellergewölbe der **Borkener Altstadt** eingebaut. Es

Bergleute reden, wenn sie sich in den Gängen untertage fortbewegen, immer vom Fahren, obwohl sie laufen.

Zwei bergbauerfahrene Brüder: David und Henrik dürfen sich sogar in den Lorenzugwagen setzen

© pmv, Foto: Annette Friauf

*In **Borken** gab es 1988 ein schweres Grubenunglück, bei dem 51 Männer starben. Nur 6 wurden gerettet. Die Gedenkstätte Stolzenbach ist öffentlich zugänglich.*

gibt die Atmosphäre aber täuschend echt wieder. Ein Förderturm markiert den Eingang zum Stollen. Der Ausflug untertage führt euch mitten in die Arbeitswelt der Bergleute und Kraftwerker. Es gab unterschiedliche Verfahren, Braunkohle abzubauen. Mit Hacke und Schippe löste ein Bergmann pro Schicht 23 t Kohle aus dem Berg. Mit moderner Technik schaffte er fast das 10-fache. Seit Mitte der 60er Jahre wurden große Maschinen eingesetzt. Es wird laut, wenn der Bergwerksführer euch Hand anlegen lässt. Bagger rasseln, Kohlegewinnungsgeräte rotieren, Turbinen dröhnen. Dann rattert die Kettenbahn. Wisst ihr, was ein *Kumpelfänger* ist? Eine Art Bremse für Bergleute, die auf dem Förderband aus dem Stollen fuhren. Im Rettungsraum seht ihr Geräte, die bei Notfällen zum Einsatz kamen.

Burgen und Schlösser

Pranger mit Seeblick

Schloss Waldeck, 34513 Waldeck. ✆ 05623/589-0, Fax 589-289. www.schloss-hotel-waldeck.de. info@schloss-hotel-waldeck.de. **Bahn/Bus:** Bhf Bad Wildungen, Bus 510 bis Waldeck Mitte. **Auto:** ↗ Waldeck. **Zeiten:** Museum April – Sep 10 – 18 Uhr, Okt – März 12 – 16, Sa, So, Fei ab 10 Uhr, Schlossterrasse frei zugänglich. **Preise:** Museum 4 €; Museum Kinder 6 – 16 Jahre 2 €. **Infos:** Audioführung möglich.

▶ Auf einem felsigen Berg thront sie 200 m über dem Edersee und ist das Wahrzeichen der Region. Heute beherbergen die dicken Mauern ein nobles Hotel. Einst war die Burg Stammsitz der Grafen von Waldeck. Sie diente als Festung und Kaserne. Im 18. Jahrhundert war sie Landeszuchthaus. Seht ihr die Kanonen auf der großen Aussichtsterrasse? Und den Pranger? An einem Halseisen wurden Missetäter früher an die Steilsäule gekettet und so zur Schau gestellt. Wenn ihr mehr über die Geschichte von

Schloss Waldeck erfahren wollt, besucht das **Museum** im Kellerverlies mit der Ausstellung *Hinter Schloss und Riegel.* Dort seht ihr einen 120 m tiefen Brunnen, von Strafgefangenen in den Fels gehauen. Zur Belohnung wurden sie frei gelassen, starben aber bald an Erschöpfung. Zu den Ausstellungsstücken zählt auch eine Art Käfigkarussell. Zuchthäusler wurden hineingestellt und brutal lange gedreht. Wieder zurück auf der Terrasse, erholt ihr euch von den Foltergeschichten und genießt den traumhaften Blick über den Ederseee.

© pmv, Foto: Annette Friauf

Kanone auf der Aussichtsterrasse: Seine militärische Vergangenheit ist Schloss Waldeck noch anzusehen

Die Waffen der Ritter

Schloss Friedrichstein, Schlossstraße 23, 34537 Bad Wildungen-Altwildungen. ✆ 05621/6577, Fax 9690700. www.museum-kassel.de. info@museum-kassel.de. **Bahn/Bus:** Bhf Bad Wildungen, Bus 510, 521 bis Bad Wildungen-Altwildungen Gemeindestraße. **Auto:** ➚ Bad Wildungen Richtung Waldeck, Abzeig Altwildungen. **Zeiten:** Di – So, Fei 10 – 17 Uhr, Führungen So 14.30 Uhr, Kinderführungen auf Anfrage. **Preise:** 3 €; Kinder bis 18 Jahre frei, Führungen 2 €.

▶ Hoch über dem Kurort Bad Wildungen thront ockergelb das Barockschloss Friedrichstein. Es ist nach einem Grafen von Waldeck genannt. Von den Originalmöbeln ist nicht mehr viel übrig. Das Museum zeigt die militär- und jagdgeschichtliche Sammlung der Museumslandschaft Hessen Kassel. Ihr könnt Rüstungen und Helme bestaunen. Verzierte Armbrüste, Windbüchsen, Degen und andere Waffen sind zu sehen. Die Vitrinen sind voll mit Uniformen und Trommeln. An den Wänden hängen prächtige Gemälde. Ein Hofmaler hat einen weißen Rehbock als seltenen

Hunger & Durst

Schlosscafé, Schlossstraße 23, Bad Wildungen. ✆ 05621/9690982. www.schloss-friedrichstein.de. Mai – Sep Di – So 11 – 17 Uhr. Unter Regie des Bad Emstaler Landgasthofs Grischäfer werden regionale Spezialitäten auf feine Art serviert. Terrasse mit schöner Aussicht auf Bad Wildungen.

lange die sieben Zwerge im Bergwerk zu tun haben, dürft ihr dort die Zipfelmützen aus buntem Filz aufziehen. Und wo ist eigentlich Schneewittchen? Bad Wildungen hält sich für den Ursprungsort des Märchen. Denn hier stehen viele der typischen Einzimmerhäuser in denen Bergarbeiter lebten, wie die sieben Zwerge. Die Häuser bestehen neben Küche nur aus einem Wohn-Schlaf-Raum. Schneewittchen und

WEISS WIE SCHNEE, ROT WIE BLUT, SCHWARZ WIE EBENHOLZ

»Spieglein, Spieglein an der Wand, wer ist die Schönste im ganzen Land?« fragt die eifersüchtige Stiefmutter und plant Schneewittchens Tod. Die schöne Prinzessin mit einer Haut, so weiß wie Schnee, Lippen so rot wie Blut und Haar so schwarz wie Ebenholz, versteckt sich bei den 7 Zwergen, bis der vergiftete Apfel ins Spiel kommt. Alles nur Dichtung oder auch Wahrheit? Für den Borkener Heimatforscher *Eckhard Sander* ist Schneewittchen eine Grafentochter aus Waldeck. Die hübsche Margarethe wird am 22. Mai 1533 auf Schloss Friedrichstein in Wildungen geboren. Sie verliert ihre leibliche Mutter und leidet unter einer strengen Stiefmutter. Margarethe wird an den kaiserlichen Hof zu Brüssel geschickt. Sie stirbt unter merkwürdigen Umständen mit nur 21 Jahren. In einer alten Chronik steht, sie sei vergiftet worden. Im Dorf Bergfreiheit im Kellerwald könnten die 7 Zwerge gewohnt und gearbeitet haben. Dort wurde seit Mitte des 16. Jahrhunderts Kupfererz abgebaut. Damals wurden schon größere Kinder mit in den engen Stollen geschickt. Die Arbeit machte sie kleinwüchsig und krumm. Als Kopfschutz stopften Bergleute ihre Filzmützen mit Stroh und Wolle aus. »Die Zwerge kommen«, hieß es nach Feierabend im Dorf. Bergfreiheit will nicht als einziger Ort Schauplatz des Märchens gewesen sein. Auch in Lohr im Spessart hat man gute Gründe zu behaupten, dass die Prinzessin aus dem dortigen kurfürstlichen Schloss stammt. Am besten, ihr besucht beide Orte und sucht euch aus, wo Schneewittchen spielt.

Spessart mit Kindern zeigt, wo Schneewittchen auch herkommen könnte. pmv, ISBN 978-3-89589-407-3, 12,95 €.

die Zwerge halten an jedem 2. Sonntag im Monat im Schneewittchenhaus Audienz.

Wo Kaiser und Könige gastierten

Stadtführung durch Fritzlar, Zwischen den Krämen 5, 34560 Fritzlar. ✆ 05622/988-643, Fax 988-626. www.fritzlar.de. touristinfo@fritzlar.de. **Bahn/Bus:** Bhf Fritzlar, Bus 413, 500 bis Fritzlar, Allee. **Auto:** ↗ Fritzlar. **Zeiten:** öffentliche Rundgänge ohne Anmeldung Mitte März – Okt Di – Sa 10.30, So, Fei 11 Uhr, Treffpunkt Haupteingang Rathaus; Kinder- und Erlebnisführungen auf Anfrage. **Preise:** 2,50 €; Kinder bis 14 Jahre frei.

▶ **Fritzlar** wurde im 10. und 11. Jahrhundert gern von Königen und Kaisern besucht. Das Mittelalter ist noch heute zu erkennen. Die Stadt hat einem geschichtsträchtigen Dom und einen wunderschönen von Fachwerk umschlossenen Marktplatz. Manche Häuser sind so alt, dass sich die Balken biegen. Der *Graue Turm,* Teil der Stadtmauer, ist der höchste erhaltene Wehrturm in einer deutschen Stadt. Ihr könnt ihn besteigen. Bei einem Rundgang für Kinder erkundet ihr Geschichte und Gegenwart. Was verraten die geschnitzten Fratzen an Häusern, Giebeln und Türen? Die Stadtführung weckt den Blick auf die kleinen Dinge und hält es mit dem alten Spiel: Ich sehe was, was du nicht siehst. Alternativ gibt es mittelalterliche Erlebnisführungen. Dabei könnt ihr selbst mit Stein, Stahl und Zunder Feuer schlagen, mit einer Handspindel spinnen und Hirsebrei kosten. Die Stadtführergilde schlüpft in ihre historische Kostüme und nimmt euch als frühere Bürger der Stadt mit in die Vergangenheit. Oder mögt ihr es lieber schummerig? Nach Einbruch der Dunkelheit könnt ihr dem Nachtwächter durch die Gassen folgen.

*Das **Fritzlaer** Rathaus ist das älteste erwähnte Amtshaus Deutschlands. Die Urkunde schreibt das Jahr 1109. Auf dem Domplatz steht das Denkmal von Bonifatius. Der Missionar gründete ein Kloster in Fritzlar.*

Bagger mit Aussicht

Hessisches Braunkohle-Bergbaumuseum Themenpark Kohle & Energie, Naturschutzinformationszentrum, Am Freilichtmuseum 1, 34582 Borken. ✆ 05682/808-

Happy Birthday!
Führung durch den Besucherstollen mit Rast in der nachgebauten Frühstücksstube oder Rundgang im Themenpark Kohle & Energie. Kosten für max 10 Kinder 35 €, mit Fahrt in der Besucherbahn 50 €.

Hunger & Durst
Café Kohldampf, Am Freilichtmuseum 1, Borken. ✆ 05684/341. www.hotel-hassia.de. Öffnungszeiten wie der Themenpark. Snacks, hausgebackener Kuchen und Erfrischungen.

Schweres Gerät: Im Themenpark Kohle & Energie

© pmv, Foto: Annette Friauf

271, Fax 801-165. www.braunkohle-bergbaumuseum.de. bergbaumuseum@borken-hessen.de. **Bahn/ Bus:** Bhf Borken. **Auto:** ↗ Borken, Ortsausgang Richtung Arnsbach, Schildern folgen. **Zeiten:** April – Okt Di – Sa 14 – 17, So 12 – 17 Uhr, Führungen und Fahrten mit der Besucherbahn stündlich. **Preise:** 4 €, Kombikarte mit Besucherstollen 6,50 €, Rundfahrten Besucherbahn mit Eintrittskarte 1,50 €, ohne 2,50 €; Kinder 7 – 12 Jahre 1,50 €, Kombikarte mit Besucherstollen 2,50 €, Kinderführungen mit dem Pille-Mobil (Handwagen) ab 15 Pers je 2,50 €, Workshops Energie & Umwelt für 15 – 30 Pers buchbar. **Infos:** www.kohlekids.de.

▶ Riesige Bagger, Schlote, Fördergeräte und Lokomotiven versprechen schon schon von der Straße aus eine spannende Reise in die Industriegeschichte Borkens. Manche der Stahlmonster dürft ihr besteigen. Der 3,5 ha große und mit Lob ausgezeichnete **Themenpark** zeigt auf weitläufigem Gelände, wie Industrie, Kultur und Natur zusammenhängen. Die Maschinen wurden im Tagebau, also an der Oberfläche eingesetzt. Info-Tafeln erklären, wie das vor sich ging. Für euch gibt es Experimentierstationen. Ihr könnt Lokomotivführer spielen und mit einer Spirale Grubenwasser pumpen. Fangt Sonnenstrahlen ein und erzeugt mit Solartechnik selbst Energie! In einem nachgebauten Dampfkraftwerk seht ihr, wie aus Kohle Strom gewonnen wurde. Wenn ihr genug gelaufen seid, fahrt mit der **Besucherbahn.** Im multimedial gestalteten **Naturschutz-Informationszentrum** erfahrt ihr wie aus Tagebauflächen wieder Landschaften entstehen. Tiere und Pflanzen sind in Aquarien zu sehen. Übers Jahr ist der Themenpark Kulisse für viele Veranstaltungen, auch für Popkonzerte. Zu Ostern wirft der Eimerkettenbagger Eier – ihr dürft sie fangen!

ROTKÄPPCHENLAND SCHWALM-KNÜLL

ebenso wenig wie ein Beachvolleyballfeld und eine Tischtennisplatte.

Baden und im Wintergarten spielen

Europabad, Pestalozzistraße 3, 34613 Schwalmstadt-Treysa. ✆ 06691/919300, Fax 919301. www.europabad.de. info@europabad.de. **Bahn/Bus:** Bhf Schwalmstadt-Treysa, Bus 460 bis Europabad. **Auto:** ↗ Schwalmstadt, B454 Richtung Ziegenhain, Abzweig Pestalozzistraße. **Rad:** R14 Schwalm-Efze-Weg. **Zeiten:** ganzjährig außer in den hessischen Sommerferien Mo 15 – 18.30, Di – Fr 15 – 21.30, Sa, So 10 – 17 Uhr, in den Schulferien auch morgens. **Preise:** 4 €, Sauna 8 €; Kinder 3 – 16 Jahre 2 €, Sauna 4 €.

▶ Das Europabad in Treysa hat ein Hallenbad, 3 Becken und eine Sprunganlage mit 1er und 3er. Das Wasser ist 28 Grad, am Wochenende sogar 30 Grad warm. Für Kinder gibt es eine eigene Rutsche und viele Spielmöglichkeiten im Wintergarten. Wasserfall, Massagedüsen und eine Sauna mit Dampfbad und Massage ergänzen das Angebot. Die Badezeit ist nicht begrenzt. Es gibt Kurse in Aqua-Sport sowie Baby- und Kleinkinderschwimmen. In der Milchbar könnt ihr eine Erfrischung nehmen.

Während der Damensauna gibt es bunte Kinderanimation.

Planschen mit Seeblick

Wellnessparadies am Silbersee, Am Silbersee 333, 34621 Frielendorf. ✆ 05684/92264-0. www.wellnessparadies-silbersee.de. info@wellnessparadies-silbersee.de. **Bahn/Bus:** Bhf Schwalmstadt-Treysa, Bus 453 bis Frielendorf-Abzweig Silbersee. **Auto:** A5 Ausfahrt 2 Alsfeld-Ost, B254 bis Frielendorf-Nord, Schildern folgen. **Rad:** R14 Schwalm-Efze-Weg. **Zeiten:** Mo 14 – 22, Di – Sa 10 – 22, So, Fei 10 – 18 Uhr. **Preise:** 4 €, mit Sauna bis 3 Std 10 €; Kinder 3 – 12 Jahre 2,50 €, mit Sauna 6,50 €, Jugendliche 13 – 18 Jahre 3 €, mit Sauna 9 €.

▶ Das Wellnessparadies mit Schwimmbad, Sauna und Gesundheitsangeboten hat eine einzigartige Lage: es liegt direkt am und zum Teil sogar auf dem Silbersee. In dem 15 m langen Becken könnt ihr auch im Winter schwimmen, wenn sich draußen eine Eisschicht auf dem See gebildet hat. Ein Clown, der Wasser prustet, empfängt euch am Kinderspielbecken. Von der Kurve wieder in die Gerade schubst euch die 60 m lange Außenwasserrutsche. Zum Entspannen laden Sprudelbecken, Massagedüsen und Wasserstrahlen für die Füße ein. Dampfbad, Soft-Sauna oder Panorama-Trockensauna, die wie ein Floß auf dem See liegt, laden zum Saunieren ein.

Erst schwimmen, dann skaten

Frei- und Bewegungsbad in der Kuranlage Neukirchen, Birkenallee 17, 34626 Neukirchen. ✆ 06694/911106, www.neukirchen.de. fv.aquafit@gmx.de. **Bahn/Bus:** Bhf Schwalmstadt-Treysa, Bus 470, 473, 479 bis Kurhessenstraße. **Auto:** ➚ Schwalmstadt, B454. **Zeiten:** Freibad Mitte Mai – Sep 10 – 20 Uhr, Bewegungsbad Di 8 – 12, 15 – 21, Mi, Fr 8 – 12, 15 – 20, Do 9 – 12, 15 – 20, Sa 9 – 12, So 9 – 17 Uhr. **Preise:** Erw und Jugendliche ab 16 Jahre Freibad 2,50 €, Bewegungsbad 3,50 €; Kinder 5 – 15 Jahre Freibad 1,50 €, Bewegungsbad 2 €.

▶ Eine Solarheizung erwärmt das **Freibad** und sorgt für einen frühzeitigen Saisonbeginn. Das 50 x 20 m große Becken ist von einer Liegewiese eingerahmt. Ein Stück davon verbreitet Sand Strandgefühl. Nichtschwimmer haben Spaß auf der Breitrutsche. Wo ein Drache Wasser speit, finden die Kleinsten ihren Platz. 1er und 3er machen Lust auf einen kühnen Sprung. Sport an Land laden ein Beachvolleyballfeld und ein Ballverleih ein. Das **Bewegungsbad** bietet feste Termine für jede Generation. Freitags gibt es Spielnachmittage für Kinder.

Das Schwimmbad liegt wie die Kuranlage am kleinen Bach *Grenf* neben einem **Park** mit optischen und akustischen Stationen. Ihr könnt im Sommer hier toll skaten und im Winter Schlittschuhlaufen. Der Park beinhaltet ein Hockeyfeld, Streetballständer, Bolz-

Hunger & Durst

Bistro im Wellnessparadies, Am Silbersee 333, Frielendorf. ✆ 05684/92264-0. www.wellnessparadies-silbersee.de. Mo 14.30 – 21.30, Di – Sa 10.30 – 21.30, So, Fei 10.30 – 18.00 Uhr. Fitnessgetränke, frische Salate, hausgemachter Kuchen, jeden 1. So im Monat Waffeltag.

Happy Birthday!

Am Samstag stehen Animation und Wasseraufsicht auch für Kindergeburtstage zur Verfügung.

und Volleyballplätze. Abenteuerlust verbreiten ein 7,5 m hoher Seilzirkus und eine Dschungelbrücke. Kleine Kinder toben in einer Sand- und Matschecke.

Hallenbad Erlenbad

An der Bleiche 12a, 36304 Alsfeld. ✆ 06631/182-810. www.erlenbad-alsfeld.de. erlenbad@stadt.alsfeld.de. **Bahn/Bus:** ↗ Alsfeld, Bus 464 oder VB-10 bis In der Krebsbach. **Auto:** Im Ort von B49 auf B62, am östlichen Stadtrand rechts An der Au, Löberggasse. **Zeiten:** Mo, Mi, Fr 16 – 21, Do 16 – 19, Sa, So, Fei 10 – 21 Uhr. **Preise:** 4 €, Kurztarif (90 Min) 2,50 €, 11er-Karte 40 €; Kinder 4 – 14 Jahre 2 €, Kurztarif (90 Min) 2,50 €, 11er-Karte 20 €, Schüler, Studenten, Azubis 3 €, 11er-Karte 30 €; Familienkarte (2 Erw, 2 Kinder bis 14 Jahre) 11,50 €, jedes weitere Kind 1,50 €.

▶ Das Erlenbad liegt direkt am *Erlenteich* am südöstlichen Stadtrand von Alsfeld. Hier tummelt ihr euch in einem modernen Hallenbad, wo ihr die rasante 76 m lange Riesenrutsche testen könnt. Außerdem gibt es eine Wellenanlage sowie Wasserfälle und Schwallbrausen zum Toben, Spritzen und Planschen. Auf die jüngsten Gäste wartet ein separates kleines Badeparadies mit 30 Grad warmem Wasser. Zum Ausruhen stehen gemütliche Strandkörbe bereit.

Das Erlenbad bietet Kinderschwimmkurse für euch an. 10 Std kosten 70 €, ✆ 06631/182-819.

Freibad Erlenbad, An der Bleiche 12a, Alsfeld. ✆ 06631/182810. www.erlenbad-alsfeld.de. Mo, Mi, Fr 7 – 20, an allen anderen Tagen 9 – 20 Uhr. Erw 3 €, Kinder 1 €, Schüler 2 €, Familienkarten 6 €. Es stehen ein Schwimmer- und ein Nichtschwimmerbecken, 1- und 3-m-Brett, Kinderspielplatz und eine riesige Liegewiese bereit.

Schwimmen in Kirchheim

Freizeit- und Erlebnisbad Kirchheim, Schwimmbadstraße, 36275 Kirchheim. ✆ 06625/5955, www.kirchheim.de. kirchheim@rotkaeppchenland.de. **Bahn/Bus:** Bhf Schwalmstadt-Treysa, Bus 470 bis Kirchheim-Feuerwehr. **Auto:** ↗ Kirchheim. **Rad:** R18 südlicher Knüll. **Zeiten:** Mai – Sep 9 – 20 Uhr. **Preise:** 3 €; Kinder ab 6 Jahre 2 €.

▶ Das Freizeit- und Erlebnisbad wurde in den 60er Jahren als Autobahnschwimmbad Kirchheim errichtet, doch Anfang der 90er Jahre bekam das Bad ein modernes Gesicht. Heute wird das Wasser mit Sonnenenergie erwärmt. So könnt ihr an schönen Tagen in Wasser von mehr als 28 Grad baden, doch aufgepasst, wenn es kühler wird, erfrischt das Wasser schon mal auf 18 Grad. Euch stehen 4 Schwimmerbahnen und ein Sprungbecken zur Verfügung. Es gibt eine 55 m lange Wasserrutsche, einen Wildwasserkanal und zwei Schwallwasserduschen. Kleine Kinder haben ihren Bereich mit Planschbecken und Kinderrutsche.

Die Schätze des Silbersees

Freizeit- und Ferienzentrum Silbersee, Am Silbersee 100, 34621 Frielendorf. ✆ 05684/7472, Fax 8560. www.ferienpark-silbersee.de. info@ferienpark-silbersee.de. **Bahn/Bus:** Bhf Schwalmstadt-Treysa, Bus 453 bis Frielendorf-Abzweig Silbersee. **Auto:** ↗ A5 Ausfahrt 2 Alsfeld-Ost, B254. **Rad:** R14 Schwalm-Efze-Weg. **Infos:** ↗ Ferienadressen.

▶ Im Silbersee liegt ein Schatz verborgen, erzählt die Geschichte von *Karl May*. Das 8 ha große Badegewässer bei Frielendorf birgt viele Schätze. Der See ist fast kreisrund, 14 m tief und hat kristallklares, blaugrünes Wasser. Die Liegewiese ist ein bisschen abschüssig. Es gibt einen Badesteg, Tretboote, eine Imbissbude und Toiletten. Auf einem 1250 m langen **Rundweg** könnt ihr den Silbersee umwandern. Dabei ergeben sich immer wieder neue Ausblicke durch die Bäume. Auf Tafeln eines **Fischlehrpfades** wird erklärt, wer noch im und auf dem See schwimmt. Von Picknickplätzen aus könnt ihr Wasservögeln und Libellen zusehen. Unmittelbar am See liegt ein Feriendorf mit vielfältigen Angeboten wie Beachvolleyball, Minigolf, Bogenschießen und Kegelbahn. Im Back-

Zwischen Parkplatz und See fährt sonntags ab 13 Uhr eine kleine Bahn auf einer 430 m langen Gleisstrecke. Die Lok wird manchmal mit echtem Dampf angetrieben. Die Fahrt kostet 1 €.

Los jetzt: Wer als letzter drin ist, ist ein Fosch

haus und auf dem Wildniscamp finden Aktionen für Kinder statt.

FRISCHE LUFT UND SPORT

Mit dem Fahrrad oder zu Fuß?

Einmal um den Antriftstausee

36304 Alsfeld. **Länge:** 3 km auf asphaltiertem Weg, kinderwagentauglich. **Auto:** Von ↗ Alsfeld über B62, 4 km Richtung Leusel, in Angenrod rechts ausgeschildert. Sobald der See sichtbar ist, die nächste Möglichkeit rechts. **Rad:** Am Vogelsbergradweg und R2.

▶ Der 50 ha große *Antriftstausee* nordwestlich von Alsfeld wurde zur Naherholung und vor allem zum Schutz vor Hochwasser gebaut. Wie Hochwasserschutz funktioniert? Vor dem Winter wird ein Teil des Stauwassers aus dem Becken abgelassen, damit es die vermehrten Niederschläge und im Frühjahr das Schmelzwasser aufnehmen kann. So wird verhindert, dass die Flüsse *Antrift* und *Schwalm* zu stark über die Ufer treten. Im Sommer könnt ihr im vollen Stausee schwimmen (keine Aufsicht). Junge Fahrradfahrer können am Antriftstausee zu einer schönen **Radeltour** um den See starten. Vom Parkplatz am Ufer fahrt ihr links herum, seid zunächst ganz nah am See und kommt am Spielplatz des *Stausee-Restaurants* vorbei. Wenn ihr die andere Seite des Sees erreicht habt, geht es entlang der 550 m langen Staumauer. Am **Überlaufbecken** entdeckt ihr, wo das Wasser abgelassen wird. Geht doch mal gegenüber die Treppe hinauf, dann seht ihr, wohin es fließt. Nach der Staumauer fahrt ihr durch den Wald und biegt am Ende des Sees rechts ab. So kommt ihr wieder zurück zum Ausgangspunkt.

Bahnradweg durch das Rotkäppchenland

Tourismusservice Rotkäppchenland e.V., Hauptstraße 2a, 36275 Kirchheim. ✆ 06625/919597, Fax 919596. www.rotkaeppchenland.de. info@rotkaepp-

Im Sommer könnt ihr mit Inlineskates eure Runden um den Stausee drehen. Im Herbst stören Äste und Blätter auf dem Asphalt.

Hunger & Durst

Seehotel Antrifttal, Am Stausee 1, Antrifttal. ✆ 06631/8000188. www.seehotel-antrifttal.de. Mi – Mo ab 11 Uhr. Am See, mit Spielplatz und Terrasse. Warme Küche. Ab 14 Uhr Kaffee und Kuchen Kinderportionen.

chenland.de. **Länge:** 70 km, Teilstrecken möglich. **Bahn/Bus:** Bhf Schwalmstadt-Treysa. **Auto:** ↗ Schwalmstadt, Bahnhof Treysa. **Rad:** R1 ab Bad Hersfeld.

© GrimmHeimat NordHessen

Auf dem Bahnradweg: Sehr gemütliches Radeln – und ein Zug kommt gewiss nicht mehr

▶ Auf einer ehemaligen Bahntrasse kann man von Schwalmstadt-Treysa bis zur Festspielstadt Bad Hersfeld radeln. Die touristische Strecke ist noch nicht ganz fertig ausgebaut, sodass Radler an Start und Ziel Bahnanschluss haben. Wer schon mal schnuppern möchte, sollte die 25 km lange Strecke zwischen *Neukirchen-Riebelsdorf* und *Ottrau-Kleinropperhausen* wählen. Als Anschlüsse kann man Regionalradwege nutzen. Ab *Oberaula-Wahlshausen* etwa geht es über den R11 nach Bad Hersfeld weiter. Dort hat man Bahnanschluss nach Kassel. Grundsätzlich radelt ihr ohne große Anstrengung dort, wo früher Züge fuhren, leicht bergauf. An der Strecke liegen typische Schwälmer Fachwerkdörfer. Ihr kommt durch Wiesentäler und Waldstücke und fahrt unter alten Bahnbrücken hindurch. Am Bahnhof *Olberode,* einem Ortsteil von Oberaula, erreicht ihr den höchsten Punkt (420 m) des Radweges. Einen Shuttleservice gibt es bislang nur am 3. Sonntag im Mai zur Veranstaltung Radspaß im Rotkäppchenland. Es ist aber geplant, ein Großraumtaxi mit Anhänger einzurichten. Radwanderer, die weiter im Sattel sitzen möchten, biegen vom Bahnradweg auf den Fulda-Fernradweg R1 ab.

Wandern auf dem Hutewaldweg

Knüll Touristik e.V., 34593 Knüllwald-Rengshausen. ✆ 05681/930808, Fax 930807. www.knuell-touristik.de. knuellwald@rotkaeppchenland.de. **Länge:**

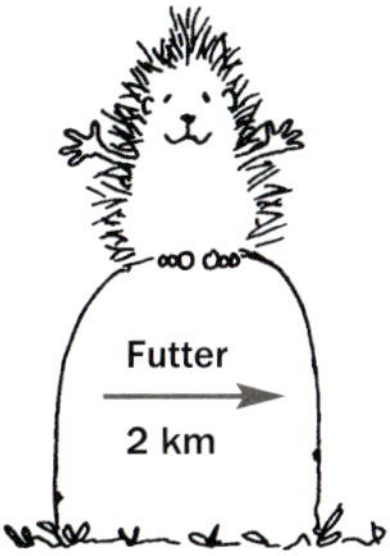

Wie aus dem Märchenbuch: Knorrige, verknorzelte Bäume im Hutewald

Waldwandern Hessen. Auf Premiumwegen und Traumpfaden durch die schönsten Wälder Hessens wandern. pmv, ISBN 978-3-89859-307-6, 16 €.

Hunger & Durst

Hotel Sonneck, Zu den einzelnen Bäumen 13, Knüllwald-Rengshausen. ✆ 05685/99957. www.hotel-sonneck.com. Täglich 10 – 22 Uhr. Deftige Kost und ausgefallene Menüs, spezielle Gerichte für Menschen mit Gluten- oder Lactoseunverträglichkeit.

11,4 km, Wege überwiegend naturbelassen. **Auto:** ↗ Homberg Efze, B323. **Rad:** R17 Efzetalradweg.

▶ Auf diesem Wanderweg im *Knüll* könnt ihr mehr als 300 Jahre alte Buchen und Eichen bewundern. Im *Hutewald* hütete ein Hirte früher das Vieh. In dem Waldstück bei *Rengshausen* stehen Bäume mit dickem kurzen Stamm und weit ausladenden Kronen. Am Holz sind Narben zu sehen, die sich zu Geschwülsten ausgewachsen haben. Vermutlich waren die Bäume einst von Ziegen angenagt worden.

Start und Ziel für die etwa 3-stündige Wanderung, die dem Premiumstandard entspricht, ist die **Freilichtbühne** am Ortsausgang von *Rengshausen* in Richtung Hausen. Hier seid ihr schon mehr als 300 m hoch. Der höchste Punkt der Wanderung liegt bei 467 m. Ihr kommt an den **Studentensteinen** vorbei. Der Sage nach sollen dort im 16. Jahrhundert drei Studenten auf dem Weg von Marburg nach Göttingen überfallen und getötet worden sein. An der Kreuzung, die zu den Steinen führt, könnt ihr bei guter Sicht bis zum 916 m hohen *Inselberg* in Thüringen schauen. Weitere Ausblicke gehen in Richtung *Knüllköpfchen* und zum *Hohen Meißner.* Zurück an der Freilichtbühne könnt ihr eure Füße im **Wassertretbecken** kühlen.

Durch die Wildbachschlucht

Lochbachpfad, 34593 Knüllwald-Wallenstein. ✆ 05681/930808, Fax 930807. www.knuelltouristik.de. knuellwald@rotkaeppchenland.de. **Länge:** 8,5 km. **Auto:** ↗ Homberg Efze, B323 bis Knüllwald-Remsfeld, Landstraße bis Wallenstein, beschildert.

▶ Zwischen *Knüllwald-Wallenstein* und *Hülsa* befindet sich Nordhessens einzige **Klamm.** Die *Schlucht des Lochbachs* ist wildromantisch und auch von weniger geübten Wanderern gut zu durchqueren. Der Eingang befindet sich etwa 300 m von der Ortsmitte **Wallenstein** am Waldrand. Der Weg ist mit einem Roten L auf weißem Grund markiert. Eine Tafel erklärt, welche Tiere und Pflanzen in der Schlucht leben. Der Trampelpfad schlängelt sich mal rechts, mal links des sprudelnden Bachs. Ihr überquert Holzbrücken und Stege. An Bänken und Rastplätzen könnt ihr Pausen einlegen und die Schlucht auf euch wirken lassen. Dann verlasst ihr den Wald. Das freie Feld bietet wunderbare Aussichten auf die Landschaft im Knüll. Auf den Magerwiesen wachsen wilde Orchideen. An der **Ferdinand-Kersting-Hütte** könnt ihr bis zum Kellerwald schauen. Der Lochbachpfad führt nun wieder in den Wald. Ihr erreicht den **Rastplatz** auf dem *Ebigköpfchen.* Von hier geht es bergab bis zu einer Lichtung und über Wiesen- und Feldwege zum Ausgangspunkt nach **Wallenstein** zurück.

*Eine **Klamm** ist eine besonders enge Schlucht. Sie entsteht, wenn ein Bach sich über lange Zeit tief ins Gestein einschneidet. Das Wasser fließt dort sehr schnell.*

Hunger & Durst

Schwimmbad-Café Wallenstein, Burgstraße 6, Knüllwald-Wallenstein. ✆ 05686/262. Direkt unterhalb der Burgruine Wallenstein liegt ein Naturschwimmbad mit Café. Es gibt kleine Gerichte, hausgemachten Kuchen und Eis.

Erlebniswelten

Im Spielparadies von Maulwurf Frielo

Frielo-Land, Familie Etzel und Rüttgers, Am Silbersee 300, 34621 Frielendorf. ✆ 05684/1503, Fax 1574. www.frielo-land.de. info@frielo-land.de. **Bahn/Bus:** Bhf Schwalmstadt-Treysa, Bus 453 bis Frielendorf-Abzweig Silbersee. **Auto:** ↗ A5 Ausfahrt 2 Alsfeld-Ost, B254 bis Frielendorf-Nord, Schildern folgen. **Rad:** R14 Schwalm-Efze-Weg. **Zeiten:** Di – Fr 14 – 19, Sa, So, Fei 12 – 19,

Rein ins Vergnügen: Wie Onkel Dagobert in seinem Tresorbad

© pmv

hessische Schulferien täglich 12 – 19 Uhr. **Preise:** 1,90 €; Kinder 1 – 3 Jahre 2,60 €, Kinder 4 – 12 Jahre 3,60 €, Sa, So, Fei 4,10 €.

▸ *Frielo* ist ein Maulwurf, dessen Reich im Hotel Silbersee liegt. Hier könnt ihr auf einer Fläche von 2200 qm bei jedem Wetter toben, hüpfen und spielen. Ein Krokodil breitet sein Luftkissen aus. Zum Hüpfen stehen neben mehreren Burgen Trampoline und Bungee-Anlagen bereit. Es gibt Spiral-, Wellen- und Röhrenrutschen. Kleine Kinder haben ihren eigenen Bereich. Für die älteren Kinder gibt es eine Ballschussanlage, Minigolf, Billiardtische und Tischtennisplatten.

Happy Birthday! Geburtstagstische mit Getränken und Speisen. Ab 5 Kindern je Gast 2,80 €, das Geburtstagskind zahlt keinen Eintritt und bekommt eine Überraschung. Eigene Verpflegung darf nicht mitgebracht werden.

Bitte rutschfeste Socken mitbringen, Barfußlaufen ist nicht erlaubt.

Affenspaß auf vier Parcours

Kletterpark Silbersee, Familien Etzel und Rüttgers, Am Silbersee 300, 34621 Frielendorf. ✆ 05684/1503, Fax 1574. www.kletterpark-silbersee.de. info@hotel-silbersee.de. **Bahn/Bus:** Bhf Schwalmstadt-Treysa, Bus 453 bis Frielendorf-Abzweig Silbersee. **Auto:** ↗ A5 Ausfahrt 2 Alsfeld-Ost, B254 bis Frielendorf-Nord, Schildern folgen. **Rad:** R14 Schwalm-Efze-Weg. **Zeiten:** April – Okt Di – Fr 14 – 19, Sa, So, Fei 12 – 19 Uhr, hessische Schulferien auch Mo. **Preise:** 1 Std 5 €, 2 Std 8 €, 3 Personen 1 Std je 4 €, 2 Std je 7 €, 4 Personen 1 Std je 3,50 €, 2 Std je 6 €; Kinder ab 1,20 m wie Erwachsene, kleinere haben keine Erlaubnis.

Ihr solltet festes Schuhwerk, Fahrradhandschuhe und sportliche Kleidung tragen. Mit Helmen und Klettergurten werdet ihr am Ort ausgestattet.

▶ Seit Sommer 2011 kann am Silbersee auch geklettert werden. Zur Wahl stehen 4 verschiedene Parcours bis zu einer Höhe von 9,5 m. Wer nicht so hoch hinaus möchte, kann auch schon auf 1,50 m einen Affenspaß haben. Jeder Parcours hat 6 Elemente: Brücken und Netze, Reifen, Tunnel, Kletterbretter und -wand, Skateboard, Vogelstangen und Seilrutschen.

Bobbahn, Spielstrand und Streichelzoo

Silbersee Bob Frielendorf, Am Silbersee 1, 34621 Frielendorf. ✆ 05684/922999, www.silbersee-bob.de. info@silbersee-bob.de. **Bahn/Bus:** Bhf Schwalmstadt-Treysa, Bus 453 bis Frielendorf-Abzweig Silbersee. **Auto:** ↗ A5 Ausfahrt 2 Alsfeld-Ost, B254 bis Frielendorf-Nord, Schildern folgen. **Rad:** R14 Schwalm-Efze-Weg. **Zeiten:** Mitte Juni – Aug 10 – 22 Uhr, April – Okt min. 11 – 18 Uhr. **Preise:** 2,30 €; Kinder 4 – 13 Jahre 1,60 €, ab 14 Jahre 2,30 €, Trampolin 5 Min 1,40 €; Kinder unter 8 Jahre mit einem Elternteil 2,80 €.

▶ Der **Silbersee Bob** ist ein kleiner Freizeitpark direkt am See. Zentraler Anziehungspunkt ist die 750 m lange Bobbahn, in der ihr auf Schienen durch den Wald rutscht. Direkt am Start gibt es einen Spielplatz. Schafe und Ziegen warten darauf, gestreichelt und gefüttert zu werden. Bei schönem Wetter lockt der Spielstrand. Ihr könnt im knietiefen Wasser waten, Kanäle bauen und im Sand buddeln. Die Betreiber der Bobbahn unterhalten auch ein Trampolin und einen Bootsverleih. Rasten und euch stärken könnt ihr im Biergarten mit Blick auf den Silbersee. Spezialität sind frisch gebackene Waffeln.

Happy Birthday!
Die Deko mit bunter Tischdecke, Luftschlangen, Tellern und Trinkbechern kostet pauschal 5 €. Für Bobfahrt und Trampolin zahlen Gäste je 1 €, das Geburtstagskind ist frei. Die Riesenschüssel Wellenpommes für 6 Kinder kostet 5,50 €.

Spaß im Schnee

Schneegestöber auf der Steinwaldwiese

Pro Neukirchen, Kurhessenstraße 48, 34626 Neukirchen. ✆ 06694/911350, Fax 911351. www.neukirchen.de. neukirchen@rotkaeppchenland.de. **Bahn/**

Bus: Bhf Schwalmstadt-Treysa, Bus 470, 473, 479 bis Kurhessenstraße. **Auto:** ↗ Schwalmstadt, B454.

▶ Neukirchen hat eine Skiabfahrtspiste mit mobilem Schlepplift. Der 480 m hohe Hang ist für Anfänger geeignet. Die Abfahrtslänge beträgt 450 m.

Rodeln am Knüllköpfchen

Stadt Schwarzenborn, 34639 Schwarzenborn. ✆ 05686/998812, Fax 998830. www.schwarzenborn.de. schwarzenborn@rotkaeppchenland.de. **Bahn/Bus:** Bhf Schwalmstadt-Treysa, Bus 470 bis Ziegenhain Alleeplatz, AST ✆ 01802/004471 bis Schwarzenborn. **Auto:** ↗ Schwalmstadt, B454 bis Neukirchen, Landstraße.

▶ Rodler finden auf dem 634 m hohen Knüllköpfchen Bahnen von 300 bis 800 m. In Schwarzenborn, unterhalb der Platzrandstraße, gibt es für Langläufer eine 6,5 km lange, leichte bis mittelschwere Loipe.

Rodeln am Eisenberg

Skigebiet Eisenberg, 36286 Neuenstein. ✆ 06677/784, Fax 918611. www.scneuenstein.de. scneuenstein@gmx.de. **Bahn/Bus:** Bhf Bad Hersfeld, Bus 370 bis Neuenstein-Saasen. **Auto:** ↗ Bad Hersfeld, A7 Ausfahrt West, Schildern folgen. **Zeiten:** Skilift bei ausreichender Schneelage. **Preise:** Skilift Tageskarte 12 €; Kinder 4 – 10 Jahre 10 €. **Infos:** www.skilift-eisenberg.de.

▶ Der 636 m hohe Eisenberg ist die höchste Erhebung im Knüll. Der *Ski-Club Neuenstein* hat auf seinem Hausberg 2 Skipisten mit **Flutlicht** angelegt. Die blaue Piste ist ca. 550 m lang und auch für Anfänger sehr gut geeignet. Die rote Piste ist ca. 450 m lang und ist eher etwas für Fortgeschrittene. Schlittenfreunde sausen die Rodelwiese hinunter. Auch eine gemütliche Skihütte ist vorhanden. Das Skigebiet am Eisenberg bietet außerdem 2 Skilanglaufloipen: Am Stern 7,5 km und Panorama Eisenberg 6 km.

***Flutlichtanlagen** sind zwar am Abend praktisch – die Tiere werden aber vom Fressen und Schlafen abgehalten.*

Hunger & Durst

Skihütte am Skilift, in der Saison 11 – 21 Uhr.

Besuch bei Rotkäppchens Wolf

Naturzentrum Wildpark Knüll, Im Seckenhain 10, 34576 Homberg-Allmuthshausen. ✆ 05681/2815, Fax 921092. www.wildpark-knuell.de. info@wildpark-knuell.de. **Bahn/Bus:** Bhf Borken, AST ✆ 05681/938731. **Auto:** ➚ Homberg Efze, B323 Richtung A7, Abzweig Allmuthshausen, Schildern folgen. **Rad:** R14 Schwalm-Efze-Weg, R17 Efzetalradweg. **Zeiten:** April – Okt 9 – 19 Uhr; Feb, März täglich, Nov – Jan Sa, So sowie hessische Weihnachtsferien täglich jeweils 10 Uhr – Einbruch der Dunkelheit. **Preise:** 4 €; Kinder 1,50 €; Familienkarte 9.50 €. **Infos:** Öffentliche Fütterungen So und Fei 14.20 Uhr.

▶ Rund um den *Streuflingskopf* könnt ihr in der Landschaft des Knüllgebirges heimische Wildtiere beobachten. In dem 50 ha großen **Park** leben 350 Tiere aus 40 Arten, darunter viele Geweihträger und sogar Bären und Wölfe. Man sagt, hier habe sich Rotkäppchens Wolf mit seinen Artgenossen angesiedelt. Verschiedene Wildarten laufen im Park frei herum. Die anderen Tiere wie Wildschweine, Wisente, Wildpferde, Uhus und Vögel könnt ihr in großzügigen Gehegen betrachten. Die Wege sind fast 4 km lang und gut befestigt. Den höchsten Punkt bildet ein Aussichtsturm. Kleinere Kinder besuchen gern den **Streichelzoo** mit Schafen, Zwergziegen, Ponys, Eseln, Kaninchen und Meerschweinchen. Zum Naturpark Wildpark Knüll gehört auch ein **Erlebnisspielplatz** und die **Wildparkschule** mit interessanten Ausstellungen über den Lebensraum Knüll.

Happy Birthday!
Von der Geburtstagsführung bis zur 3-stündigen Veranstaltung mit Spurengießen – die Scouts stellen Programme auf Wunsch zusammen. Preise auf Anfrage.

Sagt der eine Esel zum anderen: Mensch, du bist doch ein echter Esel, du!

© Annette Sievers

Geweihe und Gefieder

Naturerlebnispark Kirchheim, Schwimmbadstraße, 36275 Kirchheim. ✆ 06625/415, www.kirchheim.de. kirchheim@rotkaeppchenland.de. **Bahn/Bus:** Bhf Schwalmstadt-Treysa, Bus 470 bis Kirchheim-Feuerwehr. **Auto:** ➚ Kirchheim. **Rad:** R18 südlicher Knüll. **Zeiten:** April – Okt 9.30 – 19 Uhr, Nov täglich und Dez – Jan Fr, Sa, So 10 Uhr bis Einbruch der Dunkelheit. **Preise:** 2 €; Kinder ab 6 Jahre 1 €.

Der Park wird vom Verein Wildparkfreunde gepflegt und soll bald ein naturnahes Spiel- und Erlebnisgelände bekommen. Grundschulkinder helfen der Gemeinde Kirchheim mit ihren Ideen.

▶ Heimische Wildtiere, alte Nutztierrassen und jede Menge exotische Vögel leben im Naturerlebnispark Kirchheim. Mehr als 20 Tierarten sind vertreten. Ihr könnt Meerschweinchen, Kaninchen und Waschbären beobachten. Besonders putzig sind die eurasischen Zwergmäuse. In den Gehegen leben Damwild, Schafe, Ziegen. Eine Farbenpracht entfaltet sich in den Volieren: dort zwitschern Sittiche, Kanaren und Zebrafinken. Dazu kommen Zwergwachteln, Rebhühner und Moschusenten.

Von der Bergbaugrube zum Badesee

Bergbau- und Naturlehrpfad Silbersee, ➚ Baden, die Schätze des Silbersees, 34621 Frielendorf. www.ferienpark-silbersee.de. **Länge:** 7 km, 2 Std. Faltblatt an der Rezeption des Ferienparks.

*Der Sage nach hat ein Maulwurf um 1820 herum **Braunkohle** bei Frielendorf entdeckt.*

▶ Wie aus einer Braunkohlegrube ein Freizeitgelände mit Badesee wurde, erfahrt ihr diesem **Rundwanderweg.** Die *Zeche Frielendorf* war seit 1821 eine der wichtigsten **Braunkohle**-Abbaugebiete in Nordhessen. Hier kam einer der größten Kabelbagger Europas zum Einsatz. In der Blütezeit arbeiteten bis zu 1000 Männer im Bergbau. Bis 1962 wurden insgesamt mehr als 4 Mio m^3 Kohle im Tiefbau und 21 Mio m^3 Kohle im Tagebau gewonnen. Eine Fabrik stellte 6,8 Mio t Briketts her. Nach und nach hat sich die Natur das ehemalige Bergbaugelände zurückerobert. Auf den Abraumhalden wurden Bäume angepflanzt. Spezielle Tafeln erklären euch, welche Pflanzen am Fuß des Knüllgebirges wachsen.

Museen, Märchen und Filme

Besuch beim Johannismännchen

Schwalm Touristik e.V., Marktplatz, 34613 Schwalmstadt-Treysa. ✆ 06691/71212. www.schwalm-touristik.de. schwalmstadt@rotkaeppchenland.de. **Bahn/Bus:** Bhf Schwalmstadt-Treysa. **Auto:** ➚ Schwalmstadt. **Rad:** ➚ R14 Schwalm-Efze-Weg. **Infos:** Faltblatt Rundgang durch die Altstadt Treysas im Rathaus erhältlich.

▶ Totenkirche, Hexenturm – das klingt gespenstisch. Tatsächlich steckt die Altstadt von Treysa voller spannender Geschichten. Eine erzählt vom Johannismännchen. *Johannes Ruland* war zum Tode durch den Galgen verurteilt. Als er aber ganz schlau Wasserleitungen in die Oberstadt verlegte und die Treysaer nicht mehr zum Brunnen im Tal laufen mussten, schenkten sie ihm die Freiheit und setzten ihm ein Denkmal. Seither wacht das Johannismännchen über dem Brunnen am Rathaus.

Ein Rundgang führt euch zur Ruine der Totenkirche mit dem **Buttermilchturm.** Märchenfiguren empfangen euch. Von der Stadtmauer aus schaut ihr aufs Tal der Schwalm. Die Tour führt weiter durch die Steingasse bergab zum früheren Hospital mit Kapelle weiter zum Hexenturm. Durch das Angstloch wurden Gefangene in das Verlies hinabgelassen. Auf dem Neuen Weg geht es hinauf zur Stadtkirche und über die Treppen am Töpferweg wieder hinab zur Bahnhofstraße. Dort begrüßen euch, in Bronze gegossen, Rotkäppchen und der Wolf sowie der Goldesel aus Tischleindeckdich.

Rotkäppchens Kleid

Museum der Schwalm, Paradeplatz 1, 34613 Schwalmstadt-Ziegenhain. ✆ 06691/3893, www.museumderschwalm.de. schwaelmer-heimatbund@t-online.de. **Bahn/Bus:** Bhf Schwalmstadt-Treysa, Bus 453 bis Ziegenhain, Alleeplatz. **Auto:** ➚ Schwalmstadt. **Rad:** ➚ R14 Schwalm-Efze-Weg. **Zeiten:** Di – Fr 10 – 12, 15 –

HANDWERK UND GESCHICHTE

Strammer Johannis: Knapp hat er sein Leben vor dem Galgen gerettet

*Der Sage nach haben die Treysaer ihren Kirchturm während einer Belagerung mit **Buttermilch** bestrichen. Die Feinde sollten sehen, dass die Stadt noch genügend Vorräte hatte.*

Schaut's euch an: So sieht das Rotkäppchen im Alsfelder Märchenhaus aus

© Tourist Center Alsfeld GmbH

17, Sa 10 – 17, So, Fei 11 – 17 Uhr. **Preise:** 2,50 €; Kinder 0,50 €.

▶ Im Steinernen Haus am Ziegenhainer Paradeplatz dreht sich alles um die farbenfrohe Schwälmer Tracht. Puppen, zu Gruppen zusammengestellt, tragen die bauschigen Röcke, Schürzen, Käppchen und Schnallenschuhe. In Vitrinen sind Einzelstücke ausgestellt. Tücher tragen die typischen Herz- und Tulpenmotive in feiner Weißstickerei. Das Museum der Schwalm zeigt auch, wie die Schwälmer früher wohnten. Betretet mal das Schlafzimmer aus dem 19. Jahrhundert. Sieht das Bett nicht aus, als würde es Rotkäppchens Großmutter gehören? In der Küche steht das Butterfass, Schöpfkellen hängen am offenen Herd. In der Schuhmacherwerkstatt dienen große Glaskugeln als Lupen. Interessant ist auch das

ROTKÄPPCHEN

▶ »Einmal schenkte sie ihm ein Käppchen aus rotem Sammet, und weil ihm das so wohl stand und es nichts anderes mehr tragen wollte, hieß es nur das Rotkäppchen.« Rote Hauben waren früher in Schwalm und Knüll Mode. Bauernmädchen trugen sie zu knielangen Röcken, die sich bauschig zu einer Art Glocke wölbten. Platz genug, um darunter einen Korb mit Kuchen und Wein zu verbergen. Die roten Kappen der Mädchen bedeckten anfänglich den Kopf, bald waren sie nur noch Schmuck. Die Farbe verriet, ob ein junges Mädchen noch zu haben war. Nach der Hochzeit trugen Frauen eine grüne Betzel über dem zum Schnatz gedrehten Zopf. Ältere Frauen kleideten sich violett, Witwen schwarz. Wer Trachten besaß, war wohlhabend. Eine Bauernbraut bekam von ihrer Familie so viel Kleidung mitgegeben, dass sie ihr ganzes Leben lang versorgt war. Heute tragen nur noch ganz wenige ältere Schwälmer Frauen im Alltag Tracht. Zu Festumzügen und Volkstanzauftritten aber werden sie aus den Truhen geholt. Trotz alledem ist das Rotkäppchen wohl keine Schwälmerin, denn die Geschichte wurde zuerst von einem Pariser Schriftsteller aufgeschrieben. *Charles Perraults* 1697 veröffentlichtes *Le Petit Chaperon Rouge* hatte allerdings kein glückliches Ende. ◀

alte Verlies. Ein Modell zeigt die Wasserfestung Ziegenhain aus der Vogelperspektive. Beachtlich ist die Sammlung mit Gemälden von Malern der Schwalm.

Wie zu Omas Zeiten

Museumsladen und Ausstellung Die Zeche Frielendorf, Hauptstraße 51, 34621 Frielendorf. ✆ 05684/7827, Fax 7927. www.frielendorf.de. frielendorf@rotkaeppchenland.de. **Bahn/Bus:** Bhf Schwalmstadt-Treysa, Bus 453 bis Frielendorf-Abzweig Silbersee. **Auto:** ➚ A5 Ausfahrt 2 Alsfeld-Ost, B254. **Rad:** R14 Schwalm-Efze-Weg. **Zeiten:** März – Nov Di, Do 15 – 17 Uhr sowie auf Anfrage. **Preise:** Erw und Kinder 0,50 €.

▶ Bonbons schimmern durch große Gläser, die Türglocke bimmelt. Auf der Ladentheke stehen alte Registrierkassen und Waagen. Der Heimat- und Geschichtsverein Frielendorf hat mit viel Liebe zum Detail einen Kolonialwarenladen wie zu Omas Zeiten eingerichtet. Im Nebenraum bekommt ihr eine Vorstellung, wie das dörfliche Leben früher war. Es gibt eine Töpferecke mit Frielendorfer Waren und eine Schusterwerkstatt. An den Museumsladen ist die **Ausstellung** **Die Zeche Frielendorf** angeschlossen. Anhand eines Modells im Maßstab 1:200 seht ihr, wie das Bergbaugelände vom Pförtnerhäuschen bis zum Brikettschuppen aussah.

In der Standuhr hockt ein Geißlein

Märchenhaus und Türmerstube Neukirchen, Familie Grünberg, Markplatz 10, 34626 Neukirchen. ✆ 06694/911350, Fax 911351. www.neukirchen.de. pro-neukirchen@freenet.de. **Bahn/Bus:** Bhf Schwalmstadt-Treysa, Bus 470 bis Neukirchen, Kurhessenstraße. **Auto:** ➚ Schwalmstadt, B454. **Zeiten:** Di 10 – 12, 15 – 17, 1. So im Monat 15 – 17 Uhr und nach Absprache ebenso wie Turmführung. **Preise:** 1,50 €, Gruppen bis 25 Pers mit Führung und Märchenerzählung 30 €.

▶ Auf dem Marktplatz des Kneippheilbades Neukirchen steht neben der Nikolaikirche ein Fachwerk-

Hunger & Durst

Hotel Restaurant Rosengarten, Muhlystraße 3, Schwalmstadt-Ziegenhain. ✆ 06691/94700. www.rosengarten-schwalmstadt.com. Mo – Sa 17.30 – 22.30, Di – So auch 11.30 – 14.30 Uhr. Verfeinerte regionale Küche in einem der markantesten Fachwerkhäuser von Ziegenhain.

Frielendorf zählte zu den ergiebigsten Revieren in Hessen.

© pmv, Foto: Annette Friauf

Und das Siebte versteckte sich im ...?

Hunger & Durst

Museumscafé, Hohlweg 2a, Schrecksbach-Holzburg. www.dorfmuseum-holzburg.de. So 14 – 17 Uhr und auf Anfrage. Für 2 € gibt es Kaffee so viel man möchte. Frauen aus Holzburg backen Schwälmer Blechkuchen für 1,50 € das Stück.

haus, aus dessen Fenster ein langer Zopf herunterhängt. Hier ist nicht nur Rapunzel zu Hause, sondern sämtliche Märchen aus den Büchern der Brüder Grimm und anderer haben hier ihre Visitenkarten hinterlassen. In der Standuhr hockt ein Geißlein, Hänsel steht am Gatter, Froschkönige hocken wie selbstverständlich herum. In den von krummen Balken durchzogenen Stuben ist so ziemlich alles ausgestellt, was ein Märchenmotiv tragen kann: Blechdosen, Kinderteller, Spielkarten, Ostereier. Wusstet ihr, dass das Rumpelstilzchen eine Kochkäsemarke ziert?

Im Vorführraum werden Filme gezeigt und ihr könnt Geschichten hören. *Gudrun Grünberg* erzählt jeden Dienstag um 15 Uhr Märchen.

Auf Wunsch könnt ihr über 132 Stufen dem Stadttürmer in seine Stube folgen. Im Turm der Nikolaikirche berichtet *Hans-Wilhelm Grünberg* im nostalgischen Kostüm über die Geschichte Neukirchens. Beim Rundgang um den Turm schaut ihr aufs Rotkäppchenland Schwalm-Knüll.

Zu Gast bei Anna Katharina

Dorfmuseum Holzburg, Dr. Anton Merk, Hohlweg 2a, 34637 Schrecksbach-Holzburg. ✆ 06698/911405, www.dorfmuseum-holzburg.de. info@dorfmuseum-holzburg.de. **Bahn/Bus:** Bhf Alsfeld, Bus 396 bis Schrecksbach-Holzburg. **Auto:** ↗ Alsfeld, B254 bis Schrecksbach, Schildern folgen. **Zeiten:** So 14 – 17 Uhr und auf Anfrage. **Preise:** 3 €; Kinder freier Eintritt.

▶ Ländlicher könnte die Umgebung nicht sein: In der Scheune des alten Pfarrhofs in Holzburg findet ihr ein uriges Dorfmuseum. Hier ist das tägliche Leben der Bauern und Handwerker in der Schwalm dargestellt. Schränke, Truhen und Betten zeigen euch, wie die Wohnstuben eingerichtet waren. Den verzierten Brautstuhl hat die Besitzerin *Anna Katharina Schmied* 1827 mit auf den Hof ihres Ehemannes genommen. Ihr seht die Tracht eines Hochzeitspaares mit aufwändigem Kopfschmuck. Überhaupt ist die

Schwälmer Rotkäppchen-Tracht mit ihren Stickereien und bunten Bändern allgegenwärtig. Teilweise wird sie von handgemachten Puppen präsentiert. Im Geräteraum entdeckt ihr nützliche Dinge vom Krauthobel bis zum Dreschflegel. Ihr bekommt einen Eindruck, wie früher gekocht wurde: Über dem offenen Herd mit Rauchfang hängt ein schwerer Topf. Der zweite Teil des Museums inklusive Café ist im ehemaligen *Gasthof Wahl* untergebracht. In der Nachbarschaft ist auch eine original eingerichtete Hofschmiede zu sehen.

Auf Mäusejagd im Alsfelder Museum

Regionalmuseum Alsfeld, Rittergasse 3 – 5, 36304 Alsfeld. ✆ 06631/182-300, 4300, www.regionalmuseum-alsfeld.de. museumalsfeld@web.de. **Bahn/Bus:** ↗ Alsfeld. **Zeiten:** Do – So 11 – 13, 14 – 16 Uhr. **Preise:** 2 €; Kinder 12 – 17 Jahre 1 €; Gruppen ab 10 Pers 1 € pro Per, freier Eintritt für Schulklassen aus dem Vogelsbergkreis und zu den wechselnden Ausstellungen. **Infos:** Führungen nach Anmeldung bis 15 Pers 20 € plus 1 €, in Englisch 25 €.

▶ Im Regionalmuseum könnt ihr auf Mäusejagd gehen und dabei eine Menge über die Alsfelder Stadtgeschichte erfahren. Zwischen Schmuckringen aus der Keltenzeit, historischen Feuerspritzenwagen, Handdruckpressen und Gegenständen aus der jüdischen Geschichte der Stadt haben sich die kleinen, grauen Nager versteckt. Jede Maus trägt einen Buchstaben und eine Zahl, die euch zum Lösungswort führen, für das ihr an der Kasse eine kleine Überraschung bekommt! Vom Erdgeschoss führt eine mächtige Wendeltreppe durch 2 Geschosse. Stellt euch vor, sie wurde im 17. Jahrhundert aus einem einzigen Eichenstamm gefertigt und ist 8,12 m lang!

Hunger & Durst

Eiscafé Italia, Mainzer Gasse 13, Alsfeld. ✆ 06631/6260. Sommer 9 – 23, Winter 9 – 21 Uhr. Hier könnt ihr euch nach der Stadtführung an leckerem, hausgemachtem Eis, Kuchen oder Waffeln laben.

Und wo wohnst du? Zeigt es auf dem Satdtmodell von Alsfeld

© Regionalmuseum Alsfeld

Vogelsberg Wetterau mit Kindern, 400 spannende Ausflüge und Aktivitäten rund ums Jahr. pmv, ISBN 978-3-89589-432-5, 12,95 €.

Carl Ramspeck Geschenke und Haushaltswaren, Markt 10, Alsfeld. 2025. Mo – Fr 9 – 18, Sa 8.30 – 16 Uhr. Dieser urige Laden ist bis unter das Dach voll mit Geschenkartikeln, Andenken und den witzigsten Gegenständen. Hier macht das Stöbern Spaß.

Die allerschönsten Märchen der Gebrüder Grimm, Jacob und Wilhelm Grimm, 128 Seiten, ISBN 3-7607-1395-5, 16,90 €. Für Alsfeld spielt das Märchen vom Rotkäppchen eine besondere Rolle. Man sagt nämlich, dass sich die Brüder Grimm bei der Beschreibung des kleinen Mädchens von der Schwälmer Tracht mit dem roten Häubchen haben anregen lassen!

Es war einmal …

Alsfelder Märchenhaus, Gudrun Grünberg, Sackgasse 2, 36304 Alsfeld. ✆ 06631/9110-234, Fax 9110-244. www.tca-alsfeld.de. tca@alsfeld.de. **Bahn/Bus:** ↗ Alsfeld, vom Marktplatz über Rittergasse. **Zeiten:** Offenes Erzählen Mo und Mi, jeden 1. Sa und 2. So im Monat 15 – 17 Uhr, außerdem Mi 10 – 12 Uhr. **Preise:** 3 €; Kinder bis 16 Jahre 2 €, Kindergeburtstag 39 €; Kindergärten und Schulklassen bis 25 Pers 39 €, Erw bis 25 Pers inklusive Märchenerzählung 65 €, jede weitere Person 1 €. **Infos:** Termine für Gruppen und Geburtstage beim Tourist-Center (TCA) anmelden.

▶ Die Geschichten von Rotkäppchen oder Schneewittchen kennt ihr sicher. Aber lasst sie euch doch einmal von einer echten, ausgebildeten Märchenerzählerin erzählen! Im Alsfelder Märchenhaus nimmt euch *Gudrun Grünberg* mit auf eine Reise in die Welt der Märchen. Wenn ihr mit einer Gruppe kommt, erfahrt ihr zuerst etwas über die *Gebrüder Grimm* und lauscht anschließend einem ihrer Märchen. Danach geht es darum, wer die meisten Symbole kennt und die passenden Märchen dazu errät. Nach der Besichtigung des Märchenhauses mit seinen vielen Puppen und Puppenstuben, Bildern und anderen märchenhaften Ausstellungsstücken schaut ihr euch noch ein tolles Stehpuppenspiel an. Und ganz am Ende öffnet Frau Grünberg die geheimnisvolle Schatzkiste für euch. Vielleicht dürft ihr euch ja ein Andenken mit nach Hause nehmen?

Kinocenter Alsfeld

Marburger Straße 11, 36304 Alsfeld. ✆ 06631/2259, Fax 74526. www.kinocenter-alsfeld.de. info@kinocenter-alsfeld.de. **Zeiten:** Vorstellungen täglich um 14, 14.45, 15.30, 16, 16.30, 16.45, 17.15, 17.30, 17.45, 19, 19.30, 19.45, 20, 20.45, 22.15, 22.45 Uhr in 3 Sälen. **Preise:** 3 – 6 €; Di Kinotag.

▶ Aktuelles Kinoprogramm sowie Kinder- und Jugendfilme. Seit 2011 auch in 3D möglich.

MITTLERES FULDATAL

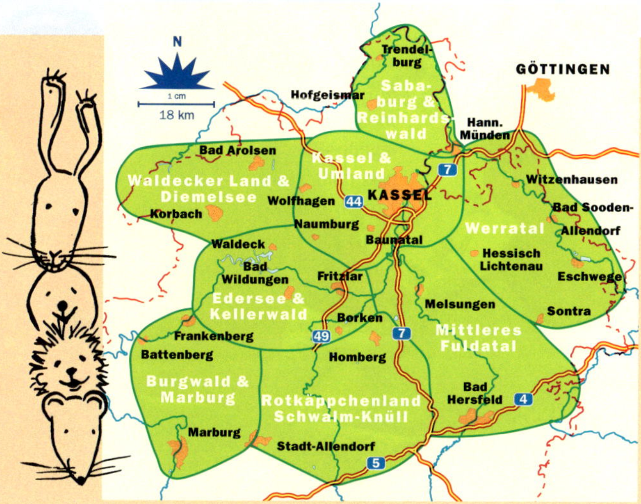

Waldschwimmbad, Dreuxallee 35, 34212 Melsungen. ✆ 05661/926190, www.melsungen.de. Anfahrt ↗ Schwimmbad. Juni – Mitte Sep 8 – 20 Uhr; Mai Di – Do 8 – 19.30, Fr – Mo 9 – 19.30 Uhr. 3,50 €; Kinder ab 6 Jahre 2 €; Familienkarte 8 €. 50-m-Sportbecken, Sprungbecken mit 1- und 3-m-Brett. Nichtschwimmerbecken mit 65-m-Rutsche, Spielgeräten und Luftsprudelliegen, Baby-Pool. Liegewiesen, Beachvolleyball-Feld und Minigolfplatz.

Erste Übung: Mitten auf den Blubber springen

© pmv, Foto: Annette Friauf

saust ihr eine große, spindelförmige, 2-geschossige Wasserrutsche herunter. Wer schwimmen kann, steigt ins 25-m-Sportbecken mit 6 Bahnen. Abwechslung bieten Bodenbrodler, Whirlliege und Wasserspeier. Im Strömungskanal könnt ihr euch nach außen treiben lassen. Dort gibt es einen Wasserfall.

Nass wie die Biber

Erlebnisbad Biberbad Bebra, Annastraße 17, 36179 Bebra. ✆ 06622/44173, www.stadtwerke-bebra.de. service@stadtwerke-bebra.de. **Bahn/Bus:** Bhf Bebra. **Auto:** ↗ Bebra. **Rad:** R1. **Zeiten:** Mitte April – Mitte Sep 9 – 20 Uhr. **Preise:** 2,10 €; Kinder 6 – 17 Jahre 1,20 €.

▶ Sonnenenergie wärmt das Wasser im 50-m-Becken des Freibades in der Bebraer Kernstadt. Für Badespaß stehen eine Sprunganlage, ein Kleinkinder- und ein Planschbecken zur Verfügung. Es gibt ein Beachvolleyballfeld und ein Sportstudio im Umkleidegebäude. Ein Kiosk bietet Pommes und Co.

Badespaß mit Riesenrutsche

Badepark Ronshausen, Am Sportplatz, 36217 Ronshausen. ✆ 06622/923119, Fax 923120. www.ronshausen-touristik.de. badepark@ronshausen.de. **Bahn/Bus:** Bhf Ronshausen, Bus 310 bis Sportplatz. **Auto:** ↗ Ronshausen, Schildern zum Sportplatz folgen. **Zeiten:** Jun – Aug 9 – 20 Uhr, Sa, So sowie Mai und Sep 9 – 19 Uhr. **Preise:** 3,20 €; Kinder 4 – 13 Jahre 1,80 €, Jugendliche 14 – 17 Jahre 2,50 €.

▶ Ihr seht sie schon von weitem: wie eine gebogene silberne Röhre beherrscht die 52 m lange Wasserrutsche den Badepark Ronshausen. Rund um das Freibad ist alles großzügig in Hanglage gebaut. Auf euch warten 450 qm Spaß- und Erlebnisbecken sowie 250 qm Schwimmfläche. Strömungskanal, Schwallwasserduschen und ein Wasserpilz halten das Nass in Bewegung. Zum Faulsein gibt es Liegebuchten und eine Wassersitzbank. Für die Kleinen stehen Planschbecken, Mini-Rutsche und ein Schiffchenkanal bereit. Zum Badepark gehören außerdem Anlagen für Minigolf, Volleyball, Boccia und Tischtennis. Die Cafeteria hat eine schöne Aussichtsterrasse.

Im Winter ins warme Becken

Aqua Fit Sport- und Familienbad, Kolpingstraße 6, 36251 Bad Hersfeld. ✆ 06621/76496, www.baederhef.de. info@stadtwerke-hef.de. **Bahn/Bus:** Bhf Bad Hersfeld, Stadtbus 3 bis Hallenbad. **Auto:** ↗ Bad Hersfeld B62 Richtung Bad Salzungen, Schildern folgen. **Rad:** R1. **Zeiten:** Sep – April Mo 14 – 21, Di – Sa 7.30 – 21, So, Fei 9 – 20 Uhr. **Preise:** 4 Std 5 €; Kinder 6 – 15 Jahre 5 Std 2,50 €, Jugendliche ab 16 Jahre 5 €; Familienkarte 11 €.

▶ Eine Wasser speiende Schildkröte zeigt den Kleinsten, wo sie planschen können. Für größere Kinder gibt es ein 1,20 m tiefes Erlebnisbecken mit Wasserpilz, Schwalldusche, Sprudelliege, Bodenblubber sowie verschiedenen Massagedüsen. Im 33 Grad temperierten Warmbecken kann bei Farblichtstimulation besonders gut entspannt werden. Liegestühle und Palmen verbreiten auch an kalten Wintertagen Urlaubsatmosphäre. Ausdauer- und Vereinsschwimmer nutzen das 25-m-Sportbecken. Nicht versäumen solltet ihr die Riesenrutsche. Sie ist 90 m lang und bietet mit zahlreichen Kurven Nervenkitzel. Das Aqua Fit Sport- und Familienbad ist barrierefrei gebaut. Ein spezieller Beckenlift hilft Rollstuhlfahrern und Gehbehinderten in die Schwimmbecken. Eine Sauna gibt es auch.

Hunger & Durst

Tiki-Bistro, Bad Hersfeld. 10 – 19 Uhr. Süßes und Salziges mit Blick durchs Panoramafenster aufs Schwimmbad.

Breitenbacher Seen

Hersfelder Straße, 36179 Bebra. ✆ 06622/501-100, Fax -200. www.bebra.de. hauptundpersonalamt@bebra.de. **Bahn/Bus:** Bhf Bebra, Bus 311 bis Breitenbach Mitte. **Auto:** ↗ Bebra B27 Richtung Bad Hersfeld, vor Breitenbach am Ortseingang rechts ab den Schildern folgen. **Rad:** R1.

schwimmenden Kunststoffelementen gebaut. Zugegeben, es geht nicht ganz so abenteuerlich zu wie in den alten Filmen: ihr sitzt sicher und bequem auf Bänken. Eine Markise bietet bei jedem Wetter Schutz. Aber immerhin schwimmen die Nixen durch Wasserkraft, nur an wenigen Stellen muss ein Motor helfen. Jedes Floß wird von 2 erfahrenen Flößern gesteuert. Start für die 20 km lange Tour ist Morschen. Die Veranstalter bringen euch von *Melsungen* zur Ablegestelle. Dann heißt es: aufs Floß und Leinen los. Nach etwa 2 Stunden erreicht ihr zur Mittagsrast *Beiseförth.* Weiter geht es über Malsfeld nach Melsungen. Gruppen können verschiedene Kombinationen wählen, etwa mit Besuch des *Klosters Haydau* in Altmorschen, des *Korbmachermuseums* in Beiseförth oder der *Brauerei* in Malsfeld.

Floßfahrt auf dem Fuldaböckchen

Göbels Hotel Rodenberg und Posthotel, 36199 Rotenburg-Lispenhausen. ✆ 06623/881100, Fax 888410. www.goebels-rodenberg.de. info@goebels-rodenberg.de. **Bahn/Bus:** Bhf Rotenburg. **Auto:** ↗ Rotenburg, Richtung Bebra bis Lispenhausen, dort Schildern zum Einstieg folgen. **Rad:** R1, R5. **Zeiten:** April – Okt So 11, Mi 15.30 Uhr, in den hessischen Sommerferien zusätzliche Fahrten. **Preise:** 7 €; Kinder ab 13 Jahre 7 €.

Am städtischen Campingplatz kann man auch Ruder- und Tretboote mieten.

▶ Das nostalgische Strandbad mit seinen leuchtend türkisblauen Holzgebäuden von 1930 gehört heute zum städtischen Campingplatz. Vor dieser Kulisse ankert das Fuldaböckchen. Offizieller Start und Einstieg für die Floßfahrt ist allerdings meist am *Storchensee* im Stadtteil Lispenhausen. Größere Gruppen chauffiert der Flößer vom Göbels Hotel dorthin. Früher wurde auf der Fulda gewerblich geflößt. Heute macht man sich einen Spaß draus, auf geradem Holzboden langsam über den Fluss zu gleiten. Die Fahrt dauert ungefähr 1 Stunde. Mit geschultem Auge und etwas Glück könnt ihr sogar Eisvögel sehen. Das Fuldaböckchen verbreitet mit Sonnendach, Bambus und künstlichen Palmen Südsee-Gefühl. Das Floß nimmt maximal 47 Menschen auf.

Radelnd & wandernd ins Märchen

FRISCHE LUFT UND SPORT

In der Radseilbahn über die Fulda schweben

Fulda-Radweg, 36199 Rotenburg. ✆ 06623/5555, Fax 933153. www.rotenburg.de. tourist-info@rotenburg.de. **Länge:** ca. 30 km. **Bahn/Bus:** Bhf Rotenburg. **Auto:** ➚ Rotenburg. **Rad:** R1, R5. **Zeiten:** Radseilbahn April – Okt bei Tageslicht. **Infos:** Kombination Rad- und Kanutour: www.german-quest.de, ✆ 0172/2829027.

▶ Der **Fulda-Radweg** verläuft auf ganzer Strecke von der Wasserkuppe in der Rhön bis Hann. Münden, wo sich die Fulda mit der Werra zur Weser vereint. Das sind ungefähr 200 km. Der Radweg ist fast durchgängig asphaltiert, teilweise führt er über verkehrsarme Landstraßen, nur selten über Schotterwege. Eine besonders schöne Etappe, die für größere Kinder zu schaffen ist, verbindet die Fachwerkstädte *Rotenburg* und *Melsungen.* Die Strecke ist etwa 30 km lang und führt durch grüne Auenlandschaft und idyllische Dörfer. Start ist die Altstadt von Rotenburg. Nach etwa zwei Drittel der Strecke, zwischen *Morschen-Binsförth* und *Malsfeld-Beiseförth,* macht die Fulda eine Schleife. Dort könnt ihr in einer **Radseilbahn** die hier 40 m breite Fulda überqueren. Es ist die erste handbetriebene Gondel dieser Art in Deutschland. Max 4 Personen dürfen mitsamt Rädern hinein, 2 müssen kurbeln. Die Kraft wird auf ein Zahnrad übertragen. Dann heißt es festhalten und nicht hinauslehnen. Am anderen

Der Fulda-Radweg heißt auch **Hessischer Fernradweg R1.** Die Abkürzung und ein grünes Fahrrad bilden zusammen den Wegweiser.

Ist doch klar: Immer mit Helm radeln, die Großen auch

© pmv, Foto: Kirsten Wagner

Ufer geht es weiter bis Melsungen. Zurück fahrt ihr mit der Bahn oder ihr kombiniert den Ausflug mit einer Kanu-Tour.

Die Natur als Kunstgalerie

Ars Natura – Kunst am Wanderweg, 34286 Spangenberg. ✆ 05663/509040, 509041, Fax 509043. www.ars-natura-stiftung.de. info@ars-natura-stiftung.de. **Bahn/Bus:** NVV Bahn über Kassel-Melsungen oder Kassel-Hessisch Lichtenau, Bus 440. **Auto:** ➚ Melsungen, B487 bis Spangenberg. **Zeiten:** nach Absprache.

*Auf dem schönen Marktplatz von **Spangenberg** seht ihr das Denkmal von Kuno und Else – einem sagenhaften Liebespaar.*

▶ **Spangenberg** ist die Heimat von Ars Natura. Die Idee ist, Kunstwerke aus Holz und anderen ökologischen Materialien in der freien Natur aufzustellen. Die Skulpturen säumen Wanderwege, vor allem die Fernrouten *Barbarossaweg* und *Wildbahn.* Das 2001 gestartete Projekt zieht sich kilometerweit durch ganz Nordhessen. Regional, national und international tätige Künstler sowie Schulklassen haben bei Ars Natura mitgewirkt. Die Objekte tragen so originelle Namen wie *Maistrommeln für Tiere* und *Menschen oder Wassergeflüster.* Einen Eindruck von der Natur als Galerie bekommt ihr auf geführten Wanderungen. Start ist jeweils in der Altstadt von Spangenberg. Bis Wickersrode etwa, einem Stadtteil von Hessisch-Lichtenau, stehen Skulpturen dicht an dicht. Die Strecke misst ungefähr 7 km, die Führung dauert 3 Stunden. Manchmal werden die Wanderungen auch mit Planwagenfahrten verbunden.

Zum Wahrzeichen Alheims

Alheimerturm, 36211 Alheim. ✆ 06623/92000, Fax 920040. www.alheim.de. gemeinde@alheim.de. **Länge:** 3 km. **Bahn/Bus:** Bhf Alheim-Heinebach. **Auto:** ➚ Rotenburg B83 Richtung Alheim, nach 2 km rechts ab den Schildern folgen. **Rad:** R1, R5.

▶ Der **Alheimerturm** ist ein klassisches Ausflugsziel. Jedes Kind aus der Region kennt ihn vom Schulwandertag. Warum solltet ihr die 111 Stufen hinauf steigen? Wegen der fantastischen Aussicht bis zur *Rhön* und zum *Meißner.* Vom Parkplatz am Ausflugslokal **Alheimerhütte** aus, sind es etwa 1,5 km zu Fuß bis zum Turm. Er steht auf einem 549 m hohen Berg. Der Waldweg steigt stetig an, entwurzelte Bäume liegen am Hang. Ein Verein hat den 21 m hohen Turm 1930 erbaut. Daneben befindet sich ein Mahnmal für die Opfer der beiden Weltkriege aus dem Altkreis Rotenburg. Wanderer kommen aus unterschiedlichen Richtungen am Alheimerturm vorbei. Deshalb gibt es in der Hütte neben vielfältigen Speisen und Getränken auch Karten und Stocknägel.

Hunger & Durst

Alheimerhütte, Alheim. ✆ 06623/5895. www.alheimerhuette.de. Sa ab 12.30, So, Fei ab 10 Uhr, Mai – Okt auch Fr ab 12.30 Uhr. Die gemütliche Waldgaststätte am Fuße des Alheimerberges bietet Hausmannskost und Schmandkuchen.

Geocaching auf dem Erlebnispfad Steinbachtal

Erlebnispfad Steinbachtal, Am Ronshäuser See, 36217 Ronshausen. ✆ 06622/923119, Fax 923120. www.ronshausen-touristik.de. touristik@ronshausen.de. **Länge:** hin und zurück 7 km, kinderwagen- und fahrradtauglich. **Auto:** ↗ Ronshausen Richtung A4 bis Abzweig Machtlos, an der Kreuzung Ronshäuser See mit Wanderparkplatz. **Rad:** R15. **Infos:** GPS-Daten www.geocaching.com unter Ronshausen.

▶ Am lauschigen Ronshäuser See startet dieser Erlebnispfad, der nach etwa 3,5 km am Erholungsort *Machtlos* endet. Unterwegs könnt ihr an 13 Stationen sportlich aktiv sein und die Natur im Steinbachtal mit allen Sinnen genießen. Der Bach murmelt, Pilze, Moose und Farne säumen den Weg. Dann tauchen die ersten Trimm-Geräte auf. Ihr erreicht den Wackelsteg und wenig später den Kletterbock. An der Rinaldoeiche gibt es einen Rastplatz

Wo geht's lang: Am Eingang vom Erlebnispfad Steinbachtal könnt ihr euch anhand einer Karte orientieren

© Verkehrsamt Ronhausen

Hunger & Durst

Waldgasthof Immensee, Am Ronshäuser See 1, Ronshausen. ✆ 06678/215. Di – So 11.30 – 22 Uhr. Hausgemachter Kuchen und Spezialitäten aus der Region.

und eine Schutzhütte. Dort steht der Reifenschwingturm. Nach etwa 2,5 km kommt ihr an einen Fischteich. Weitere Wippen, Stege und Leitern markieren die Etappen bis zum Ferienpark Machtlos.
Spannender wird es, wenn ihr die Wanderung durchs Steinbachtal mit **Geocaching** verbindet. GPS-Geräte mit den gespeicherten Koordinaten der versteckten Schätze sind gegen Gebühr im Verkehrsamt Ronshausen auszuleihen. Bei der Spielfolge müsst ihr Verschlüsselungen sowie Rechenaufgaben lösen.

Mit GPS den Froschkönig suchen

Märchen-Erlebnisweg, Bellersberg 11, 36217 Ronshausen-Machtlos. ✆ 06622/923119, Fax 923120. www.ronshausen-touristik.de. touristik@ronshausen.de. **Länge:** 3,5 km, kinderwagentauglich. **Auto:** ↗ Ronshausen Richtung A4 bis Abzweig Machtlos, 5 km bis Ferienpark. **Infos:** ↗ Ferienadressen, GPS-Geräte ausleihbar bei Ferienpark-Verwaltung Machtlos, Bellersberg 11, ✆ 06678/712.

▶ Der Ort Machtlos hat einen etwas traurigen Namen, liegt aber märchenhaft hinterm Hügel inmitten von Wald und Wiesen. Familien machen hier gern Urlaub, denn es gibt einen Ferienpark mit 164 Häusern und vielen Freizeitangeboten. Eines davon ist der **Märchen-Erlebnisweg,** den ihr entweder einfach so oder als **Geocaching-Strecke** laufen könnt. Auf dieser 3,5 km langen Rundroute genießt ihr das Dorf mit seinen Fachwerkhäusern, den Ferienpark und die Aussichten rund um Machtlos. Zwischendurch begegnen euch Grimms Märchenfiguren wie *Rapunzel, Aschenputtel, Hänsel und Gretel* oder der *Froschkönig.* Sie sind in Holz geschnitzt. Die erste von 9 Stationen findet ihr am Wanderparkplatz des Ferienparks. Leiht euch einfach in der Ferienpark-Verwaltung Machtlos GPS-Geräte und los geht es. Ihr erhaltet Inhaltsangaben der Märchen und müsst Fragen beantworten und so die jeweiligen Koordinaten zur nächsten Station einstellen.

Geocaching wurde im Jahr 2000 in den USA erfunden. Dave Ulmer vergrub in Portland einen schwarzen Plastikeimer mit Schätzen drin und veröffentlichte die Koordinaten des Verstecks im Internet. Am nächsten Tag wurde sein Versteck mittels GPS entdeckt.

Spielen und toben

Summen und spielen

Jahnpark, Homberger Straße, 36251 Bad Hersfeld. ✆ 06621/201-274, Fax 201-244. www.bad-hersfeld.de. touristikinfo@bad-hersfeld.de. **Bahn/Bus:** Bhf Bad Hersfeld, Bus 370 bis Freibad. **Auto:** ➚ Bad Hersfeld B324 Richtung A7, links ab zum Schwimmbad. **Rad:** R1. **Zeiten:** Mo – Fr 8 – 22, Sa, So, Fei 10 – 22 Uhr. **Preise:** Minigolf 1 €.

▶ Das **Freizeitzentrum Jahnpark** am *Geisbach* ist kein gewöhnlicher Sportplatz. Offen und naturbezogen gestaltet, bietet er neben den klassischen Ballspielfeldern jede Menge Überraschungen. Etwa das *Summloch.* Ihr atmet tief ein, steckt dann den Kopf in den ausgehöhlten Stein und atmet summend langsam aus. Hört ihr wie merkwürdig eure Stimme klingt? Spürt ihr das Vibrieren bis in die Fußsohlen? An anderen Spielstationen könnt ihr die Sinne neu wahrnehmen: mit dem Dreizeitenpendel, dem Windrad oder der Königinnenschaukel.

Auf der Mittelmeerinsel Malta haben Menschen seit Urzeiten in unterirdischen Höhlen gesummt. Die Tradition ist dem Tanzen und Trommeln ähnlich.

Im Jahnpark kommen Kletterer, Skater und Boulespieler auf ihre Kosten. Es gibt Spielfelder mit weichem Tartanbelag – für Street-Basketball, Hand- und Fußball. Sportgeräte können beim Platzwart ausgeliehen werden. Ein großer **Kinderspielplatz** lädt zum Toben ein. Er ist teilweise überdacht. Eine Asphaltfläche mit Rollhockey und Inliner wird im Winter zur Eisbahn geflutet.

Mit Sprache spielen

Wissens- und Erlebniswelt Wortreich, Benno-Schilde-Platz 1, 36251 Bad Hersfeld. ✆ 06621/201500, Fax 7950921. www.wortreich-badhersfeld.de. info@wortreich-badhersfeld.de. **Bahn/Bus:** Bhf Bad Hersfeld, zu Fuß über Bhf- und Friedloser Straße, ca. 400 m bis Wortreich. **Auto:** ➚ Bad Hersfeld, B324 Richtung Bhf, links ab Seilerweg nach ca. 300 m geradeaus auf Schildegelände bis Parkhaus. **Rad:** R1. **Zeiten:** Mo – Fr 9 –

Teekessel im Quadrat ist ein Spiel aus der Serie Bildschöne Wortspiele. Mit den kreativen Bildkarten müsst ihr neue Worte und Sinnverknüpfungen finden. www.biwo-spiele.de.

Überall gibt's was zu klappen und zu tun: Im Wortreich-Haus werden alle Altersgruppen angesprochen

18, Sa, So, Fei 10 – 19 Uhr. **Preise:** 9,50 €; Kinder ab 6 Jahre 6,50 €; Familienkarte 28 €.

▶ Habt ihr schon mal Wortball gespielt? Dabei werft ihr Bällchen mit Buchstaben in Basketballkörbe. Wer sein Wort zuerst komplett hat, gewinnt. In der Wissens- und Erlebniswelt Wortreich werden Sprache und Spiel auf viele Weise kombiniert. Das Mitmach-Museum zieht seit Oktober 2011 Besucher jeder Generation an. Es wurde auf einem ehemaligen Maschinenbaugelände auf 1200 qm mit zahlreichen kreativen Ideen eingerichtet. Ihr könnt an 90 Stationen die vielen Seiten von Sprache und Kommunikation kennen lernen. Ratet mal auf der Dialekt-Landkarte, aus welcher Ecke Deutschlands die Sprecher jeweils kommen. Lustig ist die Vorwärts-Rückwärts-Sprechmaschine. Ihr erfahrt allerhand über Körper- und Gebärdensprache. Im Wortreich geht es auch darum, wie Tiere sich verständigen. Das könnt ihr anhand von Gerüchen und Signalen nachvollziehen. Für die

Hunger & Durst

Konrads, Benno-Schilde-Platz 1, Bad Hersfeld. www.wortreich-bad-hersfeld.de. Öffnungszeiten wie Museum. Täglich wechselnde Gerichte aus frischen und regionalen Produkten, auch vegetarische und kindergerechte Speisen.

Gar nicht so einfach: Moderator sein, mit der Stimme spielen

Medienfans unter euch gibt es auch etliche technische Stationen. Durch die Ausstellung führen euch die Konrads: *Konrad Duden* führte die deutsche Rechtschreibung ein, *Konrad Zuse* war Computerpionier. Beide wirkten in Bad Hersfeld.

Mit dem Biber toben

Biberino Spielpark, Breitenbacher Weg 5, 36179 Bebra. ✆ 06622/43280, Fax 43176. www.biberino.de. info@biberino.de. **Bahn/Bus:** Bhf Bebra, Bus 310 bis Berufliche Schulen. **Auto:** ↗ Bebra. **Rad:** R1. **Zeiten:** Mi – Fr 14 – 19, Sa, So, Fei 10.30 – 19 Uhr, hessische Schulferien 10.30 – 19 Uhr. **Preise:** 2,90 €; Kinder 1 – 2 Jahre 2,90 €, ab 3 Jahre 5,90 €; Familienkarte 16,50 €.

▶ Ein jonglierender Biber lädt zum Springen, Hüpfen, Rutschen und Krabbeln unter Dach ein. Der Biberino Spielpark bietet auf 2000 qm jede Menge Platz zum Toben. Ihr könnt über Wellen- und Spiralenrutschen sausen oder den 5 m hohen Spielturm erklimmen. Trampoline wirbeln euch durch die Luft. Es gibt Ballkanonen, Tretfahrzeuge und Boxenstops mit Elektrokarts. Auf der Lego Baustelle entstehen einzigartige Gebäude. Spezielle Fußball- und Basketballfelder gehören ebenso zum Spielpark wie der Drache *Dragolino,* dem man nicht nur ins Maul schauen kann.

Happy Birthday!
Es gibt 3 Angebote. Der Preis von 7,50 € pro Kind beinhaltet Einladungen zum Herunterladen, Eintritt, gedeckten Geburtstagstisch, Überraschung fürs Geburtstagskind und ein Getränk. Für 8,50 € gibt es eine kleine Portion Pommes dazu. Für 10,50 € ist ein Kinder-Menü inklusive.

Wabbelberg und Kinderschminken

Indoor-Spielepark Koala Kids World, Heinz-Meise-Straße 98, 36199 Rotenburg. ✆ 06623/881100, Fax 888410. www.goebels-rodenberg.de. info@goebels-rodenberg.de. **Bahn/Bus:** Bhf Rotenburg, Bus 303 bis Rodenberg. **Auto:** ↗ Rotenburg, aus Richtung Bebra von B83 rechts ab den Berg hoch, Schildern zu Göbels Hotel Rodenberg folgen. **Rad:** R1, R5. **Zeiten:** Mo – Fr 14 – 19, Sa, So, Fei 10.30 – 19 Uhr, hessische Schulferien 11 – 19 Uhr. **Preise:** 2,80 €; Kinder 1 – 3 Jahre 3,50 €, ab 4 Jahre 5,50 €, Hotelgäste frei; Di Familientag, Preise um 1 € ermäßigt.

Happy Birthday!
Partys sind ab 5 Kinder buchbar. Dekorierter Geburtstagstisch, ein Getränk pro Kind und Überraschung fürs Geburtstagskind 5,90 € pro Kind. Plus Pommes mit Wurst oder Spaghetti 7,90 €, plus Kegelbahn und Eis 8,90 € pro Kind, Muffins auf Anfrage.

▶ Die Koala Kids World ist in einem großen Hotel untergebracht, aber jede Familie kann die bunte Spielewelt besuchen. Hier könnt ihr bei jedem Wetter toben, spielen, rutschen, klettern und so laut sein, wie es euch gefällt. Vorhanden sind Spieleturm, Trampolin, Kletterwand, Wabbelberg und Mini-Kartbahn. Für die Kleinsten gibt es einen Extra-Spielbereich. Ihr solltet Rutschsocken nicht vergessen. Je nach Jahreszeit bietet der Spielpark Kinderschminken, Basteln, Eier suchen, Karneval, Halloween, Nikolaustag, Kinderanimationstage, Shows und Ferienprogramm. Für den kleinen Hunger zwischendurch ist das *Urwaldbistro* geöffnet. Picknick mit eigenen Speisen ist nicht gestattet.

UMWELT ERFORSCHEN

Tierpark und Lehrpfade

Alpakas streicheln

Alpakapark Waldhessen, Frank Hollstein und Liane Ursprung-Hollstein, Rosweg 5, 36179 Bebra-Asmushausen. ✆ 06622/9150790, Fax 918391. www.alpakapark-waldhessen.de. info@alpakapark-waldhessen.de. **Bahn/Bus:** Bhf Bebra, Bus 250 bis Asmushausen-Süd. **Auto:** ➚ Bebra Richtung Eschwege bis Asmushausen. **Zeiten:** nach Absprache. **Preise:** 2,50 €, Spaziergang mit 3 – 5 Tieren ca. 1 Std für kleine Gruppen 30 €; Kinder bis 14 Jahre frei. **Infos:** hauptundpersonalamt@bebra.de.

Happy Birthday!
Der Alpakapark bietet Kindergeburtstage für bis zu 10 Kinder an. Das Programm kann individuell gestaltet werden, für 3 Std 55 €.

▶ Familie Hollstein hat einen Bauernhof mit Schweinen, Pferden, Hühnern, Katzen und einem Hund. Seit ein paar Jahren halten sie auch Alpakas. Die flauschigen Wesen gehören zur selben Familie wie

© pmv

Schussel-Alpaka: Wo hab ich meinen Kamm denn bloß wieder hingelegt?

Lamas. Bei einem Besuch auf dem Hof dürft ihr sie kennen lernen, streicheln und Spaziergänge mit ihnen unternehmen. Die Stuten kommen aus Chile in Südamerika, Fohlen sind bereits in Asmushausen geboren. Die Tiere genießen den täglichen Auslauf, nicht nur auf der Weide. Sie lieben auch Schlammlöcher und Wasserpfützen. Alpakas liefern kostbare Wolle, die besonders schön warm hält. In speziellen Kursen ist zu sehen, wie sie geschoren werden.

Tiere, Märchen und Indianer

Tierpark Rose, Dirk und Sabine Rose, Eichwiesen 2, 34212 Melsungen-Röhrenfurth. ✆ 05661/4331, www.tierpark-rose.de. **Bahn/Bus:** Bhf Melsungen, R5, RT 5 bis Bhf Melsungen-Röhrenfurth. **Auto:** ↗ Melsungen B83 Richtung Körle bis Röhrenfurth. **Rad:** R1. **Zeiten:** ganzjährig ab 10 Uhr bis zur Dämmerung. **Preise:** Tierpark 3 €, Wigwam pro Tag (9 – 19 Uhr) sowie Märchenplatz jeweils 30 €; Kinder Tierpark 2 €.

▶ In diesem privat betriebenen Kleintier- und Streichelzoo könnt ihr Ziegen füttern, Waschbären beobachten und ein Emu kennen lernen. Mit seinen Indianerzelten, einem Fort und Planwagen verbreitet der Tierpark Westerngefühl. Die Wigwams könnt ihr für einen ganzen Tag und eine Nacht mieten. Für die Verpflegung sorgt ihr entweder selbst oder bestellt sie in der Gaststätte des Tierparks. Eine besondere Kulisse für Geburtstage und andere Feiern ist der Märchenplatz. Auf Wunsch kommt eine Märchenerzählerin und entführt euch in eine fantastische Geschichte. Der Tierpark organisiert auch Ponyreiten und Kutschfahrten.

Happy Birthday!
Der Märchenplatz kostet 30 € pro Tag. Speisen könnt ihr mitbringen oder in der Gaststätte bestellen.

Wo die Grimms am Brunnen saßen

Naturerlebnispfad und Friedrichshütte, 36179 Bebra. ✆ 06622/501-100, Fax 501-200. www.bebra.de. hauptundpersonalamt@bebra.de. **Bahn/Bus:** Bhf Bebra. **Auto:** ↗ A4 Ausfahrt 32, B27 in Richtung Bebra, Abzweig Ronshausen, Abzweig Iba. **Rad:** R1.

Hunger & Durst

Friedrichshütte, Friedrichshütte 1, Bebra-Iba. ✆ 06622/7302. www.friedrichshuette-iba.de. Mi, Do 14 – 22, Fr, Sa 13 – 23, So 10.30 – 22 Uhr. Rustikale Gerichte wie Schnitzel, Haxe, aber auch Bockwurst, Strammer Max und Salate.

Minigolf, Im Park am Landgrafenschloss, Mitte April – Okt Di – Fr 14 – 19, Sa, So, Fei 11 – 19 Uhr. Erw 2 €, bis 18 Jahre 1 €.

▶ Im Bebraer Stadtteil Iba startet ein 11 km langer **Naturerlebnisweg** mit vielen Stationen. Ihr könnt an einer Duftorgel riechen, einen Baumstamm als Waldtelefon nutzen und mit dem Horchrohr den Klängen der Natur lauschen. Wer den Weg nicht vollständig laufen möchte, folgt im **Ausflugslokal Friedrichshütte** den Spuren der Grimms. Hier wurde früher Kupfer geschmolzen. Der Hüttenleiter war ein Schwager Wilhelm Grimms. 1837 bot er den in Göttingen politisch aktiven Brüdern Asyl an. Es wird erzählt, dass sie häufig am alten Sandsteinbrunnen der Friedrichshütte gesessen haben. Die Umgebung soll sie zu dem Märchen »Die klugen Leute« angeregt haben. Die Friedrichshütte blickt auf eine mehr als 275 Jahre alte Geschichte zurück. Landgraf *Friedrich I.* hatte sie gegründet.

Auf Reptilienfährten durch die Dünen

Kreisheimatmuseum Rotenburg an der Fulda, Äußerer Schlosshof, 36199 Rotenburg. ✆ 06623/81779, 914696, www.kreisheimatmuseum-rotenburg.de. tourist-info@rotenburg.de. **Bahn/Bus:** Bhf Rotenburg. **Auto:** ↗ Rotenburg. **Rad:** R1, R5. **Zeiten:** Mi, Fr, So 14 – 17 Uhr, Führungen nach Absprache. **Preise:** 1 €; Kinder 0,50 €.

Täuschend gut gemacht: Turmfalken und andere Tiere sind in ihrer Umgebung nachgebildet

© Kreisheimatmuseum Rotenburg an der Fulda

▶ Im Weißen Haus des Landgrafenschlosses ist für euch vor allem die erdgeschichtliche Abteilung im Erdgeschoss interessant. Dort werden nämlich alte Reptilienfährten in einem Dünenpanorama dargestellt. In der naturkundlichen Abteilung im Dachgeschoss, extra für junge Besucher neu gestaltet, vermitteln euch lebensecht präparierte Vögel und Fische einen Eindruck vom Lebensraum der Fuldaauen. In einem Dachgiebel wohnen Steinmarder, Wanderratte und Hornissen. Wie überwintern Tiere? Beim Blick in verschneite Vitrinen erfahrt ihr mehr. Mit

Werkzeugen und Mikroskopen könnt ihr naturwissenschaftlich tätig werden.
Außerdem widmet sich das Kreisheimatmuseum dem kleinstädtischen Handwerk und der Volkskunde der Region. Seht ihr die Rotenburger Schreckköpfe? Sie schauten von den Eckbalken der Fachwerkhäuser und sollten böse Geister vertreiben.

Im Fuldatal wurden Reste von eiszeitlichen Tieren gefunden. Die im Kreisheimatmuseum gezeigten Zähne stammen von einem Höhlenbär.

Mit Solzi am Bach entlang

Kinderweg Solztal, Sölzerhöfe, 36251 Bad Hersfeld-Sorga. ✆ 06621/201-274, Fax 201-244. www.bad-hersfeld.de. touristikinfo@bad-hersfeld.de. **Länge:** 2 km. **Bahn/Bus:** Bhf Bad Hersfeld, Bus 330 bis Sorga Lindenallee. **Auto:** ➚ Bad Hersfeld B62 Richtung Bad Salzungen bis Sorga, links ab Richtung Kathus bis Parkplatz am Ende der Straße Sölzerhöfe. **Rad:** R1.

▶ Das Maskottchen *Solzi,* ein Wassertropfen, leitet euch durch den **Rundweg** zwischen den Bad Hersfelder Stadtteilen Sorga und Kathus. Grundschulkinder lieferten die Ideen zu diesem Familienspaziergang mit Spielstationen und Informationstafeln zu Naturthemen. Alle 100 m gibt es etwas Neues zu entdecken. Am Start hinter dem Parkplatz am Ende der Straße Sölzerhöfe (kein Bauernhof!) steht ein Insektenhotel. Ihr erreicht einen **Kletterparcours** in den Bäumen und überquert eine Furt über den Solzbach. Auf einer mobilen Baustelle könnt ihr mit Ästen und Zweigen hantieren. Und zwischendurch hört ihr es quaken – oder doch summen?

Bahnen und Burgen

Haltestelle Wasserturm

Eisenbahnmuseum Bebra, Am Wasserturm, 36179 Bebra. ✆ 06622/7964, www.ef-bebra.de. ef-bebra@web.de. **Bahn/Bus:** Bhf Bebra. **Auto:** ➚ Bebra, ab Bahnhof über Oststraße bis Wasserturm. **Rad:** R1. **Zeiten:** April – Sep jeden 1. So im Monat 10 – 17 Uhr,

Happy Birthday!
Das gut 1-stündige Programm beinhaltet eine Fahrt auf der 1,6 km langen Strecke und eine Führung durchs Eisenbahnmuseum. Für Gruppen bis 25 Pers kostet das Paket 25 €.

© pmv, Foto: Annette Friauf

Nächster Halt Bebra. Für die Weiterfahrt nach Afrika, bitte hier umsteigen

Felsberg hat den nördlichsten Weinberg Hessens. Der ***Bödiger Berg*** *gehört zum Anbaugebiet Rheingau.*

sowie nach Absprache. **Preise:** 1,50 €; Kinder ab 3 Jahren 1,50 €; Karte für drei Fahrten 3 €.

▶ Der nostalgische Wasserturm von 1910 thront oberhalb der Bahnstrecke Kassel-Eschwege. Er beherbergt das **Eisenbahnmuseum Bebra** und ist zugleich die einzige Haltestelle der Museumsbahnen *Biberblitz, Wasserturm-Express* und *Bimmelbahn.* Während der Sommerzeit laden die Eisenbahnfreunde jeweils am 1. Sonntag im Monat zu Fahrten ein. Die Schienenstrecke ist 1,6 km lang. Einsteigen könnt ihr im Viertelstundentakt. Fahrkarten werden stilecht an einem historischen Schalter ausgegeben. Auch ansonsten könnt ihr sehen, wie vor 100 Jahren der Schienenverkehr funktionierte. Bebra war schon immer Bahnknotenpunkt. Wer Deutschland von Nord nach Süd und von Ost nach West mit dem Zug durchquerte, kam mindestens einmal durch Bebra. »Was, Sie wollen noch bis Afrika? Da müssen Sie aber erst mal in Bebra umsteigen!«, heißt es in einem alten Film mit Heinz Erhardt, den eure Großeltern vielleicht noch kennen.

Von Burg zu Burg

Felsburg, Burgstraße, 34587 Felsberg. ✆ 05662/6100, www.burgverein-felsberg.de. t.schmidt@t-online.de. **Bahn/Bus:** Bhf Kassel-Wilhelmshöhe, R39, RT9, Bhf Felsberg-Gensungen, Bus 400, 442 bis Burg. **Auto:** ↗ Melsungen B253 bis Felsberg-Gensungen, über die Bahnlinie bis Felsberg. **Rad:** R10 Eder-Radweg. **Zeiten:** Felsburg April – Okt So, Fei 13 – 17 Uhr, Führungen auf Anfrage.

▶ **Felsberg** trägt den Namen Dreiburgenstadt. Die mittelalterlichen Landmarken verteilen sich über 3 Stadtteile. Die Kernstadt **Felsberg** wird von der Felsburg mit dem markanten *Butterfassturm* überragt. Sie steht auf einem 200 m hohen Basaltkegel und diente dem Grafengeschlecht *von Velisberc* als Stammsitz. Der 30-jährige Krieg hatte die Burg zwar kaum beschädigt, doch sie verfiel im Laufe der Zeit zur Ruine. Nach vielen Reparaturen ist sie heute wieder zugänglich und lädt zum Blick über das Edertal ein. Zur Dreiburgenstadt trägt **Gensungen** die *Burg Heiligenberg* bei. Ihren Bergfried könnt ihr jederzeit besichtigen. Von oben seht ihr die Nachbarinnen Felsburg und Altenburg im gleichnamigen Stadtteil. Die *Altenburg* über der Mündung der Schwalm in die Eder ist in Privatbesitz; sie öffnet nur einmal im Jahr ihr Tor für Besucher.

Drei Burgdamen: Ohne Freundinnen war das Burgleben bestimmt öde

Wie auf einer Insel

Wasserburg Friedewald, Am Schlossplatz, 36289 Friedewald. ✆ 06674/8459, www.museum-friedewald.de. mail@bernd-deiseroth.de. **Bahn/Bus:** Bhf Bad Hersfeld, Bus 330 bis Friedewald Kirche. **Auto:** ↗ A4 Ausfahrt 33 Friedewald, weiter bis Ortsmitte. **Rad:** R13 Waldhessen-Radwanderweg. **Zeiten:** März – Okt Di – So 9.30 – 17 Uhr, Burgführung nach Absprache, Heimatmuseum März – Okt Di – So 13 – 17 Uhr. **Preise:** 0,70 €, Kinder ab 6 Jahre 0,40 €, Heimatmuseum 3 bzw. 1,50 €.

▶ Mit ihren 4 massiven Ecktürmen und dem umlaufenden Graben ist die Ruine in Friedewald ein Bild von einer Wasserburg. Es macht Spaß, sie zu erkunden. Teilweise fühlt man sich wie auf einer ummauerten Insel. Im Hof ging es nicht immer so beschaulich wie heute zu. Die Burg stand an einer wichtigen Kreuzung. Hier kamen die Händler auf ihren Reisen von Nürnberg nach Bremen oder von Frankfurt nach Leipzig vorbei. Später diente die Burg den hessischen Landgrafen als Amtssitz und Jagdschloss. In großen Teilen beherbergt die Wasserburg heute ein edles Hotel. In der Vorburg ist das **Heimatmuseum** untergebracht.

um So 15 – 17 Uhr, Museum der Stadt Di – So 10 – 12 und 15 – 17 Uhr, Eintritt frei. **Infos:** Kinderführungen für max 25 Kinder können bei der Touristikinfo gebucht werden.

@ Was aktuell in der Stiftsruine gespielt wird, seht ihr auf www.bad-hersfelder-festspiele.de. Das Programm des Lullusfestes steht unter www.lullus-fest.de.

▶ Einen Stadtrundgang durch Bad Hersfeld beginnt ihr am besten an der **Stiftsruine.** Der Klosterbau ist die größte romanische Kirchenruine Europas und ein berühmter Festspielort. Seit mehr als 60 Jahren wird dort jeden Sommer unter freiem Himmel Theater gespielt. Meist ist auch ein Musicalstück für Familien dabei. Im **Park** stehen die Denkmäler von 2 Herren mit Vornamen Konrad. Der eine, *Konrad Duden,* Namensgeber des Wörterbuchs, war von 1876 bis 1905 Gymnasialdirektor in Hersfeld. Ihm ist am Neumarkt ein Museum gewidmet. Der andere, *Konrad Zuse,* hat hier den ersten programmgesteuerten Computer der Welt gebaut. Neben der Stiftsruine findet ihr in einem alten Klostergebäude das **Museum der Stadt** mit historischen Fahrzeugen und mehr. In der **Fußgängerzone** solltet ihr den *Heiligen Lullus* grüßen. Die Bischofsfigur steht auf einem Brunnen vor

Großes Feuerspektakel: Beim Lullusfest ist ganz schön was los

© dzt

dem schönen alten Rathaus. Bad Hersfeld feiert jeweils im Oktober das **Lullusfest** mit Jahrmarkt und vielen Ritualen. Zum Start des vermutlich ältesten Volksfestes Deutschlands rufen die Herschfeller: *Enner, zwoon, dräi – Bruder Lolls!*

Im Land der weißen Berge

Werra Kalibergbau Museum, Dickesstraße 1, 36266 Heringen. ✆ 06624/9194-13, Fax 9194-14. www.kalimuseum.de. info@kalimuseum.de. **Bahn/Bus:** Bhf Ronshausen, R6 bis Bhf Wildeck-Bosserode, Bus 312, 330, 331 bis Heringen, Am Anger. **Auto:** ↗ Bad Hersfeld A4 Richtung Eisenach, Ausfahrt 34 Wildeck Hönebach, Landstraße. **Zeiten:** Museum April – Sep Mo – So 10 – 12, 14 – 18 Uhr, Okt – März Mo – Fr 10 – 12, 14 – 17, Sa, So 14 – 17 Uhr; Führungen zum Monte Kali auf Anfrage. **Preise:** Museum 2,60 €, Monte Kali 3 €, Kombi 4,60 €; Kinder bis 17 Jahre Museum 1,70 €, Monte Kali 2,30 €, Kombi 3,10 €; Familie Museum 5,70 €, Monte Kali 7 €, Kombi 10,50 €.

▶ Im mittleren Werratal ragen weiße Berge auf. Das sind keine schneebedeckten Kuppen, sondern künstlich aufgeschüttete **Kali**-Haufen. Der 200 m hohe **Monte Kali** ist zugleich technische Sehenswürdigkeit und einer der besten Aussichtspunkte der Region. In etwa einer Viertelstunde seid ihr oben und schaut auf Rhön, Hohen Meißner, Knüll und Thüringer Wald. Kinder unter 6 Jahre dürfen nicht mit auf die Halde. Das **Kalibergbaumuseum** bietet Führungen an und informiert über die Gewinnung des Rohsalzes, das in Fabriken zu Dünger und Produkten für die chemische Industrie verarbeitet wird. Im Werrarevier leben Bergleute seit mehr als 100 Jahren von der Vermarktung. *Kali* und *Kaline* begleiten euch durch die Museumsausstellung. An Mitmach-Stationen wird euch die Bergmannssprache spielerisch erklärt. Anhand von Malvorlagen und Lückentexten könnt ihr euch mit dem Thema beschäftigen. Und ihr erlebt selbst, wie schwer es ist, das harte Salz zu mahlen.

Vor etwa 250 Mio Jahren trocknete in Teilen des heutigen Deutschlands ein Meer aus. An der Werra blieben Stein- und ***Kalisalze*** *zurück.*

Führung mit dem Nachtwächter

Verkehrs- und Kulturamt/Touristeninformation Rotenburg an der Fulda, Weingasse 3, 36199 Rotenburg. ✆ 06623/5555, Fax 933153. www.rotenburg.de. tourist-info@rotenburg.de. **Bahn/Bus:** Bhf Rotenburg. **Auto:** ➚ Rotenburg. **Rad:** R1, R5. **Zeiten:** nach Anmeldung. **Preise:** für Gruppen bis 20 Personen ab 35 €.

Wer Rotenburg auf eigene Faust erkundet, begegnet immer wieder lebensecht dargestellten Bronzefiguren.

▶ Rotenburg steckt voller spannender Geschichten. An der Stadtmauer standen vermutlich 6 Türme. Sie dienten der Wache und der Verteidigung, aber auch als Gefängnis. Noch im Jahr 1739 wurde im Hexenturm eine Frau eingesperrt, die man der Hexerei bezichtigte. Wollt ihr Rotenburg bei Tag oder lieber am Abend besuchen? Stadtführer schlüpfen in historische Rollen, führen euch zu den Sehenswürdigkeiten der Fachwerkstadt und erzählen aus der Geschichte. Ihr habt die Wahl zwischen einer Entdeckungsreise mit der Trachtenfrau und einer Führung mit dem Nachtwächter. Beide Touren müsst ihr mindestens eine Woche vorher buchen.

© pmv, Foto: Annette Friauf

Ziege, zieh nicht so: Der Hirtenjunge kann sein eigenwilliges Vieh kaum halten

Biber Kino Center

Hersfelder Straße 1, 36179 Bebra. ✆ 06622/939-9, www.biber-kino.de. touristinfo@bebra.de. **Bahn/Bus:** Bhf Bebra. **Auto:** ➚ Bebra. **Rad:** R1. **Zeiten:** Mo – Fr 16 und ab 19, Sa, So ab 15 Uhr. **Infos:** hauptundpersonalamt@bebra.de.

▶ Gewachsen aus einem Traditionskino, bespielt das Center heute 3 Kinosäle, davon 2 mit 3-D-Anlage. Es gibt Angebote für Kindergeburtstage, z.B. Kinokarte, 1 Std Kegeln, Essen und Getränk für 11,40 € pro Gast, Geburtstagskinder frei.

WERRATAL

N
1 cm
18 km
Trendel-
burg
Saba-
burg &
Reinhards-
wald
GÖTTINGEN
Hofgeismar
Hann.
Münden
Bad Arolsen
Kassel &
Umland
Waldecker Land &
Diemelsee
7
Witzenhausen
Wolfhagen
44
KASSEL
Korbach
Bad Sooden-
Allendorf
Naumburg
Werratal
Baunatal
Waldeck
Hessisch
Lichtenau
Bad
Wildungen
Fritzlar
Eschwege
Edersee &
Kellerwald
Melsungen
Sontra
Borken
Frankenberg
49
7
Mittleres
Fuldatal
Battenberg
Homberg
Burgwald &
Marburg
Bad
Hersfeld
4
Rotkäppchenland
Schwalm-Knüll
Marburg
Stadt-Allendorf
5

IM TAL DES WIESENFLUSSES

Die Römer nannten die Werra Visurgis: Wiesenfluss. Bis heute schlängelt sie durch grüne Täler um Hügel und Felsen herum und weist Burgen Aussichtsplätze zu. Vom Thüringer Wald bis zur Hochzeit mit der Fulda in Hann. Münden gehen 300 km ins Land.

Dieses Kapitel zeigt den Abschnitt von Wanfried bis Witzenhausen. Dazwischen liegt Eschwege mit dem Werratalsee. In Bad Sooden-Allendorf könnt ihr erleben, wie früher Salz gewonnen wurde und in warmer Sole schwimmen. Die Werra teilte 40 Jahre lang West- und Ost-Deutschland. Das Grenzmuseum Schifflersgrund zeigt, wie diese Grenze aussah. Links und rechts an der Werraschleife liegen die Burgen Ludwigstein und Hanstein. Weiter geht es in den Naturpark Meißner-Kaufunger Wald zum höchsten Berg Nordosthessens, dem Reich von Frau Holle. In Hessisch Lichtenau begegnet ihr der Sagen- und Märchengestalt. Im Naturpark sind seltene Pflanzen, Wildkatze und Wanderfalke heimisch. Versäumt nicht den Bergwildpark in Meißner-Germerode.

Frei- und Thermalbäder

TIPPS FÜR WASSERRATTEN

Lass es sprudeln

Mineralwasser-Freibad Witzenhausen, Am Sande 10, 37213 Witzenhausen. ✆ 05542/5005-190, Fax -202. www.stadtwerke-witzenhausen.de. mail@stadtwerke-witzenhausen.de. **Bahn/Bus:** Bhf Witzenhausen, Bus 210, 214, 217, 218, 220 bis Markt. **Auto:** ➚ Witzenhausen. **Zeiten:** Mai – Sep 9 – 20 Uhr. **Preise:** 2,50 €; Kinder bis 15 Jahre 1,50 €.

▶ Hier gibt es Mineralwasser nicht in Flaschen, sondern in Becken. Und wer noch mehr Luft zum Baden braucht, der springt vom 10-m-Turm. Das Freibad direkt neben dem Bürgerhaus liegt parkähnlich am Hang. Das beheizte 50 x 25 m große Schwimmerbecken bietet genügend Platz für sportliche Badegäste. Da neben ist ein Nichtschwimmerbecken mit Rut-

Sehr idyllisch: Kanuwandern auf der Werra

sche. Räumlich abgetrennt ist das Planschbecken mit Elefantenrutsche und Wasserspeier. Auf der 14.000 qm großen Liegewiese findet jeder sein Plätzchen. Es gibt Sonnenliegen und -schirme auf der Terrasse. Volleyballfeld, Fußballplatz und Tischtennisplatten runden das Sportangebot ab. Das Hallenbad ist beschädigt und bis auf weiteres geschlossen.

In die salzigen Wellen springen

Werrataltherme, Am Gradierwerk 2a, 37242 Bad Sooden-Allendorf. ✆ 05652/9587-70, Fax 9587-74. www.werrataltherme.com. info@werrataltherme.com. **Bahn/Bus:** Bhf Bad Sooden-Allendorf, Stadtbus 215B bis Werratal-Therme. **Auto:** ➚ Bad Sooden-Allendorf, Schildern zum Kurviertel folgen. **Rad:** Werratal-Radweg. **Zeiten:** Sa – Do 9.30 – 22.30, Fr 9.30 – 24 Uhr. **Preise:** 3 Std 9,90 €, Tageskarte 12,60 €, Bad und Sauna 16,50 €; Kinder 3 – 14 Jahre 3 Std 5,50 €, Tageskarte 7 €, Bad und Sauna 4 Std 10 €; Familienkarte 3 Std 23 €.

4-mal im Jahr gibt es Kinderfeste zum Thema Indianer, Seeräuber oder Seepferdchen.

▶ Direkt an den Gradierwerken im Kurviertel von Bad Sooden könnt ihr das ganze Jahr über in der warmen Sole planschen. Innen- und Außenbecken haben eine Temperatur von 32 Grad. Der Solegehalt beträgt 3 %. Im 28 Grad warmen Wellenbecken mit Gegenschwimmanlage schlagen die Wellen bis zu 1 m hoch, und das so weit weg vom Meer. Die Werrataltherme nimmt innen eine Fläche von 750 qm ein. Die braucht sie für: Strömungskanal, Fontänen, Bodensprudler, Massagedüsen und Nackenduschen. Über einen Kanal erreicht ihr das Außenbecken direkt am Gradierwerk. Dort könnt ihr Sole einatmen und auf der Liegewiese ausruhen.

Fast wie im Meer: Schwimmbrille auf und abtauchen

Sehr umfangreich sind die Angebote zum Schwitzen und Entspannen, für Kinder gibt es eine eigene Grotte mit Salzkasten zum Spielen. Die Therme bietet Babyschwimmen, Schwimmkurse sowie Aqua-Fitness und -Cycling an.

Wasserspaß zu jeder Jahreszeit

Espada Freizeitbad, Goldbachstraße 55, 37269 Eschwege . ✆ 05651/807-289, Fax 807-288. www.espada.de. info@espada.de. **Bahn/Bus:** Stadtbahnhof Eschwege, Bus 200, 221, 234, 240 bis Schwimmbad. **Auto:** ↗ Eschwege, B452, Reichensächser Straße, Goldbachstraße. **Rad:** R5. **Zeiten:** Freibad Mitte Mai – Mitte Sep Mo, Mi, Do, Sa, So 10 – 19, Di, Fr 7 – 19 Uhr; Hallenbad Mitte Sep – Mitte Mai Di 7 – 20, Mi 10 – 22, Do 15.30 – 20, Fr 7 – 19, Sa, So 9 – 18 Uhr. **Preise:** 3 €; Kinder 6 – 17 Jahre 2 €.

▶ Das Espada Freizeitbad bietet Wasserspaß zu jeder Jahreszeit. Wenn das Freibad schließt, öffnet der Hallenbetrieb und umgekehrt. Das beheizte **Freibad** hat eine große Liegewiese mit Schatten spendenden Bäumen. Am Becken stehen Liegestühle zum Sonnen. Nichtschwimmer haben ihren eigenen Bereich mit Rutsche. Vom 3-m-Sprungbrett könnt ihr ins tiefe Becken tauchen. Bewegung an Land gibt es am Kinderspielplatz, Beachvolleyballfeld, Basketball- und Bolzplatz. Freitags werden Spielnachmittage angeboten. Ganzjährig geöffnet ist der **Kindererlebnisbereich** mit Spritzschlange, Duschkrokodil, Wasserorgel, Clownsdusche und Rosifantenrutsche. Spaß bieten der Schiffchenkanal mit Stauwehr und Wasserrad. Das Wasser ist 32 Grad warm. Im Sommer ist die 50 qm große Fläche nach außen hin geöffnet. Sommers wie winters könnt ihr die 80 m lange Black-Hole-Rutsche mit Licht- und Klangeffekten benutzen. Im **Hallenbad** ist dienstags und mittwochs Warmbadetag. Das Angebot mit Spielenachmittagen, Aquajogging und Saunabetrieb läuft auch in der kalten Jahreszeit.

Wassersport auf Seen und Flüssen

Wellen am Werratalsee

Werratalsee, 37269 Eschwege. ✆ 05651/331986, Fax 50291. www.werratal-tourismus.de. tourist-info@werratal-tourismus.de. **Bahn/Bus:** Stadtbahnhof Eschwege, Stadtbus 230.1 – 4 bis Stadthalle. **Auto:** ➚ Eschwege, vom Zentrum in Richtung B249 Schildern zum Campingpark Knaus folgen bzw. B249 Richtung Meinhard-Schwebda, Abzweig Ostufer. **Rad:** R5. **Zeiten:** Badesaison Mitte Mai – Mitte Sep. **Preise:** Eintritt frei, Parkplatz gebührenpflichtig.

Mit dem Rad könnt ihr den See auf 7 km Länge umrunden.

▶ Der Werratalsee liegt direkt hinter der *Eschweger Altstadt* und umfasst bis zur B249 eine Wasserfläche von gut 2 km Länge und 600 m Breite. Das macht 100 ha für Freizeit und Erholung. Es wird geschwommen, gesegelt, gesurft. Jährlich tragen Ruderer ihre hessischen Meisterschaften auf dem See aus. Badegäste wählen zwischen Süd- und Ostufer. In 10 Gehminuten gelangt ihr vom Fachwerkzentrum an den **Südstrand.** Die Badestelle liegt vor einem Campingpark. Man aalt sich im Sand oder auf der Wiese und genießt den Blick auf die bewaldeten Hänge und Schloss Wolfsbrunnen. Vom Strand gleich um die Ecke herum geht es zum kleinen Hafen. Sandstrand, Spielplatz, Beachvolleyballfeld, Gastronomie – das

© pmv, Foto: Annette Friauf

Verspricht Badespaß: Strandbad am Werratalsee mit Kletterschiff

alles hat der **Ostuferstrand** auch zu bieten. Sie gehört zu *Meinhard-Schwebda.* An beiden Badestränden legt die *Werranixe* für Seerundfahrten an. Ihr kommt auch von einem Parkplatz am Nordufer ans Wasser. Hier gibt es aber keine Annehmlichkeiten.

Meinhardsee

Freizeitzentrum 2, 37276 Meinhard-Grebendorf. ✆ 05651/6200, Fax 9920301. www.werra-meissner-camping.de. info@werra-meissner-camping.de. **Bahn/Bus:** Stadtbahnhof Eschwege, Bus 200 bis Meinhard-Grebendorf, Schwebdaer Straße. **Auto:** ↗ Eschwege, B249, Abzweig Richtung Grebendorf, Ziegelweg zum See. **Rad:** R5. **Preise:** Tageskarte 2 €, Tretboot für 4 Pers, 30 Min 7 €, Minigolf 2 € pro Schläger; Kinder Tageskarte 1 €.

▶ Der Meinhardsee nördlich von Eschwege bildet ein Mosaik aus verschiedenen Zonen. Der Campingplatz teilt den **Bootssee** vom **Badesee.** Weitere Zonen gehören Privatleuten oder dem Vogelschutz. Auf dem Bootssee könnt ihr segeln, surfen, rudern und Tretboot fahren. Der Badesee lockt mit 60 m langem Kiesstrand, Liegewiese und einer großen Wasserrutsche. Für Kinder ist eine eigene Zone abgeteilt. In der Mitte des Sees gibt es einen Klettereisberg. Vom Campingplatz mitverwaltet werden eine Sauna mit Panoramablick zum Meißner, Minigolf, Trampolin, Volleyballfeld, Fahrrad- und Tretbootverleih.

Mit dem Kanu auf der Werra

Krumos Aktivreisen & Events, Torwiese 2 – 4, 37269 Eschwege. ✆ 05651/3356390, Fax 3356392. www.krumos.de. tourist@krumos.de. **Bahn/Bus:** Stadtbahnhof Eschwege, Stadtbus 230.1 – 4 bis Stadthalle. **Auto:** ↗ Eschwege, Schildern zum Campingpark Knaus folgen. **Rad:** R5. **Zeiten:** Mai – Sep 9 – 18 Uhr. **Preise:** jeweils pro Tag 2er Kanadier 38 €, 3-er Kanadier 55 €, 4-er Kanadier 72 €; Familienfahrten 28 € pro Erw, Kinder bis 14 Jahre 16,80 €.

▶ Hinter dem Badestrand am Südufer, wo über die Leuchtbergbrücke die Werra überquert wird, ist ein Einstieg für Touren im Kajak und Kanadier. Der Erlebnisanbieter Krumos vermietet Boote mitsamt Paddel und Schwimmwesten – beides auch in Kindergrößen. Der Verleih bringt Boote an andere öffentliche Anleger an der Werra, z.B. nach Creuzburg oder Allendorf. So könnt ihr in Eigenregie paddeln und euch auf Wunsch am Ziel abholen lassen. Krumos hat spezielle Familientagesfahrten ausgearbeitet. Die Strecke startet bei Treffurt und führt an Heldrastein sowie zahlreichen Burgen und Fachwerkdörfern vorbei. In Altenburschla oder an der Wanfrieder Schlagd wird eingekehrt. Dann werden die Paddler nach Eschwege zurückgebracht.

Seerundfahrt mit der Werranixe

Reinhold Bretschneider, Mühlhäuser Straße 15, 37276 Meinhard-Schwebda. ✆ 05651/338031, Fax 76159. www.werranixe.de. info@werranixe.de. **Bahn/Bus:** Stadtbahnhof Eschwege, Stadtbus 230.1 – 4 bis Stadthalle. **Auto:** ↗ Eschwege, Schildern zum Campingpark Knaus folgen bzw. B249 Richtung Meinhard-Schwebda, Abzweig Ostufer. **Zeiten:** Mai – Sep ab Ostufer 14, 15, 16 und 17 Uhr, ab Südufer 14.30, 15.30, 16.30 und 17.30 Uhr. **Preise:** 6 €; Kinder 3 – 13 Jahre 3,50 €.

▶ Etwa 1 Stunde dauert die Rundfahrt auf der Werranixe. Sie legt an 2 Stellen am Werratalsee an. Ihr könnt am **Ostufer** in *Meinhard-Schwebda* oder am **Südufer** hinter der *Eschweger Altstadt* an Bord gehen. Bei gutem Wetter zieht der Fahrtwind durch die geöffneten Dachfenster. Wenn es etwas unbeständiger ist, sitzt ihr gemütlich hinter Glas und genießt die Aussichten auf Segelhafen, Badestrände, Leuchtberge und Schloss Wolfsbrunnen. Die Bord-Küche serviert Getränke, kleine Gerichte sowie Kaffee und Kuchen. Die Werranixe ist auch für Gruppen, Feste und Feiern zu mieten.

Mit dem Fahrrad oder zu Fuß

Vom Dietemann zu den Salzsiedern: Auf dem Werratal-Radweg

Hospitalplatz 16, 37269 Eschwege. ✆ 05651/33198-5, Fax 50291. www.werratal-tourismus.de. tourist-info@werratal-tourismus.de. **Länge:** ca. 20 km mit Rückfahrt per Bahn bzw. 35 km hin und zurück. **Bahn/Bus:** Stadtbahnhof Eschwege. **Auto:** ➚ Eschwege. **Rad:** R5.

▶ Der *Werratal-Radweg* folgt dem Fluss von den Quellen im Thüringer Wald bis zum Weserstein in Hann. Münden. Insgesamt sind das 290 km, also etwas für Hartgesottene. Als Schnuppertour bietet sich die Strecke von **Eschwege** bis **Bad Sooden-Allendorf** an. Die Wege sind überwiegend geteert, es gibt kaum Steigungen. Ihr folgt den Schildern mit dem blauen Schriftzug. Manchmal läuft der *Herkules-Wartburg-Radweg* (215 km) parallel. Los geht es am **Lohgerberbrunnen** an der Straße Stadt in der Eschweger Fußgängerzone. Ihr folgt der Brückenstraße geradeaus über die Werrabrücke. Über *Grebendorf* radelt ihr entlang dem *Meinhardsee* mit seinen vielen Freizeitangeboten weiter nach *Jestädt.* So wie die Werra sich schlängelt, führt auch die Strecke weiter über die Dörfer *Albungen* und *Kleinvach.* In **Bad Sooden-Allendorf** erreicht ihr die Werrabrücke. Jetzt ist Zeit, um den Kurpark mit Salinen und Södertör zu besuchen. Vor den schönen Fachwerkvillen, der sogenannten Weinreihe, könnt ihr euch in einem der Cafés stärken. Zurück führt die Tour entweder entlang der *Bruchteiche,* auf dem Radweg neben der B27 über die Brücke und von *Höfe Weiden* nach **Kleinvach.** Hier trefft ihr wieder auf den Werratal-Radweg. Alternativ steigt ihr im Stadtteil **Sooden** in den Zug und fahrt zum Stadtbahnhof Eschwege zurück.

FRISCHE LUFT UND SPORT

Na, klar: Wer sein Rad liebt, schiebt

© pmv

Wanderung zur Teufelskanzel

Tourist-Information Witzenhausen, Burg Hanstein, 37218 Bornhagen. ✆ 05542/6001-0, www.kirschenland.de. info@kirschenland.de. **Länge:** hin und zurück knapp 6 km. **Auto:** ↗ Witzenhausen, B27 in Richtung Bad Sooden-Allendorf, bei Werleshausen Abzweig zur Burg Hanstein ausgeschildert.

Hunger & Durst
Berghütte und Wirtshaus Teufelskanzel, Talstraße 138, Bornhagen. ✆ 036081/61237. www.teufelskanzel.de. April – Okt 11 – 18 Uhr, Nov – März Sa, So, Fei 11 – 17 Uhr. Höchstgelegenes Gasthaus im Eichsfeld.

▶ Die Teufelskanzel ist ein 452 m hoch gelegener Felsblock, von dem ihr eine fabelhafte Aussicht auf die Werraschleife und die bewaldeten Höhenzüge habt. Ihr startet am Parkplatz nahe der Burgruine Hanstein. Von dort sind verschiedene Wege markiert, der kürzeste führt in etwa 45 Minuten ans Ziel. Die Teufelskanzel heißt so, weil Satan von hier ins Tal hinabgesprungen und seinen Hufabdruck in Form der Werraschleife hinterlassen haben soll. In Erinnerung an den prominenten Wanderer schenkt die Berghütte an der Kanzel Teufelspunsch aus.

Aussicht bis zum Harz

Harz mit Kindern, pmv Peter Meyer Verlag, ISBN 978-3-89859-419-6, 16 €.

Aussichtsturm Bilstein, Kohlenstraße, 37247 Großalmerode. ✆ 05604/9335-26, Fax 9335-47. www.grossalmerode.de. touristinformation@grossalmerode.de. **Länge:** Rundwege ab 4 km, bis auf die letzten 300 m nahezu ohne Steigungen. **Bahn/Bus:** Bhf Kassel Hauptbahnhof, RT4, Bus 206 oder 205 bis Großalmerode Pfaffenberg. **Auto:** ↗ Kassel, Ausfahrt 78 Ost, B7 Richtung Eschwege, ab Helsa Landstraße, B451 Richtung Wickenrode, Wegweiser zum Wanderparkplatz bei Gut Giesenhagen.

Hunger & Durst
Berggasthaus, Großalmerode. ✆ 05542/8213. April – Okt Di – So, Nov – März Sa, So 11 – 18 Uhr. Kleine Speisekarte für Ausflügler.

▶ Mit 642 m ist der Bilstein nach dem Meißner (754 m) die zweithöchste Kuppe im Naturpark *Meißner-Kaufunger Wald.* Er entstand durch vulkanische Aktivität. Seit mehr als 100 Jahren steht auf dem Bilstein ein Aussichtsturm. Die Königliche Regierung zu Cassel hatte 1889 die Erlaubnis zum Bau erteilt. Die Großalmeröder Bürger spendeten bereitwillig und weihten den Turm 1891 ein. Das brachte ihnen noblen Besuch: *Kaiserin Auguste Victoria* gab sich 1907 die Ehre. Um den Turm herum wuchsen die Bäume immer höher, sodass er 1960 um 7 auf 20 m erhöht wurde. Der Aufsatz auf dem Steinturm ist deutlich zuerkennen. Wer die 92 Stufen raufsteigt, wird mit schöner Aussicht belohnt. Vom Bilstein aus schaut man vom Harz bis zur Rhön, vom Sauerland bis zum Thüringer Wald. Vom Wanderparkplatz Kohlenstraße aus führen verschieden lange Rundwege zum Bilstein. Auf der kürzesten Strecke erreicht ihr ihn nach 2 km. Die meisten Wege sind auch mit dem Rad befahrbar. Wanderer gelangen über den *Frau-Holle-Pfad* (X4) und den *Herkulesweg* (X7) an den Fuß der Bilsteinkuppe. Naturkundlich geführte Touren bietet der Naturpark an.

© pmv, Foto: Alexander Kraft

Im Anzug und mit Hut: So präsentierten sich die Bauleute des Bilsteinturms anno 1869

Bequem über das Meißnerplateau

Barrierefreier Wanderweg Rebbes, 37290 Meißner. ✆ 05651/952125, Fax 213933. www.naturpark-mkw.de. info@naturparkmeissner.de. **Länge:** 3,8 km, barrierefrei. **Bahn/Bus:** Hbf Kassel, RT4 bis Kassel Königsplatz, Tram 4 bis Hessisch Lichtenau, Mai – Okt Ausflugsbus 202 bis Großparkplatz Hoher Meißner. **Auto:** ↗ Hessisch Lichtenau, B7, L3241 Richtung Meißner bis Loipenparkplatz.

▶ Dies ist der perfekte Spazierweg für all jene, die nicht so gut zu Fuß sind und trotzdem den König der nordhessischen Berge erleben wollen. Der barrierefreie Wanderweg *Rebbes auf dem Meißnerplateau* hat nur wenige Steigungen und ist breit genug. Eltern können bequem den Kinderwagen schieben, vorausgesetzt, es liegt kein Schnee. Zahlreiche Bäume bieten Senioren und Gehbehinderten schöne Plätze zum rasten. Rollstuhlfahrer kommen in Begleitung mühe-

Die Bettenschüttlerin in Grimms Märchen ist weitaus bekannter als die Sagenfigur der altgermanischen Göttin Holle, obwohl diese schon viel länger auf dem Meißner wohnt. Die Märchen-Holle wird auf Bildern mütterlich, aber auch ein bisschen furchterregend mit Haube und Nickelbrille dargestellt. Am **Frau Holle Teich** auf dem Meißner steht hingegen eine junge, schlanke Frau, die Figur ist 3 m groß und aus Holz. Der Sage nach ist der Teich der Eingang zu einem unterirdischen Reich mit einem silbernen Schloss. Babys kommen aus dem Teich und die Seelen der Toten werden dorthin gebracht. Gefundene Münzen belegen, dass hier schon vor 2000 Jahren Opfer für die Göttin Holle gebracht wurden, die auch Diana, Freya und Hulda genannt wird. Gemeint ist immer die uralte weibliche Erdgottheit. In rauen Nächten reitet sie an der Spitze eines wilden Heeres. Wenn am Meißner dichte Nebel aufsteigen, dann kocht Frau Holle. Wenn der Himmel sich rot färbt, dann backt sie. Steine und Felsen auf dem Meißner zählen zu ihrem Reich. Unterhalb der Hausener Hute liegt eine Wiese, die Morgengabe. Mitten darauf stehen 2 Basaltklötze, die wie ein Stuhl aussehen. Frau Holle nimmt dort immer am 2. Maitag Platz. In der Kitzkammer bei Hausen, einer Felswand, soll sie faule und zänkische Mädchen in Katzen verwandelt haben. Die Hollsteine im gleichnamigen Dorf hat die Namensgeberin lässig aus dem Schuh geschüttelt. Sie waren ihr dort hineingerutscht, als sie mal einen großen Schritt vom Meißner weggetan hatte.

FRAU HOLLES ADRESSE: HOHER MEISSNER

Frau Holle: Rank und schlank schreitet sie durchs Kraut

© pmv, Foto: Annette Friauf

los um das Rebbes herum, wie der Punkt geografisch heißt. Der ausgeschilderte Rundweg führt durch den Fichtenwald. Ihr könnt an 3 verschiedenen Parkplätzen starten: am Loipenparkplatz, der Butterwiese oder am **Berggasthof Hoher Meißner.** Auch im Winter wird er als Wanderweg präpariert.

Postkutschenfahrt

Reiterhof Hirschberg, Robert Simon, Hof Hirschberg, 37247 Großalmerode. ✆ 05604/6412, Fax 65 05. www.reiterhof-hirschberg.de. info@reiterhof-hirschberg.de. **Bahn/Bus:** Hessisch Lichtenau Bürgerhaus, Tram 4, Bhf Helsa, Bus 210 bis Großalmerode Hof Hirschberg. **Auto:** ↗ Kassel, Ausfahrt 78 Ost, B7 Richtung Eschwege, ab Helsa Landstraße, hinter Wickenrode ausgeschildert.

▶ Auf alten Handelswegen führt der Weg in der 2-spännigen Kutsche durch den Naturpark Meißner-Kaufunger Wald. Der Reiterhof Hirschberg bietet die Fahrt als nostalgische Reitreise in Begleitung eines Postillons an. An mittelalterlich bedeutenden Orten wird Rast gemacht. Auch andere Touren auf Pferden und Ponys können beim Reiterhof gebucht werden.

Spielen, klettern und Ski fahren

Spaß für die ganze Familie

Erlebnispark Ziegenhagen, Elvira Surup, Ziegenberg 3, 37217 Witzenhausen-Ziegenhagen. ✆ 05545/246, Fax 6372. www.erlebnispark-ziegenhagen.de. info@erlebnispark-ziegenhagen.de. **Bahn/Bus:** Bhf Witzenhausen, Bus 218 bis Ziegenhagen Freizeitpark. **Auto:** ↗ Witzenhausen, B80 Richtung Hann. Münden, Abzweig in Hedemünden. **Zeiten:** April – Okt Di – Do, Sa, So 10 – 17, Mai – Aug 10 – 18 Uhr, während der Schulferien auch Brückentage. **Preise:** 11 €; ab 90 cm 9,50 €, ab 115 cm 11 €; Senioren ab 60 Jahre 8 €, ab 70 Jahre 5,50 €. **Infos:** Barrierefrei.

Hunger & Durst

Berggasthof Hoher Meißner, Hoher Meißner 1, Hessisch Lichtenau-Hausen. ✆ 05602/2409. www.berggasthof-hoher-meissner.de. April – Okt Di – So ab 11 Uhr; Nov – März Sa, So, Fei und in den hessischen Schulferien ab 11 Uhr. Saisonale Gerichte von Lamm bis Forelle, im Winter Germknödel und Kaiserschmarrn.

▶ Aus dem alten Rittergut Ziegenberg von 1562 entstand ein privat geführter Familien-Erlebnispark. Auf dem 3,5 ha großen Gelände findet ihr 60 verschiedene Spiel-, Fahr- und Unterhaltungsmöglichkeiten. Kleinere Kinder fahren mit der Regenbogeneisenbahn oder tummeln sich im märchenhaften Frau-Holle-Land und im Dornröschenschloss. Die Meerschweinchen und Ziegen lassen sich gern füttern. Größere Kinder haben Spaß auf der Schwebebahn über dem See und mit dem Wasserhüpfer. In Mondrollern könnt ihr kopfüber kreisen. Es gibt ein großes Trampolin und einen Abenteuersimulator, bei dem ihr am Computer mit der Achterbahn durch den Asteroiden-Gürtel fahrt. Für Eltern und Großeltern ist vielleicht das **Auto- und Motorradmuseum** interessant. Eine weitere Schlechtwetterlösung sind die Ausstellungen mit **Puppen, Raritäten und Volkskunst.** Hier gibt es einen der größten Bergkristalle Europas zu bewundern.

Ausblick garantiert: Wem's beim Klettern noch nicht hoch genug ist, der erklimmt den Bismarckturm

Klettern mit Blick aufs Werratal

Kletterwald Leuchtberg, Leuchtbergstraße 40, 37269 Eschwege. ✆ 05651/982500, www.kletterwald-leuchtberg.de. info@kletterwald-leuchtberg.de. **Bahn/Bus:** Stadtbahnhof Eschwege, Bus 202 bis Stadthalle. **Auto:** ↗ Eschwege, Landstraße Richtung Oberdünzebach, links ab in die Leuchtbergstraße. **Rad:** R5. **Zeiten:** März – Okt Sa, So, Fei und hessische Schulferien 10 – 19, außerhalb der Ferien Mi – Fr 13 – 19 Uhr. **Preise:** 19 €; Kinder 8 – 11 Jahre 13 €, 12 – 17 Jahre 15 €.

▶ Auf einer Höhe von 3 bis 12 m könnt ihr von Baum zu Baum klettern, über schwankende Brücken und Seile balancieren und auf Seilbahnen heruntergleiten. Es gibt 4 Parcours mit verschiedenen Schwierigkeitsstufen. Auch weniger sportliche Kletterer finden ihren Weg. Das Personal hilft euch mit Rat und Tat. Der Hochseilgarten hat eine superschöne Lage, direkt am Leuchtbergwald mit Ausblick aufs Werratal. Auf dem großen Leuchtberg steht der **Bismarckturm,** den ihr über 110 Stufen besteigt. März – Okt geöffnet, im Winter liegt der Schlüssel bei der Tourist-Info.

Auf Schnappi herumtoben

Kila Kinderland, Frank Ortwein, Am Bahnhof, 37269 Eschwege. ✆ 05651/2551, Fax 2283892. www.kila-kinderland.de. info@kila-kinderland.de. **Bahn/Bus:** Stadtbahnhof Eschwege. **Auto:** ↗ Eschwege. **Rad:** R5. **Zeiten:** Mo – Fr 14 – 19, Sa, So 10.30 – 19, Fei und hessische Schulferien 10.30 – 19 Uhr. **Preise:** 3,50 €; Kinder bis 2 Jahre 3,50 €, Kinder ab 3 Jahre 5,50 €; Di Familientag.

▶ Schnappi ist ein grünes Krokodil und zwar ein ziemlich aufgeblasenes. Ihr könnt auf ihm herumspringen wie auf einem Trampolin. Überhaupt ist das Kila Kinderland eine willkommene Adresse für junge Hüpfer. Es gibt einen Soft-Mountain, ein Bungee-Trampolin, eine Kletterwand und vieles mehr. Ihr könnt Softball-Kanonen schießen und Pool-Billard spielen. Nochmal hüpfen? Die Riesen-Piratenrutsche ist gerade frei. Toben macht hungrig? Die Gastronomie ist im selben Haus.

Winterspaß im Naturpark Meißner-Kaufunger Wald

Wolfteroder Straße 4a, 37297 Berkatal-Frankershausen. ✆ 05651/952125, www.naturpark-mkw.de. info@naturparkmeissner.de. **Bahn/Bus:** Hbf Kassel, R5 bis Bebra, R7 bis Eschwege, Bus 222 bis Meißner-Vockerode, ab dort Taxi. **Auto:** ↗ Meißner. **Infos:** Schnee- und Loipentelefon ✆ 05602/935617.

▶ Der 754 m hohe *Hohe Meißner* bietet 2 Skilifte, 3 Loipen, 1 gewalzten Winterwanderweg und 2 Rodelbahnen. Der 300 m lange Schlepplift startet am Naturfreundehaus, ein 800 m langer Doppelanker-Lift am Berggasthof. Autofahrer nutzen den Großparkplatz Hoher Meißner.

© pmv

Erste Schritte: Kaum kann man laufen, schon muss man auf Brettern rutschen

Happy Birthday!
1-stündige Rallye durch den Park mit Besuch des Abenteuerspielplatzes pro Gruppe 20 €. Ein Geburtstagsmenü in der Wildparkstube kostet pro Kind 4 €. Anmeldung bei Karl-Heinz Giesen, ✆ 05657/8183 oder Rosemarie Klotz, ✆ 05657/7591.

Tiere und Blumen

Bettelnde Ziegen und frei laufende Hirsche

Bergwildpark Meißner, Familie Klotz, Wildpark 1, 37290 Meißner-Germerode. ✆ 05657/7591, www.bergwildpark-meissner.de. klotzwildpark@t-online.de. **Bahn/Bus:** Hbf Kassel, RT4 bis Kassel Königsplatz, Tram 4 bis Hessisch Lichtenau, Mai – Okt Ausflugsbus 202 bis Meißner-Germerode, Neuer Weg. **Auto:** ↗ Hessisch Lichtenau, B7, L3241 Richtung Meißner, Schildern zum Wildpark folgen. **Zeiten:** März – Okt Di – So 10 – 18 Uhr; Nov, Jan, Feb Sa, So, Fei 10 – 17 Uhr, Dez geschlossen; in hessischen Schulferien täglich geöffnet. **Preise:** 4,50 €, im Winter 3 €; Kinder ab 3 Jahre 2,50 €, im Winter 1,50 €; Familienkarte 12 €, Fr 8 €.

▶ Wie der Name schon sagt, liegt der Wildpark am Berg. Auf der Anhöhe bei Germerode ist auf 25 ha Fläche ganz viel Platz für Gehege, Volieren und einen Abenteuerspielplatz. Auf euch warten Klettergerüste, Spielebagger, Karussells, Holzlabyrinth und ein unterirdisches Rohrtelefon. Aber jetzt geht es erst einmal zu den Tieren. Die Ziegen werden euch ebenso um Futter anbetteln wie die handzahmen Dam- und Rothirsche, die frei herumlaufen. Im Park leben 30 bis 40 verschiedene Tierarten, darunter Wildschweine, Rehe, Esel und Nandus. Die Falknerei besitzt 14 Greifvögel und Eulen. Jeweils um 11 und 15 Uhr zeigen sie ihre Flugschau. Unbedingt besuchen solltet ihr das Waldwichtelhaus nahe dem Eingang. Dort werden Vorgänge in der Natur anschaulich erklärt. Und

Wenn er Lust hat, lässt er sich füttern, der Hirsch

© pmv, Foto: Annette Friauf

ihr erfahrt die traurige Geschichte von Platzhirsch *Hansi* und Muffelwidder *Rudi*. Die beiden gerieten in Streit. Geweih und Gehörn verharkten sich und sie konnten sich nicht befreien. In Panik fielen sie in den Teich und ertranken. Ihr Kopfschmuck ist im Waldwichtelhaus ausgestellt.

Papaya, Paprika und Pampelmuse

Gewächshaus für tropische Nutzpflanzen, Steinstraße 19, 37213 Witzenhausen. ✆ 05542/981231, Fax 981230. www.weltgarten-witzenhausen.de. u.gilles@weltgarten-witzenhausen.de. **Bahn/Bus:** Bhf Witzenhausen, Bus 210, 214, 217 bis Markt. **Auto:** ➚ Witzenhausen. **Zeiten:** Mi, Fr, Sa, So, Fei 14 – 16 Uhr, öffentliche Führung Sa 14 Uhr oder nach Absprache. **Preise:** Führung 2,50 €; Kinder ab 6 Jahre Führung 2 €.

▶ Warum ist die Banane krumm und wie kommt der Tee in die Tasse? Bei einem Besuch im **Tropengewächshaus** erfahrt ihr viel über Nutzpflanzen aus warmen Regionen dieser Welt. Unter dem Glasdach ist es feuchtwarm. Künstlicher Sprühregen benetzt die Pflanzen. Neben 9 m hohen Bananen wachsen Papaya, Pampelmusen und Paprika. Ihr könnt eine kleine Teeplantage bestaunen, wie es sie sonst in Indien gibt. Wisst ihr, wie Kakao aussieht und wo er und die Erdnuss herkommen. Was hier im Gewächshaus sprießt, wächst in Afrika, Asien oder Südamerika auf Feldern und in Vorgärten. Familien ernähren sich davon oder verkaufen ihre Erzeugnisse auf Märkten. Die Pflanzen sind für sie nicht nur Nahrung, sondern auch Heilmittel, Brennholz, Farb- und Baustoff.

Vom Frau Holle Teich zur Stinksteinwand

Kalbepfad, 37290 Meißner. ✆ 05651/952125, Fax 213933. www.naturpark-mkw.de. info@naturparkmeissner.de. **Länge:** ca. 3,5 km, mittelschwer Dauer: geführt 3 Std. **Bahn/Bus:** Hbf Kassel, RT4 bis Kassel Königsplatz, Tram 4 bis Hessisch Lichtenau, Mai – Okt Ausflugsbus 202 bis Frau-Holle-Teich. **Auto:** ➚ Hessisch

Hunger & Durst

Wildparkstube, im Wildpark Meißner, Meißner. ✆ 05657/7591. siehe Wildpark. Hausmacherwurst, kleine Gerichte und selbst gebackener Kuchen.

Happy Birthday!

Wo Popcorn und Coca Cola zu Hause sind heißt die Entdeckungsreise zu den tropischen Nutzpflanzen. Geschmacksproben sind in der 2-stündigen Führung für 6- bis 12-jährige inklusive. Sie kostet für 10 – 12 Kinder 75 €.

Warum hat Witzenhausen ein ***Tropengewächshaus?*** *In der kleinsten Universitätsstadt Deutschlands wird geforscht.*

Hunger & Durst
Einkehren könnt ihr im ↗ Berggasthof Meißner.

Lichtenau, B7, L3241 Richtung Meißner, am Aussichtspunkt Schwalbenthal Richtung Bad Sooden-Allendorf, nach wenigen km Parkplatz direkt am Teich. **Preise:** frei zugänglich, geführte Wanderung in Gruppen mit 16 – 25 Pers: 3,50 € pro Person; kindgerechte Führung bis 25 Kinder pauschal 55 €.

▶ Am sagenumwobenen ↗ **Frau Holle Teich** beginnt der Pfad zum Aussichtspunkt Kalbe. Er ist beidseitig ausgeschildert und führt durch ein Waldstück mit Ulmen, Eschen und Bergahorn hinauf zur Eisquelle. Ihr kommt an einem Blockmeer, einer Anhäufung von harten Gesteinsblöcken, vorbei. Hier könnt ihr über kalte Lava klettern. Der Kalbesee und die alten Tagebauterrassen erinnern an den Braunkohlebergbau. Der **Aussichtspunkt Kalbe** – er liegt 721 m hoch – ist buchstäblich der Höhepunkt der Wanderung. Ihr schaut aufs Meißnervorland. Wer es wildromantisch mag, kann den Kalbepfad über den **Eulenstieg** zum Frau Holle Teich wieder hinabsteigen. Unterwegs gibt es Infos zu den Meißnereulen. Bequemer, aber etwas länger, ist der **Forstweg.** Wenn ihr euch einer gebuchten Wanderung mit dem Naturparkführer anschließt, könnt ihr auch die **Stinksteinwand** kennen lernen. Sie heißt so, weil hier seit mehr als 400 Jahren im Berg selbst entzündete Kohle schwelt. Es riecht nach Schwefel. Ein solches Phänomen ist in ganz Europa selten. Bei den Führungen erfahrt ihr viel darüber, wie das Mittelgebirge Meißner entstand.

Einblicke in den Vulkankessel

Rundweg Blaue Kuppe, 37269 Eschwege. ✆ 05651/33198-5, Fax 50291. www.werratal-tourismus.de. tourist-info@werratal-tourismus.de. **Länge:** 1 km. **Auto:** ↗ Eschwege, Landstraße Richtung Langenhain, Parkplatz Naturschutzgebiet Blaue Kuppe. **Rad:** R5.

▶ Die Blaue Kuppe ist ein ehemaliger Vulkan. Vor 10 bis 12 Mio Jahren erreichte der Schlot nicht die Erdoberfläche, sondern blieb im Buntsandstein stecken. Die Wirkung des glutflüssigen Magmas auf das Ge-

Die Blaue Kuppe liegt am 21 km langen Premiumwanderweg P3, der weiter zu den Eschweger Hausbergen, den Leuchtbergen, führt.

stein gilt als geologische Besonderheit. In der Nähe des Schlotes hat der Sandstein seine Farbe verloren und der Ton ist dunkler geworden. Auf einem beschilderten Rundweg könnt ihr euch einen Eindruck vom Vulkankessel machen. Seit dem 17. Jahrhundert wird die Blaue Kuppe als Steinbruch genutzt. 1910 wurde das Gebiet unter Naturschutz gestellt. Auf der Blauen Kuppe wächst Magerrasen, auf dem Schafe weiden.

Lehrpfade

Gut Kirschen essen

Kirschenerlebnispfad, Ermschwerder Straße 2, 37213 Witzenhausen. ✆ 05542/6001-0, www.kirschenland.de. info@kirschenland.de. **Länge:** 1,8 bzw. 2,7 km. **Bahn/Bus:** Bhf Witzenhausen, Bus 210, 214, 217 bis Markt. **Auto:** ↗ Witzenhausen.

▶ Witzenhausen ist eines der größten und ältesten Kirschanbaugebiete Deutschlands. Das Fruchtsymbol hat die Stadt weit über die Grenzen bekannt gemacht. Im Frühjahr blühen etwa 150.000 Bäume und versprechen reiche Ernte. Im Frühsommer könnt ihr an mehreren Stationen verschiedene Fruchtsorten probieren. Am schönen Fachwerkrathaus startet ein

Hier gibt's viel zu tun: Auf dem Kirschenerlebnispfad

Die Kirschen in ***Witzenhausen*** *werden 1573 erstmals schriftlich als kersebern erwähnt. 1823 wird der Kirschenanbau die wichtigste Einnahmequelle. Seit 1982 forscht die Uni Witzenhausen über Kirschbäume.*

Pfad, auf dem ihr zu jeder Jahreszeit die **Kirsche** laufend, lesend und spielerisch entdecken könnt. Wetterfeste Tafeln und Ringbücher geben euch die nötigen Informationen. Eine 1,8 km lange Route führt durch die Stadt, eine 2,7 km lange durch die Landschaft. Dabei könnt ihr in die Krone eines Kirschbaums klettern. Feste Schuhe sind also ratsam. 17 Erlebnisstationen säumen beide Routen. In deren Verlauf entdeckt ihr einen Schatz und lernt eine große Prinzessin kennen.

Barfußpfad mit Kneipp-Kur

1. Kneipp-Pfad der Sinne, Auf der Schlagd, 37281 Wanfried. ✆ 05655/331985, Fax 50291. www.werratal-tourismus.de. tourist-info@werratal-tourismus.de. **Bahn/Bus:** Stadtbahnhof Eschwege, Bus 78, 200, 231 bis Wanfried, Stadtpark. **Auto:** ↗ Eschwege, B249. **Rad:** R5. **Zeiten:** Wassertreten Mai – Okt.

▶ An der historischen Schlagd, dem alten Hafen von Wanfried, gibt es eine besondere Form der Fußmassage. Der **Kneipp**-Pfad der Sinne verursacht ein angenehmes Kitzeln und Kribbeln unter den Fußsohlen. Ihr lauft auf unterschiedlichen Materialien insgesamt 1 km hin und zurück. Die Teppiche bestehen aus Blähton, Dünensand, Werrakies und Holzhäcksel. Zwischendurch könnt ihr über eine Baumkronenbrücke balancieren. Jetzt seid ihr warm. Zum Abschluss des Parcours empfiehlt sich Wassertreten. Im Storchengang setzt ihr einen Fuß vor den anderen ins Wasser. Das fördert Durchblutung und Kreislauf.

Der Namensgeber der Kneipp-Medizin ist Sebastian Anton ***Kneipp.*** *Der bayrische Priester entwickelte um 1850 die Wasserkur.*

Über Wildschweinfelle und Schlammtreppen

Barfußpfad Hoher Meißner, 37290 Meißner-Vockerode. ✆ 05651/952125, Fax 213933. www.naturpark-mkw.de. info@naturparkmeissner.de. **Länge:** 1,5 km, ca. 2 Std. **Bahn/Bus:** Hbf Kassel, RT4 bis Kassel Köningsplatz, Tram 4 bis Hessisch Lichtenau, Mai – Okt Ausflugsbus 202 bis Abzweig Jugenddorf. **Auto:** ↗ Hes-

© GrimmHeimat NordHessen

Wie fühlt sich Wildschweinfell an? Auf dem Barfußpfad fühlt ihr natürlich mit den Füßen – und wenn ihr nicht geschummelt habt, könnt ihr euch hinterher die Füße im Trog waschen

© pmv, Foto: Annette Friauf

sisch Lichtenau, B7, L3241 Richtung Meißner, von Vockerode weiter bis Jugenddorf Hoher Meißner, zwei weitere Parkplätze an der L3241. **Preise:** 1 €; Kinder 1 €; Führung (z.B. Kindergeburtstag) für Gruppen mit Kindern ab 6 Jahre bis 20 Pers pauschal 45 €. **Infos:** ↗ Ferienadressen.

▶ Wann seid ihr das letzte Mal barfuß über Laub und Zapfen gelaufen? Am Jugenddorf Hoher Meißner, oberhalb von Vockerode, startet ein 1,5 km langer Erlebnispfad mit 30 Stationen. Hier könnt ihr mit jedem Schritt die Natur unter den nackten Sohlen spüren. Neben Gefühl und Geist wird auch die Durchblutung angeregt. Am Eingang steht eine Hütte, wo ihr eure Schuhe ablegen könnt und den Obolus entrichtet. An der Holzpforte mit dem Luchs geht es los. Meißnerheu, Sägemehl, Schafwolle und Wildschweinfelle – nicht immer ist der Boden schön weich. Werrakies, Tonkügelchen und Maiskörner pieksen schon mal ein bisschen. Wanderer laufen normalerweise über Stock und Stein. Eure Hindernisse sind Baumstümpfe, Holzpilze und eine Indianerleiter. Vom Ameisensteg aus beobachtet ihr das Leben der fleißigen Insekten. In der Tierspurenhütte sucht ihr im Sand versteckte Tierspuren. Auf der Schlammtreppe wird es richtig matschig. Erweitern könnt ihr die Runde mit Wurzeln zum Durchsteigen und einem Tierstimmenrätsel.

Hunger & Durst

Waldgasthaus Zum Kupferbach, Meißner. ✆ 05657/1032. www.zum-kupferbach.de. Mi – So 12 – 18 Uhr und nach Vereinbarung. Am Jugenddorf, selbst gebackener Kuchen, Wild- und Lammspezialitäten.

HANDWERK UND GESCHICHTE

Happy Birthday!
Eintritt ins Modellbahnland, 2 Getränke, 2 Muffins oder Waffeln und ein kleines Geschenk pro Gast 5 € pro Kind. Das Paket mit 4 Getränken und Abendessen (z.B. Spagetti oder Kochwurst mit Brot) gibt es für 7,50 €, mit Hamburger 8,50 € pro Kind.

Hunger & Durst
Gasthaus Höllental, Kupfergasse 19b, Abterode. ✆ 05657/ 919139. www.gasthaus-hoellental.de. Mi, Do, So 10.30 – 19, Fr, Sa 10.30 – 21 Uhr. Regionale Küche.

Modellbahn, Bergwerk und Käse

Bilderbuchlandschaften in Miniatur

Holle Modellbahn, Lentzstraße 15, 37235 Hessisch Lichtenau-Fürstenhagen. Handy 0171/9019705. www.modellbahnland-heli.de. info@modellbahnland-heli.de. **Bahn/Bus:** Hbf Kassel, RT4 bis Kassel Königsplatz, Tram 4 bis Bhf Hessisch Lichtenau Fürstenhagen. **Auto:** ↗ Hessisch Lichtenau, B7 Richtung Helsa bis Fürstenhagen, letzte Straße links. **Zeiten:** Fr, Sa, Fei und Herbst- und Weihnachtsferien 14.30 – 18, So 10 – 18 Uhr. **Preise:** 4 €; Kinder 2,50 €; Familienkarte 11 €.

▶ Städte, Dörfer und deutsche Bilderbuchlandschaften im Miniaturformat könnt ihr hier bestaunen. Das Ganze ist in Bewegung. Züge fahren über Brücken, manchmal sind sie 3,50 m lang. Autos und Laster sind im Straßenverkehr unterwegs. Auf dem Rummelplatz dreht sich ein Riesenrad. Besonders effektvoll ist es, wenn die Anlage auf Nachtbeleuchtung geschaltet wird. Für Kinder steht eine spezielle Eisenbahn zum Spielen bereit. Die Betreiber bieten Workshops in Modellbahn- und Dioramabau an. Nach Voranmeldung gibt es sonntags Frühstück mit Blick auf die Mini-Welt.

Einblicke in den Bergbau

Besucherbergwerk Grube Gustav, Kupfergasse 19c, 37290 Meißner-Abterode. ✆ 05657/7500, www.naturpark-mkw.de. info@naturparkmeissner.de. **Bahn/Bus:** Hbf Kassel, RT4 bis Kassel Königsplatz, Tram 4 bis Hessisch Lichtenau, Mai – Okt Ausflugsbus 202 bis Gasthaus Frau Holle. **Auto:** ↗ Hessisch Lichtenau, B7, L3241 Richtung Meißner bis Abterode, L3335 Richtung Albungen. **Zeiten:** Mitte März – Okt Di – So und Fei 13 – 16 Uhr, Mindestteilnehmerzahl 6 Pers, Führungen für größere Gruppen nach Voranmeldung. **Preise:** 4,50 €; Kinder 3 – 14 Jahre 2,50 €. **Infos:** Barrierefrei.

▶ Der Bergbau im Meißnervorland hat eine 500 Jahre alte Geschichte. Von 1499 bis zur Mitte des 19.

Jahrhunderts ernährte er viele Menschen. Eine Führung durch die *Grube Gustav* im lauschigen Höllental bei Abterode zeigt anschaulich, wie die Arbeit im Stollen ablief. Mit Schutzhelm und warmer Jacke ausgerüstet, könnt ihr 350 m in den Berg hineinsteigen. Kaum zu glauben, dass der Kriechstollen nur mit Schlägel und Eisen per Hand gepickelt wurde. Ursprünglich suchten die Bergleute im Höllental nach Silber und Kobalt. Sie fanden den ebenso begehrten Kupferschiefer. Im 20. Jahrhundert wurde das Mineral Schwerspat abgebaut. 1968 wurde das Bergwerk stillgelegt. Bei den Führungen erfahrt ihr auch von der glücklichen Rettung zweier verschütteter Bergleute. Sie wurden nach 5 Tagen lebend durch ein Bohrloch befreit.

Am Eingang gibt es einen Picknickplatz. Am Grubenkiosk könnt ihr euch mit Knabbereien und Info-Material über die Region versorgen.

Was ein Käse!

Ringgauer Landkäserei, Am Teich 21, 37296 Ringgau-Grandenborn. ✆ 05659/923255, www.ringgauer-landkaeserei.de. info@ringgauer-landkaeserei.de. **Bahn/Bus:** Bhf Bebra, Bus 250 Sontra-Wichmannshausen Mitte, Bus 240 bis Ringgau-Grandenborn. **Auto:** ↗ Eschwege, B27 bis Wichmannshausen, B7 bis Ringgau, Landstraße bis Grandenborn. **Zeiten:** Mo – Do 10 – 15.30, Fr 10 – 13, Sa 10 – 14 Uhr. **Preise:** Käseverkostung mit Glas Wein 6,50 €.

▶ Durch große Fenster könnt ihr den Käsern über die Schulter schauen. Ihr seht wie Käselaibe geformt, ins Salzbad gelegt und zum Reifen gelagert werden. Die Ringgauer Landkäserei fertigt Käse- und Milchprodukte nach traditionellen Rezepten und frei von Zusatz- und Konservierungsstoffen. 11 Bio-Sorten sind im Angebot. Kräuter und Gewürze wie Bockshornklee, Bärlauch, Basilikum, Knoblauch, Pfeffer und Paprika sorgen für eine besondere Geschmacksnote. Zum Sortiment gehören auch frische Milchprodukte wie Joghurt und Quark. Über das Käsen hinaus gibt es Informationen über die Region. Schließlich trägt die Landkäserei im Logo die nahe **Boyneburg.**

*Die Ruine **Boyneburg,** von der heute nur noch zwei Seiten des 5-eckigen Bergfrieds und ein kleiner Teil der Kapelle erkennbar sind, steht nahe Wichmannshausen, ein Stadtteil von Sontra.*

Burgen und Schlösser

Im Zeichen der Jugendbewegung

Jugendburg Ludwigstein, 37214 Witzenhausen. ✆ 05542/5017-10, Fax 5017-12. www.burgludwigstein.de. info@burgludwigstein.de. **Bahn/Bus:** Bhf Witzenhausen, Bus 220 bis Ludwigstein, 20 Min zu Fuß oder Burgbus über Burgbüro bestellen. **Auto:** ➚ Witzenhausen, B27 Richtung Bad-Sooden-Allendorf, rechts Abzweig zur Burg ausgeschildert. **Zeiten:** 7.30 – 22 Uhr, Führungen So, Fei 13, 14, 15 Uhr oder auf Anfrage. **Preise:** Führungen 2,50 €; Kinder ab 6 Jahre 2 €. **Infos:** ➚ Ferienadressen.

▶ Auf einem Bergkegel liegt auf hessischer Seite des Werratales die **Burg Ludwigstein.** Sie ist nach dem Landgrafen, der sie erbaute, benannt. Die Feste sollte die umstrittene Grenze sichern, schließlich lag Burg Hanstein genau gegenüber. Im Laufe der Zeit wurde sie Sitz für Verwaltung und Gericht. Im 19. Jahrhundert zerfiel die Burg. Die Jugendbewegung der *Wandervögel* baute sie ab 1920 zum romantischen Ziel wieder auf. Naturnähe, Gemeinschaft, Eigenverantwortung und Selbsttätigkeit wurden groß geschrieben. Bis heute werden auf der Burg Ludwigstein diese Werte gepflegt.

Die Burg ist **Herberge** mit Mittelalterflair, Bildungsstätte und **Ausstellungsort** für die Geschichte der Jugendbewegung. Als Tagesbesucher könnt ihr den Turm besteigen, an Führungen teilnehmen und Erlebnisprogramme wie z.B. Spuk um die Burg buchen.

Jugendliche bauen hier derzeit Deutschlands größtes Stohballenhaus. Kinder ab 6 Jahre können mitbauen. Meldet euch vorher im Burgbüro!

Hunger & Durst

Burgküche, in der Burg Ludwigstein, Witzenhausen. www.burgludwigstein.de. Täglich 7.30 – 20 Uhr. Gerichte aus biologisch und regional angebauten Lebensmitteln.

Ausflug nach Thüringen

Burgruine Hanstein, 37218 Bornhagen. ✆ 036081/61311, Fax 68545. www.burgruine-hanstein.de. info@burgruine-hanstein.de. **Bahn/Bus:** Keine Busverbindung von Witzenhausen. **Auto:** ➚ Witzenhausen, B27 Richtung Bad Sooden-Allendorf, bei Werleshausen Abzweig ausgeschildert. **Zeiten:** März – Okt 10 – 18, Nov 10 – 16 Uhr, Dez – Feb Sa, So, Fei 10 – 16 Uhr.

Preise: 2,50 €; Kinder ab 6 Jahre 1 €. **Infos:** Führungen auf Anfrage.

▶ Die Burgen Hanstein auf thüringischer und Ludwigstein auf hessischer Seite prägen die Landschaft der Werraschleife bei Witzenhausen. Die Hanstein gilt als die schönste Burgruine in Mitteldeutschland. Die Erbauer nutzten die vorhandenen Buntsandsteinfelsen aus. Die früheste Erwähnung der Burg im Jahre 1070 berichtete zugleich über ihre Zerstörung durch *Heinrich IV.*. Sie wurde aus Holz wieder aufgebaut. Irgendwann wurde sie verlassen und verfiel. Die Burganlage ging 1946 in das Volkseigentum der DDR, nach der Wende in den Gemeindebesitz von Bornhagen über. Heute ist Hanstein ein Ausflugsziel.

Die Burg ist jeweils am 1. Wochenende im August Schauplatz eines mittelalterlichen Festes.

Hunger & Durst

Klausenhof, Friedensstraße 28, Bornhagen. ✆ 036081/61422. www.klausenhof.de. März – Dez Mi – So 10 – 1 Uhr. Altes Wirtshaus unterhalb der Burg, Eichsfelder Spezialitäten und Gerichte der Saison, Ritteressen auf Anfrage.

Wo die Ritter hausten

Schloss Berlepsch, Berlepsch 1, 37218 Witzenhausen. ✆ 05542/5070-10, Fax 5070-110. www.schlossberlepsch.de. info@schlossberlepsch.de. **Bahn/Bus:** Hbf Kassel, R1 bis Witzenhausen Nordbahnhof, AST ✆ 01802/003500. **Auto:** ↗ Witzenhausen, B80 bis Gertenbach, weiter über Hübental. **Zeiten:** Führungen Mi – Fr 15, Sa, So, Fei 12.30, 14 und 16 Uhr. **Preise:** 4 €, Gruppen bis 10 Pers 40 €; Kinder ab 12 Jahre 4 €.

▶ Schon aus der Ferne seht ihr die markante Türmchen-Silhouette von Schloss Berlepsch, das auf einem Bergsporn am Rande des Werratals liegt. *Arnold von Berlepsch* hatte sich den Platz 1369 ausgesucht. Die mittelalterliche Festung wurde im 16. Jahrhundert mehrfach vergrößert. Sie sollte die Grenze nach Norden halten. Im 30-jährigen Krieg wurde die Burg zerstört und dann wieder aufgebaut. Später kamen große Teile des Renaissanceschlosses hinzu.
Das Schloss ist in 20. Generation in Familienbesitz. Hausherr *Fabian Sittich Freiherr von Berlepsch* führt selbst durch Schlosshof, Gewölbe, Festsaal, Sommersalon und Rittersaal. Dabei erfahrt ihr, warum die Stammfamilie der Sittiche den exotischen Vogel im Wappen trägt. Zum Schluss erklimmt ihr den 25 m

Hunger & Durst

Schlosstaverne, Berlepsch 1, Witzenhausen. ✆ 05542/507011. www.schlossberlepsch.de. Mi – So, Fei 12 – 21 Uhr. Im Schlossgewölbe werden mittelalterliche Gerichte, auch für weniger als 10 €, serviert.

hohen Bergfried. Schloss Berlepsch bietet zahlreiche Veranstaltungen an, die euch das Mittelalter nahe bringen.

Holleum Frau Holle Museum, Landgrafenstraße 17, Hessisch Lichtenau. ✆ 05602/807-147. www.frau-holle-tor.de. So 15 – 17 Uhr und auf Anfrage. Erw 2 €; Kinder ab 6 Jahre 1 €. Im Alten Rathaus mit dem bemalten Fachwerk ist im Oktober 2011 das Holleum eingezogen. Es führt euch in 4 geheimnisvolle Themenwelten der Frau Holle: Märchen, Meißner, Unterwelt und Kräuter. Ihr könnt es euch zunächst auf Polstern bequem machen und das Märchen von Gold- und Pechmarie hören. Anschließend erlebt ihr auf einer interaktiven Tour den Mythos der Frau Holle mit allen Sinnen. Am Schlusst macht ihr es wie Frau Holle: ihr lasst die Federn fliegen.

Museen und Aktionen

Märchenzitate auf Schritt und Tritt

Frau Holle Rundweg, Landgrafenstraße 52, 37235 Hessisch Lichtenau. ✆ 05602/807-147, Fax 807-200. www.hessisch-lichtenau.de. kultur-tourismus@hessisch-lichtenau.de. **Dauer:** ca. 1 Std. **Bahn/Bus:** ↗ Hessisch Lichtenau. **Infos:** Rundweg-Faltblatt in der Tourist-Info. Führungen mit Frau Holle oder dem Karpfenfänger auf Anfrage.

▶ Im Märchen von Frau Holle schlüpfen Gold- und Pechmarie durch ein Tor in die andere Welt. Auch ihr beginnt den **Frau Holle Rundweg** in Hessisch Lichtenau unter einem Bogen. Start ist am Parkplatz am **Kreuzrasen.** Das Tor bildet die erste von 12 Stationen. Über eine Brücke lauft ihr auf ein Fenster zu. Wer empfängt euch dort? Frau Holle, die ihr Kissen schüttelt. In die Wege sind Spruchplatten mit Zitaten eingelassen. »Federn wurden zu Schneeflocken«, heißt es an der Bronzefigur. Gut erkennbar ist der Apfelbaum als Sinnbild für Fleiß. Weiter geht es zum **Eulenturm** und zum **Rundturm,** der mal Gefängnis war. Ihr überquert die Straße und kommt zum **Karpfenfängerteich.** In Erinnerung an die Sage schauen ein Fisch- und ein Eselskopf aus dem Wasser. Weiter hinten im Park begegnet ihr der Göttin Freya. In der Sagenwelt ist sie eine Vorgängerin von Frau Holle. An Kleingärten und der alten Stadtmauer entlang führt der Weg zum **Alten Rathaus** mit dem neuen *Holleum.* Ein besonders verträumter Platz ist der **Malerwinkel.** Die Holzbalken der Häuser sind bunt bemalt. Seht ihr den Kakadu? Durchs **Quenteler Tor,** einem der 3 Stadttore, kommt ihr zum Park zurück. Der Rundweg endet am **Märchenbrunnen.**

Wie das weiße Gold entstand

Salzmuseum, Rosenstraße 1, 37242 Bad Sooden-Allendorf. ✆ 05652/9587-0, Fax 9587-109. www.salzmuseum.heimatkunde-bsa.de. touristinfo@bad-sooden-allendorf.de. **Bahn/Bus:** Bhf Bad Sooden-Allendorf, Stadtbus 215B bis Werratal-Therme. **Auto:** ➚ Bad Sooden-Allendorf. **Rad:** Werratal-Radweg. **Zeiten:** Sa, So, Fei 14 – 17 Uhr, April – Okt auch Mi 14 – 17 Uhr. **Preise:** 1 €; Kinder bis 16 Jahre 0,50 €. **Infos:** Führungen nach Vereinbarung ✆ 05652/958716.

© Tourist-Info Bad Sooden-Allendorf

Da kommt ganz schön was raus: Frau Holle beim Bettenschütteln im Söder Tor von Bad Sooden-Allendorf

▶ Im Salzmuseum im Söder Tor erfahrt ihr alles über das weiße Gold von Bad Sooden-Allendorf. Bis 1906 wurde hier Salz produziert. Über Jahrhunderte brachte das Nahrungsmittel und Gewürz Wohlstand in die Stadt. Lasst das Salz mal durch eure Hände rieseln. Ihr seht Originalgeräte, die zur Gewinnung nötig waren. Modelle wie z.B. ein nachgebautes Siedehaus um 1600 veranschaulichen die Technik. Zu besonderen Anlässen werden die historischen Siedepfannen heute noch benutzt. Der Handel war klar über Verträge geregelt. Es gab sogar eine eigene Salzbibel. Interessant ist die Ausstellung über den Transport des Salzes auf alten Handelsstraßen. Zum Andenken könnt ihr Säckchen mit Bad Soodener Salz und Sole, die am Gradierwerk gefördert wurde, in kleinen Fläschchen erwerben.

Zur Märchenwoche in Bad Sooden-Allendorf jeweils nach Ostern schüttelt Frau Holle vom Söder Tor ihre Betten aus.

Aus Ton und Glas

Glas- und Keramikmuseum, Kleiner Kirchrain 3, 37247 Großalmerode. ✆ 05604/9335-26, Fax 9335-47. www.grossalmerode.de. touristinformation@grossalmerode.de. **Bahn/Bus:** Bhf Witzenhausen, Bus 210 bis Großalmerode Speckplatz. **Auto:** ➚ Kassel, Ausfahrt 78 Ost, B7 Richtung Eschwege, ab Helsa Landstraße. **Zeiten:** April – Okt So 14 – 17 Uhr. **Preise:** 2 €; Kinder bis 12 Jahre 1 €, Jugendliche 1,50 €. **Infos:** Gruppenführung über Hans-Jürgen Schneider, ✆ 05604/ 6279.

▶ Wollt ihr erfahren, was man aus Ton und Glas alles machen kann? In diesem Museum bekommt ihr einen Eindruck von der großen Bandbreite der Handwerkskunst. Großalmerode ist das europäische Zentrum für Waldgläsnerei und Feuerfestkeramik. In nachgebauten Werkstätten wird die Herstellung von Industriekeramik gezeigt. Ihr seht, wie ein Brennofen funktioniert. In den Vitrinen sind Tonprodukte aller Art ausgestellt: Haushaltsgeschirr, Tonpfeifen, Dachziegel und Wasserrohre. Eine eigene Abteilung ist der Herstellung von Waldglas im 16. Jahrhundert gewidmet. Trinkgläser und Apothekenflaschen zeigen Produkte aus neuerer Zeit. Ihr erfahrt, wie ein Bergmann arbeitete und eine Arbeiterfamilie lebte.

Am Museum startet ein technisch-historischer **Lehr- und Wanderpfad.** Auf Infotafeln wird erklärt, wie Großalmerode sich dank reicher Bodenschätze wirtschaftlich entwickeln konnte.

Weltgeschichte im Kleinformat

Eschweger Zinnfiguren Kabinett, Hospitalstraße 7, 37269 Eschwege. ✆ 05651/33198-5, Fax 50291. www.werratal-tourismus.dc. tourist-Info@ werratal-tourismus.de. **Bahn/Bus:** Stadtbahnhof Eschwege, Stadtbus 230.1 bis Hospitalplatz. **Auto:** ↗ Eschwege. **Rad:** R5. **Zeiten:** Mi, Sa, So 14 – 17 Uhr, Führungen nach Absprache. **Preise:** 2 €; Kinder ab 6 Jahre 1 €.

▶ Hier seht ihr die Großen mal ganz klein: im Zinnfigurenkabinett sind *Ramses, Cäsar, Napoleon* und viele andere millimetergroß dargestellt. Sie stehen mitten im Geschehen, das Weltgeschichte geschrieben hat. Etwa 12.000 Figuren und 200 räumliche Szenen aus 5000 Jahren zeigt der Verein mit Sammelleidenschaft in der historischen **Kemenate.** Viele der Winzlinge haben die Mitglieder selbst bemalt. Die Szenen wirken lebendig, mit ein bisschen Fantasie scheinen die Figuren sich zu bewegen. Man sieht die

Kemenate bedeutet Kaminraum. In den Burgen war oft nur dieser Raum beheizt. In Eschwege war die Kemenate Teil des Klosters. Sie ist das vermutlich älteste Gebäude der Stadt.

Ägypter beim Pyramidenbau, Ritter beim Turnier, Seefahrer auf ihren Windjammern und Nonnen im Kreuzgang. Besonders schön sind die Flussbadeanstalt von 1900 etwa oder die feine Gesellschaft beim Picknick im Grünen. Viele Szenen haben mit der Stadtgeschichte von Eschwege zu tun. Das Zinnfigurenkabinett ist deshalb auch die Schlechtwetterlösung eines Stadtrundgangs. Ihr müsst euch alles einfach groß vorstellen.

Lust auf **Minigolf?** Nur ein paar Schritte von der Altstadt entfernt könnt ihr am Schwanenteich (Fritz-Neuenroth-Weg) spielen. April – Okt 10 – 22 Uhr. Kinder bis 14 Jahre 2 €, Erw 2,50 €.

Vom alten Hafen zu den Kaufmannshäusern

Stadtspaziergang, Auf der Schlagd, 37281 Wanfried. ✆ 05655/331985, Fax 50291. www.werratal-tourismus.de. tourist-info@werratal-tourismus.de. **Bahn/Bus:** Stadtbahnhof Eschwege, Bus 78, 200, 231 bis Wanfried, Stadtpark. **Auto:** ↗ Eschwege, B249. **Rad:** R5. **Zeiten:** Mai – Okt. **Preise:** Erlebnisführung für Familien »Die Gänsehirtin am Wanfrieder Marktbrunnen« 5 € (bis zu 25 Pers); Erlebnisführung für Familien 3 €.

▶ Der alte Hafen von Wanfried, die *Schlagd,* war einst Endpunkt der Weser-Werra-Schifffahrt. Hier wurden Waren von und nach Südosteuropa verfrachtet. Um das Flussufer zu befestigen, wurden im Mittelalter schwere Holzstämme in den Grund geschlagen. So entstand ein Anlegeplatz – eine sogenannte Schlagd. Verzierte Fachwerkhäuser mit wunderschönen Schnitzereien zeigen, wie reich die Kaufmannsstadt an der Werra gewesen sein muss. Heute lockt sie Touristen an. Ein Holzboot im Wasser und eins an Land sowie Fässer an der Caféterrasse verbreiten gemütliche Hafenatmosphäre. An der Kanuanlegestelle radelt die Fi-

Am alten Werrahafen von Wanfried: »Schlagd« bedeutet einfach gemauerte Anlegestelle

© pmv, Foto: Annette Friauf

WERRATAL

Hunger & Durst

Zur Schlagd, Auf der Schlagd 2-3, Wanfried. ✆ 05655/496877. www.gaststaette-zur-schlagd.de. Mo – Do 12 – 22, Fr 12 – 23, Sa 11 – 23, So 11 – 22 Uhr. Sitzplätze direkt an der Werra, warme und kalte Küche, hausgemachter Kuchen.

gur Trethenner mit Windkraft. Auf einer Route durch die Stadt kommt ihr an Herrenhäusern, Schlössern und Mühlen vorbei. Tafeln erklären 29 Gebäude. Die Gänsehirtin vom Wanfrieder Marktbrunnen begleitet euch auf einer familiengerechten Erlebnisführung, die in der Tourist-Info gebucht werden kann.

Gedenkstätte auf der innerdeutschen Grenze

Grenzmuseum Schifflersgrund, Platz der Wiedervereinigung, 37318 Asbach-Sickenberg. ✆ 036087/98409, Fax 98414. www.grenzmuseum.de. info@grenzmuseum.de. **Bahn/Bus:** Bhf Bad Sooden-Allendorf, AST ✆ 05652/6600 bis Grenzmuseum. **Auto:** ➚ Bad Sooden-Allendorf, Schildern folgen. **Zeiten:** März – Okt 10 – 17 Uhr, Nov – Feb Di – Fr 10 – 16, Sa, So 11 – 16 Uhr. **Preise:** 4 €; Kinder ab 10 Jahre 4 €.

▶ An der ehemaligen innerdeutschen Grenze könnt ihr nachvollziehen, wie diese ausgesehen hat. Als Ort der Erinnerung zeigt das Museum Grenzsicherungsanlagen im Originalzustand: Beobachtungsturm, Metallgitterzäune, Ktz-Sperrgräben und Selbstschussanlagen. Dahinter stehen Schicksale von Menschen. Wer aus der DDR zu flüchten versuchte, bezahlte es oft mit dem Leben. *Heinz-Josef Große* wurde am 29. März 1982 erschossen, nachdem er mit Hilfe einer Baggerschaufel über den Zaun geklettert war. Er war einer von 1065 Toten an der Grenze. Sein Fluchtfahrzeug ist zu besichtigen. Bei einem Rundgang über das Freigelände seht ihr zahlreiche Panzer, Helikopter und Militärfahrzeuge, auch aus dem Westen. In den Räumen ist deutsch-deutsche Geschichte bis zum Mauerfall ausführlich dokumentiert. Über Kopfhörer erzählen euch Zeitzeugen, wie sie nach der Grenzöffnung 1989 zum ersten Mal ihre Verwandten besuchten. Das Museum wurde am 3. Oktober 1991 als erstes seiner Art eröffnet. Es will Mahnmal, Begegnungsstätte und Lernort sein. ihr könnt das Gelände auch mit Audioguide oder bei Führungen besichtigen.

BURGWALD & MARBURG

Happy Birthday!
Das Geburtstagskind hat freien Eintritt, die Gäste werden über die Familienkarte abgerechnet. Man kann Speisen mitbringen oder in der AquaOase essen.

Hunger & Durst
Bistro AquaOase, im Schwimmbad, Marburg. ✆ 06421/165565. Abwechslungsreiche, preisgünstige Angebote.

das Freibad geöffnet. Die jüngsten Badegäste tummeln sich im Planschbecken und am Wasserspielplatz. Es gibt ein Nichtschwimmerbecken mit Rutsche und ein 25-m-Becken mit 6 Bahnen für die Schwimmer. An Land könnt ihr Beachvolleyball und Tischtennis spielen oder euch durch ein Netz hangeln. Für Klettermaxe bietet auch das Hallenbad eine neue Attraktion: eine 6 m hohe Wasserclimbing-Wand. Danach geht es auf die 63 m lange Black-Hole-Rutsche. Zusätzlich gibt es ein Lehrschwimm-, ein Sprung- und ein Aktionsbecken mit Whirlpool, Strömungskanal und Schwallduschen. sowie eine Kräutersauna auf der neu gestalteten Dachterrasse. Montags ist Familiensaunatag und samstags gibt es manchmal Kinderbadepartys.

Mal steht das Wasser tief, mal hoch

Ederberglandbad Frankenberg, Teichweg 17 – 19, 35066 Frankenberg. ✆ 06451/755-484, Fax 755-180. www.wfr-frankenberg.de. info@egf-frankenberg.de.
Bahn/Bus: Hbf Marburg, RB42 bis Bhf Frankenberg.
Auto: ↗ Marburg, B3, B252 bis Frankenberg. **Rad:** R6.
Zeiten: Freibad Mai – Sep Mo – Fr 9 – 19, Sa, So 9 – 18 Uhr, Hallenbad Sep – Mai Mo – Fr 7.30 – 12, Di – Fr 15 – 21, Sa 9 – 20, So, Fei 9 – 18 Uhr. **Preise:** 3 €; Kinder ab 5 Jahre 2,50 €.

▶ Das Ederberglandbad am Naherholungszentrum Teichgelände bietet Familien ganzjährig Spaß im Nass. Das **Freibad** liegt eingebettet in eine 5000 qm große Liegewiese mit alten Bäumen. Es gibt ein Nichtschwimmer- und ein 50 m langes Schwimmerbecken. Die Kleinsten planschen unter einem großen Sonnenschirm. Abwechslung bieten Sandspiele, Minigolf und Beachvolleyball. Springen und tauchen könnt ihr in der kalten Jahreszeit im **Hallenbad.** Das Schwimmerbecken hat 28 Grad Wassertemperatur. Nichtschwimmer und Kleinkinder baden bei 32 Grad. Das besondere im Nichtschwimmerbecken ist der Hubboden. Damit kann die Wassertiefe je nach Bedarf geändert werden. Das wissen Familien und alle, die schwimmen lernen, zu schätzen. Zum Angebot des Wohlfühlressorts Frankenberg gehören neben dem Schwimmbad auch ein Fitness-Gerätepark, das *Café Jolientes* und Kinderbetreuung im Mini-Club.

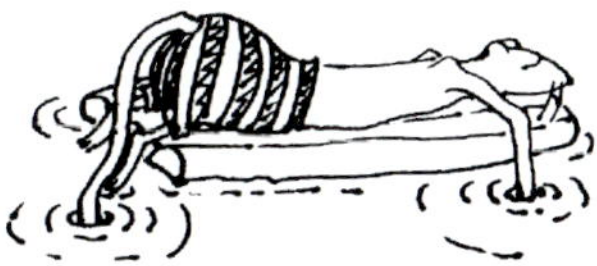

Auf See & Fluss

Baden in Niederweimar

Seepark Niederweimar, Am Weimarer See 10, 35096 Niederweimar. ✆ 06421/972370, Fax 77455. www.hotsport.de. seepark@hotsport.de. **Bahn/Bus:** Hbf Marburg, RE30, Bhf Weimar-Niederweimar. **Auto:** ↗ Marburg, B3 Richtung Gießen Ausfahrt Gisselberg, B255, Schildern folgen. **Zeiten:** Mai – Sep 10 – 20 Uhr. **Preise:** Badestrand 4 €, 2 Std Grundkurs Wasserski 19 €; Kinder 4 – 15 Jahre Badestrand 3 €, Kinder 6 – 16 Jahre 2 Std Grundkurs Wasserski 15 €.

▶ Vor den Toren Marburgs lockt der Seepark Niederweimar Menschen an, die Spaß im und am Wasser haben möchten. Faulenzer können sich am Sandstrand unter Palmen oder auf der Liegewiese aalen. Das Seeufer fällt sanft ab. Kinder toben auf dem Wassertrampolin und dem Spielplatz. Das Sportangebot reicht von Beachvolleyball über Tauchen bis zu Wasserski und Wakeboarden mit Seilbahn. Ein Café verköstigt die Badegäste.

Freizeitspaß auf der Lahn

Ruder- und Tretbootverleih, Auf dem Wehr 1a/Trojedamm, 35037 Marburg. ✆ 06421/8048467, Handy 0173/9022798. www.bootsverleih-marburg.de. mtm@marburg.de. **Bahn/Bus:** Hbf Marburg, Bus 6 oder 10 bis Rudolphsplatz. **Auto:** ↗ Marburg, B3 Ausfahrt Mitte, Erlenring. **Zeiten:** April – Okt 9 – 21 Uhr. **Preise:** 30 Min 5 €.

▶ Am Lahnufer im Stadtteil *Weidenhausen* könnt ihr Tret- und Ruderboote leihen. Eine Tour führt vom

Hunger & Durst

Ufercafé, Mo – So 9 – 23 Uhr.

Wehr bis in den Norden Marburgs, vorbei an der Wildwasserbahn in einem Seitenarm der Lahn. Vom Ufercafé neben dem Bootsverleih aus könnt ihr anderen Freizeitkapitänen zusehen. Der Trojedamm eignet sich gut für Radtouren. Der Bootsverleih hält auch Elektro-Bikes bereit.

© Marburg, Arbeit und Bildung

Schöner als in Venedig: Bootstour mit der Elisabeth II. auf der Lahn

Marburg vom Fluss aus

Elisabeth II, Auf dem Wehr 1a/Trojedamm, 35037 Marburg. ✆ 06421/9912-13, Fax -12. www.marburg.de. rahmenprogramme@marburg.de. **Bahn/Bus:** Hbf Marburg, Bus 6 oder 10 bis Rudolphsplatz. **Auto:** ➚ Marburg, B3 Ausfahrt Mitte, Erlenring. **Zeiten:** April – Okt Sa, So, Fei 14, 15, 16, 17 Uhr, Fr Mondscheinfahrt ab 21 Uhr. **Preise:** 6 €; Kinder 6 – 12 Jahre 4 €.

▶ *Elisabeth II.* hat es von Lübeck nach Marburg verschlagen. Vom Trojedamm in Weidenhausen aus startet der ehemalige Fischkutter zu 1-stündigen Ausflugsfahrten auf der Lahn. Das Boot fährt mit gemütlichen 6 km/h vom Weidenhäuser bis zum Afföller Wehr und zurück. Ein- und Ausstieg ist am Ufercafé. Elisabeth II. nimmt maximal 10 Leute mit.

FRISCHE LUFT UND SPORT

Mit dem Fahrrad oder zu Fuß

Von der Lahn zur Eder radeln

Lahn-Eder-Radweg, Untermarkt 12, 35066 Frankenberg. ✆ 06451/717672, Fax 717674. www.ederbergland-touristik.de. info@ederbergland-touristik.de. **Länge:** 29 km. **Bahn/Bus:** Hbf Marburg, RB43 bis Bhf Lahntal-Sarnau. **Auto:** ➚ Marburg, B3, B252 Richtung Frankenberg, B62 Richtung Biedenkopf bis Lahntal-Sarnau. **Rad:** R6.

▶ Diese 29 km lange Route verbindet die Flüsse **Lahn** und **Eder.** Start ist der Bahnhaltepunkt in *Lahntal-Sarnau,* Ziel *Frankenberg.* Es geht natürlich auch umgekehrt. Die Tour hat Steigungen, ihr müsst 300 Höhenmeter überwinden. Auf gut ausgebauten Wegen oder verkehrsarmen Straßen radelt ihr immer parallel zur Burgwaldbahn. Der Lahn-Eder-Radweg quert das landschaftlich schöne *Tal der Wetschaft.* Es geht durch die hübsche Fachwerkstadt *Wetter* und beschauliche Bauerndörfer in Richtung *Münchhausen.* Auf der Strecke liegen die Hugenotten- und Waldensersiedlungen *Todenhausen* und *Wiesenfeld.* In Höhe des Bahnhofs *Birkenbringhausen* liegt die Wasserscheide zwischen Lahn und Eder bzw. Rhein und Weser. Von dort geht es talwärts ins Edertal bis Frankenberg.

Hunger & Durst

Hotel Sonne, Marktplatz von Frankenberg, Frankenberg. ✆ 06451/7500. www.sonne-frankenberg.de. Täglich 11.30 – 14.30 Uhr sowie ab 18 Uhr warme Küche, sonst Snacks. Leckere regionale Speisen auf der Terrasse, im Hotel auch Gourmet-Restaurant.

Marburgs liebster Aussichtspunkt

Spiegelslustturm, Hermann-Bauer-Weg 2, 35043 Marburg. ✆ 06421/682129, www.spiegelslustturm.de. info@spiegelslustturm.de. **Bahn/Bus:** Hbf Marburg, Bus 7 und 16. **Auto:** ↗ Marburg, Richtung Lahnberge, Klinikum, Spiegelslust, Schildern folgen, Parkplatz vor dem Turm Klinikum/Haupteingang rechts abbiegen, siehe Schild: Turm-Café und Spiegelslust, 1,2 km durch den Wald. **Zeiten:** April – Okt 13 – 19 Uhr, Nov – März 13 – 18 Uhr. **Preise:** 1 €; Kinder 5 – 18 Jahre 0,60 €.

▶ Korrekt heißt er eigentlich *Kaiser-Wilhelm-Turm,* aber im Volksmund wird der Aussichtspunkt *Spiegelslustturm* genannt. Namensgeber ist *Werner Freiherr von Spiegel zum Desenberg,* der schon 1828 auf dem höchsten Punkt Marburgs einen Pavillon bauen ließ. Von den Lahnbergen aus kann man seit der Turmeröffnung 1890 noch besser auf die gegenüberliegende Stadt schauen. Die nahe Waldgaststätte und das Turmcafé sind beliebte Ausflugsziele. Im Sommer gibt es Konzerte und Kulturveranstaltungen auf der Waldbühne. Direkt unter der Aussichtsplattform befindet sich das renovierte **Turm-Stübchen** mit eine kleinen Bühne für Märchenerzählungen, Lesungen und Solokonzerte. Am Turm ist ein Lichtkunstwerk installiert, das bei Anruf (✆ 9005/771207) leuchtet. Es ist der Heiligen Elisabeth gewidmet.

Hunger & Durst

Turm-Café, Hermann-Bauer-Weg 2, Marburg. ✆ 06421/682129. www.spiegelslust-turm.de. 13 – 19, So, Fei ab 11 Uhr. Kaffee und Kuchen sowie Ahle Worscht mit Brot.

Minigolfen oder klettern

Am Lahnufer Bälle schlagen

Minigolfplatz, Sommerbadstraße 41/Trojedamm, 35037 Marburg. ✆ 06421/21331, www.lahnaue.de. info@lahnaue.de. **Bahn/Bus:** Hbf Marburg, Bus 3 bis Südbahnhof West. **Auto:** ↗ Marburg, B3 Ausfahrt Mitte, Schildern folgen. **Zeiten:** April 9 – 13, 15 – 18 Uhr, Mai – Sep 8 – 20, Okt 9 – 18 Uhr, Nov – März 11 – 16 Uhr. **Preise:** 3 €; Kinder bis 15 Jahre 2 €.

▶ 10 Minuten von der Altstadt entfernt liegt der **Campingplatz Lahnaue.** Ihr erreicht ihn über einen Fuß- und Radweg parallel zur Lahn. Der Minigolfplatz ist auch für Nicht-Camper zugänglich.

Vom Märchenwald zum Mount Everest

Kletterwald Marburg, Dammühlenstraße 1, 35041 Marburg-Wehrshausen. ✆ 06421/9291080, Handy 0176/ 32221262. www.kletterwald-marburg.de. info@kletterwald-marburg.de. **Bahn/Bus:** Hbf Marburg, Bus 17 bis Neuhöfe oder Bus 16 bis Wehrshausen. **Auto:** ↗ Marburg, B3 Ausfahrt Mitte, Erlenring, Universitätsstraße über Ockershausen und Neuhöfe bis Dammühle. **Zeiten:** April – Okt Do, Fr ab 13 Uhr, hessische Schulferien Mo – Fr ab 10 Uhr, Sa, So, Fei ab 9 Uhr. **Preise:** 18 €; Kinder ab 6 Jahre 12 €, Märchenwald-Parcours 7 €; Familienkarte 52 €, Do Familientag 44 €.

Hunger & Durst

Dammühle, Dammühlenstraße 1, Marburg. ✆ 06421/9356-0. www.hotel-dammuehle.de. Täglich 7 – 10, 12 – 21.30 Uhr. Mit großem Biergarten und Spielplatz am Mühlenbach, regionale Spezialitäten.

▶ Wenige Kilometer von Marburg entfernt könnt ihr direkt neben dem **Ausflugsrestaurant Dammühle** klettern. Hier erleben schon Kinder ab 4 Jahren sportliche Abenteuer. Der Parcours *Märchenwald* verläuft auf einer sanften Höhe von bis zu 1,20 m. Kinder ab 6 Jahre können höher einsteigen und sich langsam auf Wipfeltouren vorbereiten. Fortgeschrittene wagen sich auf den Parcours *Kilimandscharo* mit 7 – 9 m Höhe, der *Mount Everest* geht sogar auf bis zu 12 m. Spaß bietet auch die Seilbahn Flitzer und das Tandem-Klettern zu zweit. Donnerstags ist im Kletterwald Familientag.

Für Naturforscher

Ziegen füttern in Frankenberg

Wildpark am Gossberg, Wildparkweg 10, 35066 Frankenberg. ✆ 06451/23244, www.frankenberg.de. info@frankenberg.de. **Bahn/Bus:** Hbf Marburg, RB42 bis Bhf Frankenberg. **Auto:** ↗ Marburg, B3, B252 bis Frankenberg, Richtung Schreufa Schildern folgen. **Rad:** R6. **Zeiten:** täglich geöffnet, Fütterung 15 Uhr. **Preise:** Freier Eintritt.

▶ Die Ziegen schauen schon neugierig, wenn ihr den Wildpark am Gossberg betretet. An einem Berghang gegenüber der Frankenberger Altstadt könnt ihr Wildtiere füttern und berühren. Dort leben Rudel von Rot-, Dam- und Sikawild, Mufflons, Bergziegen, Wildschweine und Esel. Die Tiere laufen frei herum, die Türen an den Gattern schließen sich hinter euch selbstständig. Am Eingang stehen Automaten mit Futtertüten zu 1 €. Nachmittags könnt ihr bei der Fütterung zusehen. Der Weg durch den Wildpark ist 2 km lang.

Vorsicht, versteckte Kamera!

Camera Obscura, vor dem Landgrafenschloss, 35037 Marburg. ✆ 06421/42794, www.uni-marburg.de. camera.obscura@uni-marburg.de. **Bahn/Bus:** Hbf Marburg, Bus 10 bis Schloss. **Auto:** ↗ Marburg, B3 Ausfahrt Mitte, Richtung Oberstadt. **Zeiten:** April – Okt Mi, Sa, So, Fei 14 – 16 Uhr.

▶ Auf der Aussichtsterrasse vor dem Landgrafenschloss steht ein 6-eckiges Holzhäuschen, in dem ei-

UMWELT ERFORSCHEN

Brandneu hat in Marburg das **Chemikum** eröffnet. In dem Mitmachlabor können Kinder ab 4 Jahre im weißen Kittel experimentieren. Schickt uns eure Bewertung! Bahnhofstraße 7, www.chemikum-marburg.de. Di – Fr 8.30 – 13, Mi 15 – 17, jeden 1. Sa im Monat 15 – 17 Uhr.

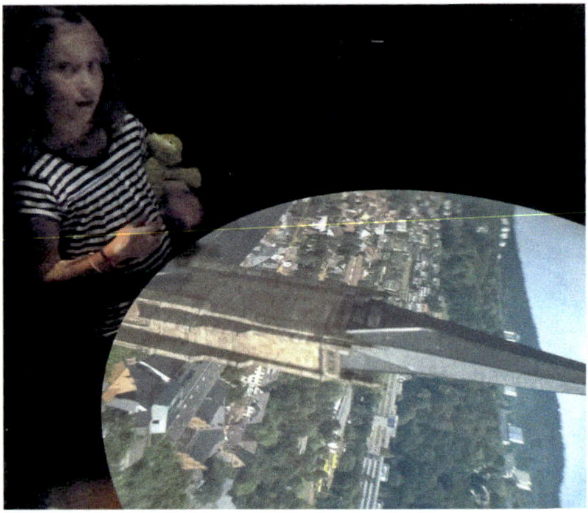

Wie funktioniert das? Die Camera Obscura zeigt drinnen Bilder von draußen

ne merkwürdige Kamera versteckt ist. Die Bilder auf einem Tisch zeigen, was augenblicklich draußen vor sich geht: Menschen laufen, Autos fahren, Zweige bewegen sich, Vögel fliegen. Auf einer Platte mit 1,20 m Durchmesser wird durch eine einfache Optik mit Spiegel und Linse die Umgebung lichtstark abgebildet – so funktioniert das Prinzip der *Camera Obscura*. Durch Drehen und Kippen des Spiegels ist es möglich in verschiedene Richtungen zu schauen. Die Physiker der Marburger Uni haben den Apparat zum 475. Universitäts-Jubiläum 2002 für Besucher aufgestellt. Bei gutem Wetter gibt es auch Nachtvorführungen.

Indianer-Rallye durch die Botanik

Neuer Botanischer Garten, Karl-von-Frisch-Straße, 35037 Marburg. ✆ 06421/282-1508, Fax 282-6659. www.uni-marburg.de/botgart. bot.gart@staff.uni-marburg.de. **Bahn/Bus:** Hbf Marburg, Bus 7 bis Botanischer Garten. **Auto:** ↗ Marburg, B3 Ausfahrt Uni-Lahnberge, Schildern folgen. **Zeiten:** April – Okt 9 – 18, Nov – März 9 – 16 Uhr. **Preise:** Freiland kostenlos, Gewächshäuser 2 €; Kinder ab 6 Jahre 1 €.

▶ Im Neuen Botanischen Garten der Marburger Universität auf den Lahnbergen könnt ihr Pflanzen aus der ganzen Welt bestaunen. Besonders viel Spaß macht die Kinderrallye »Auf den Spuren der Indianer«, sie richtet sich an Kinder zwischen 8 – 12 Jahre. Fragebögen gibt es am Eingang des Gartens. Interessant ist auch die Grüne Schule, in der Kinder und Jugendliche die Welt der Botanik vermittelt bekommen.

Happy Birthday!
Wählt einen Themenschwerpunkt und lernt mit viel Spaß Neues und Interessantes rund um die Welt der Botanik kennen. Die Geburtstagsfeiern dauern 1,5 bis 2 Stunden und kosten inkl. Eintritt und Material 60 €.

© Grüne Schule des Botanischen Gartens Marburg

Auf Expedition: Mit der Grünen Schule des Botanischen Gartens geht ihr in Gruppen oder mit der Klasse auf Forschungsreise

Die Sonne sehen und fühlen

Planetenlehrpfad, Zimmerplatzweg, 35037 Marburg-Cappel. ✆ 06421/606113, Fax 606229. www.planetenlehrpfad-marburg.de. info@blista.de.
Länge: 6 km. **Bahn/Bus:** Hbf Marburg, Bus 2 bis Zuckerberg. **Auto:** ↗ Marburg, B3 Ausfahrt Süd, Richtung Cappel. **Infos:** Broschüre für 2 € bei der Deutschen Blindenstudienanstalt, Am Schlag 6a, oder in der Tourist-Info.

▶ Der Marburger Planetenlehrpfad ist weltweit einzigartig, weil er für **Blinde** und Sehende gemacht ist. Er will euch den Weltraum mit seinen Himmelskörpern näher bringen. Das Sonnensystem ist im Maßstab von 1:1 Milliarde dargestellt. Der Lehrpfad führt entlang der Lahn. Ihr könnt ihn wandern, radeln oder mit Inlinern abfahren. Ausgangspunkt ist der Stadtteil Cappel. Der Lehrpfad führt von dort in Richtung Norden entlang des Radweges bis zum Hauptbahnhof. Auf einer Relieftafel, die man mit den Fingern fühlen kann, bekommt ihr einen ersten Überblick über die Strecke. Auch die Informationen sind auf den Bronzetafeln von Sonne und Planetenstationen hervorgehoben und in Blindenschrift abgebildet. Zusätzlich gibt es eine Broschüre, die für hochgradig Sehbehinderte zu lesen ist und deren Text auf Tonträger gesprochen wurde.

Die Universitätsstadt Marburg ist Sitz der Deutschen Blindenstudienanstalt. Sie setzt sich dafür ein, dass ***Blinde*** *gut ausgebildet werden.*

HANDWERK UND GESCHICHTE

Bahnen, Burgen, Betriebe

Die Eisenbahn fährt durch den Garten

Burgwaldbahn, Marburger Straße 27, 35099 Frankenberg-Ernsthausen. ✆ 06457/91023, Fax 91024. www.burgwaldbahn.de. info@burgwaldbahn.de. **Bahn/Bus:** Hbf Marburg, RB42 bis Bhf Burgwald-Ernsthausen. **Auto:** ➚ Marburg, B3, B252 Richtung Frankenberg bis Ernsthausen, Schildern folgen. **Zeiten:** täglich 11 – 23 Uhr, im Winter nur am Wochenende. **Preise:** 1 € für 10 Min Eisenbahnbetrieb.

▶ Eis essen und dabei die Züge fahren sehen: Das **Wanderstübchen Burgwaldbahn** verbindet Gastronomie mit Eisenbahnromantik in Miniatur. Im Garten fahren mehr als 50 Loks und Waggons über 700 m Schienen, auch ein ICE ist dabei. Dörfer, Fabriken, Bahnhöfe, Zirkus, Sportplatz, eine Burg sowie Brücken und Wasserläufe sind detailverliebt aufgebaut. Findet ihr die Hochzeitsgesellschaft vor der Kirche? Oder den Tierpark mit Jaguar und Ziege? Auch das Vogelhäuschen ist so miniklein, dass die Bienen es bewohnen. Zur Burgwaldbahn gehört ein **Kleintierzoo,** in dem ihr Kaninchen und Meerschweinchen streicheln könnt.

Happy Birthday!
Auf der Karte stehen 7 Kindergerichte zu Preisen von 2,50 bis 6,50 €. Gratis zum Geburtstag gibt es den gedeckten Tisch und Törtchen.

Unter Tage in Battenberg

Besucherbergwerk Burgbergstollen Battenberg, 35088 Battenberg. ✆ 06452/9344-18, Fax 9344-19. www.battenberg-eder.de. info@battenberg-eder.de. **Bahn/Bus:** Hbf Marburg, RB42 bis Bhf Frankenberg, Bus 520 bis Battenberg-Mitte. **Auto:** ➚ Marburg, B3, B252 bis Frankenberg, B253 bis Battenberg. **Rad:** R6. **Zeiten:** Mai – Sep 1. So im Monat 14 – 17 Uhr.

Gelbe Zwerge: Gut gerüstet geht's gleich in den Burgbergstollen hinein

© Bergbausparte Battenberg

▶ Am oberen Edertal wurde seit vielen Jahrhunderten Bergbau betrieben. Auf der Suche nach edlen Metallen ließen die Landesherren Stollen und Schächte in den Berg treiben. Einen könnt ihr mitten in Battenberg besichtigen. Nur 5 Minuten lauft ihr vom Marktplatz zum Besucherbergwerk Burgbergstollen. Mit Öljacke und Grubenlampen ausgerüstet, bekommt ihr Einblicke in die Arbeit der Bergleute. Die Stollen sind 150 Jahre alt. Bis 1911 wurde **Braunstein** abgebaut. Im Krieg suchten die Leute darin Schutz vor Bombenangriffen.

Braunsteine sind Manganerze, die man für die Stahlindustrie und zur Herstellung von Batterien braucht.

Pilgern zur Heiligen Elisabeth

Elisabethkirche, Elisabethstraße, 35037 Marburg. ✆ 06421/65573, www.elisabethkirche.de. kuesterstube@elisabethkirche.de. **Bahn/Bus:** Hbf Marburg, Bus 1 bis Elisabethkirche. **Auto:** ↗ Marburg, B3 Ausfahrt Bahnhofstraße, Schildern folgen. **Zeiten:** April – Sep 9 – 18, Okt 9 – 17, Nov – März 10 – 16, So, Fei ab 11.15 Uhr, Führungen April – Okt täglich 15 Uhr. **Preise:** 2,50 €, Führung 3,50 €; Kinder ab 6 Jahre 1,50 €, Kinderführung pro Gruppe 40 €. **Infos:** Im Kirchenkiosk gibt es für 3 € den Kinderführer »Siehst Du mich«.

▶ Im Mittelalter strömten Pilger an das Grab der Heiligen **Elisabeth.** Die Kirche war eine wichtige Wallfahrtsstätte. Heute könnt ihr den mit Gold verzierten und mit Edelsteinen besetzten Elisabeth-Schrein in der Sakristei bestaunen. Das Grab der Heiligen befindet sich im Kirchengebäude. Warum wird diese Frau so verehrt? Elisabeth war eine ungarische Königstochter. Schon mit 14 Jahren wurde sie mit dem thüringischen Landgrafen *Ludwig IV.* verheiratet. Das Paar bekam 3 Kinder. Ludwig starb jung bei einem Kreuzzug. Als 20-jährige Witwe zog Elisabeth von der Wartburg in Thüringen ins hessische Marburg. Dort kümmerte sie sich nur noch um Arme und Bedürftige und eröffnete ein Krankenhaus. 4 Jahre nach ihrem Tod 1231 wurde Elisabeth vom Papst heilig gesprochen. Ihr werden Wunder zugeschrieben. In den bun-

Die wohltätige Elisabeth wurde von den adeligen Verwandten als Verschwenderin geschimpft, da sie ihr ganzes Geld für Kranke und Arme ausgab. Dem legendären Rosenwunder nach verwandelte sich das Brot für die Armen in Rosen, als Elisabeth zeigen sollte, was sie da im Korb trug.

©dzt

Verehrt und vergoldet: Die heilige Elisabeth von Marburg

ten Glasfenstern könnt ihr das Leben der Heiligen entdecken. Über ihrer Ruhestätte errichtete der damals wohlhabende Deutsche Ritterorden 1235 bis 1283 die Marienkirche und Grabkirche der späteren hessischen Landgrafen. Bei einer Kinderführung erfahrt ihr viel über Elisabeth und die Pilger.

Bei Landgrafens daheim

Landgrafenschloss, Landgraf-Philipp-Straße, 35037 Marburg. ✆ 06421/9912-0, Fax 9912-12. www.marburg.de. mtm@marburg.de. **Bahn/ Bus:** Hbf Marburg, Bus 10 bis Schloss. **Auto:** ↗ Marburg, B3 Ausfahrt Mitte, Richtung Oberstadt. **Zeiten:** Di – So April – Sep 10 – 18, Okt – März 10 – 16 Uhr, Führungen So 15 Uhr. **Preise:** 4 €; Kinder 6 – 17 Jahre 3 €, Kinderführungen pro Gruppe 44 €.

▶ Wie eine Krone trägt Marburg auf dem Gisonenfelsen sein Landgrafenschloss. Es zählt zu den frühesten Höhenburgen Deutschlands. Bei einer Schlossbesichtigung könnt ihr noch Reste alter Burganlagen aus dem 9. und 10. Jahrhundert sehen. Später lebte und herrschte hier der erste hessische Landgraf *Heinrich I.*, Enkel der Heiligen Elisabeth. Seine Mutter, *Sophie von Brabant,* hatte den Ausbau des Schlosses veranlasst. Heute gehört das Schloss zur Philipps-Universität. Es beherbergt einen riesigen Fürstensaal und eine schöne Kapelle. Bei einer einstündigen Kinderführung erzählt euch *Till Eulenspiegel* Geheimnisse über das Marburger Schloss. Ihr dürft selbst in die Rolle von Landgraf und Landgräfin schlüpfen. Auf Wunsch führt der Schelm euch auch in den Rittersaal, wo ihr Rüstungen und Schwerter sehen könnt. Nicht versäumen solltet ihr einen Besuch im Schlosspark.

Im **Museum für Kulturgeschichte** im Wilhelmsbau des Landgrafenschlosses soll Ende 2012 die Dauerausstellung *Echt hessisch? – Land Leben Märchen* eröffnet werden.

Eine Burg mit tollem Blick: Burg Mellnau

Burgstraße 10, 35068 Wetter-Mellnau. ✆ 06423/2309, www.mellnau.de. info@region-burgwald-ederbergland.de. **Bahn/Bus:** Hbf Marburg, RB42 bis Bhf Wetter,

Bus MR-61 bis Mellnau Schule. **Auto:** ↗ Marburg, B3, B252 Richtung Frankenberg bis Wetter, rechts ab nach Mellnau, Schildern folgen. **Zeiten:** jederzeit zugänglich. **Preise:** 1,50 €; Kinder 0,50 €.

▶ Der Bergfried auf dem Burgberg von Mellnau ist schon von Weitem zu sehen. Die Burg wurde 1250 von den Erzbischöfen von Mainz zur Verteidigung gegen die hessischen Landgrafen gebaut. Später hausten dort die Ritter. Unterhalb der Burg gibt es einen schönen Picknickplatz. Wenn ihr die 89 Stufen auf die Aussichtsplattform hinaufsteigen möchtet, müsst ihr den Schlüssel gegen Pfand in der *Gaststätte Mellnauer Hof* nahe der Kirche holen. Vom Turm aus könnt ihr schön weit in die Landschaft schauen, bis zum Marburger Schloss und manchmal auch bis zum Vogelsberg.

Hunger & Durst

Kuckuckshütte, Am Fuß des Bergfrieds, Wetter-Mellnau. ✆ 06423/ 5439778. Mi – Fr 17 – 22, Sa, So 11 – 22 Uhr. Eis, Getränke und kleine Gerichte.

Museen und Stadtführungen

Spaziergang durch Marburgs Oberstadt

Marburg Tourismus und Marketing GmbH (MTM), Pilgrimstein 26, 35037 Marburg. ✆ 06421/9912-0, Fax 9912-12. www.marburg.de. mtm@marburg.de. **Bahn/ Bus:** Hbf Marburg, Bus 10 bis Markt. **Auto:** ↗ Marburg, B3 Ausfahrt Mitte, Richtung Oberstadt. **Zeiten:** Kinderführung auf Anfrage, Führung »Auf den Spuren der Brüder Grimm« April – Okt jeweils am letzten So im Monat, 11 Uhr ab Marktplatz. **Preise:** Auf den Spuren der Brüder Grimm 5 € pro Person; Kinderführung pro Gruppe 40 €. **Infos:** Broschüren Marburg auf einen Blick und Stadtrallye in der Tourist-Info erhältlich, Audio-Guide im Internet herunterladen.

▶ Wenn ihr auf dem Marktplatz von Marburg steht, schaut mal auf den **Rathausgiebel** mit der Uhr. Zu jeder vollen Stunde hebt ein Gockel seine Flügel. Dazu bläst die Figur des Wächters Trompete. Neben ihm sind *Justitia* mit der Waage und der Tod mit Stundenglas dargestellt. Die Altstadt hat viele Gassen und

Besorgt euch in der Tourist-Info einen Stadtplan, wo die Motive angegeben sind, die Ubbelohde für seine Märchenbilder verwendete.

Hunger & Durst

Konditorei & Terrassencafé Vetter, Reitgasse 4, Marburg. ✆ 06421/25888. www.cafe-vetter-marburg.de. Mo – So 9 – 18 Uhr. Traditions-Konditorei im Wiener-Kaffeehaus-Stil, Terrasse mit Panoramablick.

Winkel. In der Barfüßerstraße wohnten die **Brüder Grimm** als Jurastudenten. Sie besuchten Vorlesungen bei Professor *Friedrich Carl von Savigny* zuhause. Damals war es nämlich üblich, dass die Vorlesungen bei den Professoren daheim statt fanden. Geschichten rund um die Märchensammler beschert euch der **Grimm-Dich-Pfad** zwischen Lahn und Schloss. Zum Jubiläum 200 Jahre Kinder- und Hausmärchen wird er 2012 mit Figuren neu gestaltet. Es gibt viele Möglichkeiten, Marburg zu erkunden: auf eigene Faust oder auf einer Stadtrallye mit Rätselaufgaben. Gruppen buchen die 1-stündige Führung »Kinder erleben Marburger Geschichte«. Die Zeitreise beginnt auf dem Marktplatz, wo früher schon Handel getrieben wurde. Ihr lernt auch altertümliche Maße, ursprüngliche Materialien und traditionelles Handwerker kennen und bekommt einen Eindruck, wie die Menschen im Spätmittelalter gelebt und gearbeitet haben.

Hund Axel und die Nonnen

Kreisheimatmuseum Frankenberg, Heiner Wittekindt, Bahnhofstraße 8-10, 35066 Frankenberg. ✆ 06451/743-672, 7180193, www.frankenberg-eder.de. museum@landkreis-waldeck-frankenberg.de. **Bahn/Bus:** Hbf Marburg, RB42 bis Bhf Frankenberg. **Auto:** ↗ Marburg, B3, B252 bis Frankenberg. **Rad:** R6. **Zeiten:** Di, Fr 10 – 12, Mi 15 – 17, So 13 – 17 Uhr. **Preise:** 1 €; Kinder ab 6 Jahre 0,50 €.

▶ Im ehemaligen Kloster St. Georgenberg findet ihr im Nordflügel das Kreisheimatmuseum. Star der Ausstellung ist Axel, ein ausgestopfter Hund. In der Gegend um Frankenberg waren früher Hundefuhrwerke üblich, um Reisig aus dem Wald zu holen. Ein Teil des alten Kloster ist die Mauritiuskapelle. Auch ansonsten erinnert noch viel an das Leben im Zisterzienserinnenkloster. Auf der oberen Etage schliefen früher die Nonnen, im Erdgeschoss befanden sich Küche und Essraum. Ihr könnt noch eine kleine Nische erkennen, in der sich die Nonnen wuschen. Das Museum zeigt viele religiöse Figuren, außerdem Alltags- und Handwerkszeug von früher wie Webstuhl, Spinnrad, Honigschleuder und eine Schuhmacherwerkstatt. In den Vitrinen sind Trachten und Hüte ausgestellt.

Besuch beim Märchenzeichner

Otto Ubbelohde Haus, Otto-Ubbelohde-Weg 30, 35094 Lahntal-Goßfelden. ✆ 06423/964402, Fax 112233. www.lahntal.de. info@lahntal.de. **Bahn/Bus:** Hbf Marburg, RB43, Bhf Lahntal-Goßfelden. **Auto:** ↗ Marburg, B3, B252 Richtung Frankenberg, B62 Richtung Biedenkopf bis Goßfelden. **Zeiten:** Sa, So 11 – 17 Uhr. **Preise:** Eintritt frei.

▶ Wenn ihr eine klassische Buchausgabe der Kinder- und Hausmärchen habt, dann schaut euch mal die Zeichnungen an. Gemalt hat sie vermutlich *Otto Ubbelohde,* der bekannteste Illustrator von Grimms Märchen. Von 1900 bis 1922 lebte er in Lahntal-Goßfelden. Ihr könnt sein Wohnhaus und Atelier besuchen. Es steht ganz verwunschen hinter Hecken. Ubbelohde war oft mit Bleistift und Skizzenbuch im Marburger Land unterwegs. Er malte Landschaften, Burgen und Menschen in Tracht. Die hessischen Stimmungen verbreiteten für ihn eine Art Ideal-Heimat, die er wiederum mit den Märchen verband. Ubbelohdes Zeichnungen von Frau Holle, Rapunzel, Eisenhans und viele mehr sind im Haus ausgestellt. Besonders schön ist der Holzfries mit 17 kleinen Märchenszenen, der für ein Kinderzimmer gedacht war. Am Haus beginnt ein 2 km langer **Rundweg** mit Infotafeln zu Otto Ubbelohde.

Nur wenige Kilometer entfernt findet ihr im Fachwerkstädtchen **Wetter-Amönau** ein berühmtes Motiv von *Otto Ubbelohde:* den 1615 erbauten Rapunzelturm. Hier führt auch der **Otto-Ubbelohde-Radweg** entlang.

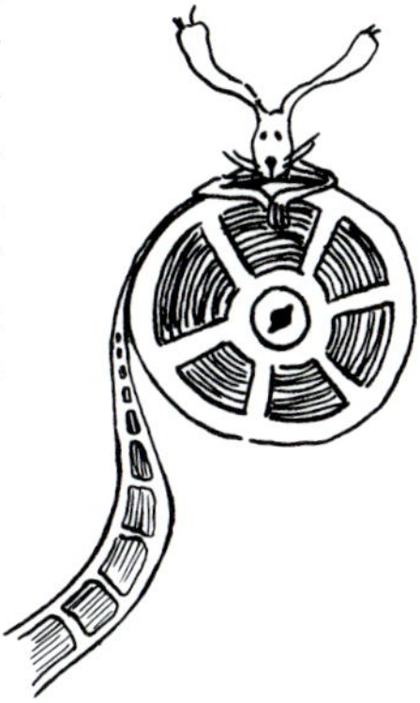

Kino, Kino – und Theater!

Cineplex Marburg

Biegenstraße 1a, 35037 Marburg. ✆ 06421/1730-70, Fax 1730-40. www.cineplex.de/marburg. marburg@cineplex.de. **Bahn/Bus:** Hbf Marburg, Bus 1, 2, 3 bis Rudolphsplatz. **Auto:** ↗ Marburg, B3 Ausfahrt Mitte, Richtung Stadthalle.

▶ Das Kino zeigt wechselndes Programm und Familienfilme.

Marburger Filmkunsttheater

Steinweg 4, 35037 Marburg. ✆ 06421/67269, Fax 62744. www.marburgerfilmkunst.de. info@marburgerfilmkunst.de. **Bahn/Bus:** Hbf Marburg. **Auto:** ↗ Marburg, B3 Ausfahrt Mitte, Richtung Stadthalle.

▶ Die Kinos Kammer, Palette, Atelier bieten aktuelles Programm und Schwerpunktreihen, im Sommer gibt es Open-Air-Kino auf der Schlossparkbühne.

Viel Theater

Kinder- und Jugendtheater des Hessischen Landestheaters, Am Schwanhof 68 – 72, 35037 Marburg. ✆ 06421/9902-0, Fax 9902-41. www.theater-marburg.de. info@theater-marburg.de. **Bahn/Bus:** Hbf Marburg, Bus 2 bis Radestraße. **Auto:** ↗ Marburg, B3 Ausfahrt Gisselberger Straße, Am Schwanhof. **Preise:** Kinder- und Jugendtheater 8 €; Kinder- und Jugendtheater 6 € für Kinder.

▶ Das Junge Theater Marburg unter dem Dach des Landestheaters ist auf Kinder- und Jugendstücke spezialisiert und arbeitet mit Schulen zusammen. Die Geschichten sollen zu Fantasie und Kreativität anregen und euch helfen, die Zusammenhänge der Welt zu verstehen. Das Ensemble des Hessischen Landestheaters tritt auf verschiedenen Bühnen im Marburger Stadtgebiet auf: im größten Veranstaltungsort von Marburg, der **Stadthalle Erwin-Piscator-Haus,** außerdem im **Theater am Schwanhof** (Bühne und Black Box), im **Fürstensaal des Landgrafenschlosses** und manchmal auch unter **freiem Himmel** auf dem Marktplatz. Jeweils im März laden die Marburger zum Festival der hessischen Kinder- und Jugendtheater ein.

Marburg für Kinder. Gab es Hexen in Marburg? Warum bewacht ein steinerner Hund die alte Universität? Hat die Kugelkirche eine Kugel? Catharina Graepler und Richard Stumm erkunden mit euch kindgerecht Marburg. Aufgaben und Rätsel machen das Ganze spannend. Mit 164 farbigen Zeichnungen. ISBN 978-3-89445-408-1, Jonas Verlag, Marburg, 13 €.

INFO & FERIENADRESSEN

@ Deutsche Märchenstraße e.V., www.deutsche-maerchenstrasse.de, info@deutsche-maerchenstrasse.de.

Fahrradverleih: Fahrradhof, Wilhelmshöher Allee 253, 34131 Kassel-Wilhl. ✆ 0561/313083. www.fahrradhof.de. wilhelmshoehe@fahrradhof.de.

@ Region Kassel-Land e.V. Touristik und Regionalentwicklung, info@region-kassel-land.de, www.kassel-land.de.

Touristik-Büro Trendelburg, Am Brunnen 6, 34388 Trendelburg. ✆ 05675/7499-18, Fax 7499-30. www.trendelburg.de. touristik@trendelburg.de. **Bahn/Bus:** Bhf Hofgeismar, Bus 180, 186 bis Trendelburg-Diemelbrücke. **Auto:** A7 Ausfahrt 78 Kassel Ost, Richtung Calden, B83. **Zeiten:** Mo – Fr 8 – 12, Do 16 – 18 Uhr.

KASSEL & UMLAND: Tourist- und Kurinformation Kassel, im Bhf Wilhelmshöhe, 34117 Kassel. ✆ 0561/34054, Fax 315216. www.kassel-marketing.de. info@kassel-marketing.de. **Bahn/Bus:** Fernbhf Wilhelmshöhe, ICE. **Auto:** A7 Dreieck Kassel-Süd, A44 bis Kreuz Kassel-West, A49 Ausfahrt Auestation. **Zeiten:** Mo – Fr 9 – 18, Sa 9 – 13 Uhr.

Tourist-Information im Rathaus Kassel, Obere Königsstraße 15, 34117 Kassel. ✆ 0561/7077-07, Fax -169. www.kassel-marketing.de. info@kassel-marketing.de. **Bahn/Bus:** Fernbhf Wilhelmshöhe mit ICE-Anschluss, Hbf mit Regionalbahnanschluss. **Auto:** A7 Dreieck Kassel-Süd, A44 bis Kreuz Kassel-West, A49 Ausfahrt Auestation. **Zeiten:** Mo – Fr 9 – 18, Sa 9 – 14 Uhr.

Verkehrsverein Baunatal, Marktplatz 14, 34225 Baunatal. ✆ 0561/4992-210, Fax 4992-180. www.baunatal.de. verkehrsverein@baunatal.de. **Bahn/Bus:** Hbf Kassel, RT5, RT9. **Auto:** ↗ A49 Ausfahrt 9 Baunatal Mitte. **Zeiten:** Mo, Do 9 – 16.30, Di 9 – 14, Mi 9 – 16, Fr 9 – 12 Uhr.

Gemeinde Kaufungen, Leipziger Straße 463, 34260 Kaufungen. ✆ 05605/802-0, Fax 802-104. www.kaufungen.eu. info@kaufungen.de. **Bahn/Bus:** Hbf Kassel, RT4 bis Kassel Königsplatz, Tram 4 bis Oberkaufungen Mitte. **Auto:** ↗ Kassel, A7 Dreieck Kassel-Ost, B7 Richtung Hessisch-Lichtenau. **Zeiten:** Mo 8.30 – 18, Di – Do 8.30 – 15.30, Fr 8.30 – 12 Uhr.

Touristische Arbeitsgemeinschaft Habichtswald/Tourist-Büro, Karlsbader Straße 4, 34308 Bad Emstal. ✆ 05624/9218972, Fax 2278. www.bad-emstal.de. kurverwaltung@bad-emstal.de. **Bahn/Bus:** Bhf Kassel-Wilhelmshöhe, Bus 52 bis Bad Emstal-Sand. **Auto:** A44, Ausfahrt 68 Kassel-Wilhelmshöhe, B520, B450. **Zeiten:**

Mo – Mi 8.30 – 12, 13 – 16, Do 8.30 – 12, 13 – 18, Fr 8.30 – 12 Uhr.

Tourist-Information im Haus des Gastes Naumburg, Hattenhäuser Weg 10 – 12, 34311 Naumburg. ✆ 05625/790973, 790974, Fax 790976. www.naumburg.eu. verwaltung@naumburg.eu. **Bahn/Bus:** Bhf Wolfhagen, Bus 52, 144 bis Bhf Naumburg. **Auto:** A44, Ausfahrt 67 Zierenberg, B251. **Rad:** R4. **Zeiten:** Mo – Fr 8 – 12, Do 15 – 18, Mo, Di 14 – 15.30 Uhr.

Stadt- und Tourist-Info Wolfhagen, Burgstraße 33 – 35, 34466 Wolfhagen. ✆ 05692/602-102, 602-103, Fax 602-190. www.wolfhagen.de. tourist-info@wolfhagen.de. **Bahn/Bus:** Ab Hbf Kassel RT4. **Auto:** A44 Ausfahrt 67 Zierenberg, B251. **Zeiten:** Mo – Fr 8 – 12.30, Mo, Di 14 – 16, Do 14 – 18 Uhr.

WALDECKER LAND & DIEMELSEE: Touristik-Service Bad Arolsen, Große Allee 24, 34454 Bad Arolsen. ✆ 05691/801-240, Fax 801-238. www.bad-arolsen.de. info@bad-arolsen.de. **Bahn/Bus:** Ab Bhf Kassel-Wilhelmshöhe R4. **Auto:** A44 Ausfahrt 67 Zierenberg, B251, B450. **Zeiten:** Mo – Fr 9 – 17 Uhr, April – Okt auch Sa 10 – 13 Uhr.

Bürgerbüro Korbach, Stechbahn 1, Rathaus, 34497 Korbach. ✆ 05631/53-232, Fax 53-320. www.korbach.de. info@korbach.de. **Bahn/Bus:** Ab Bhf Kassel-Wilhelmshöhe R4. **Auto:** A44 Ausfahrt 67 Zierenberg, B251, B252. **Zeiten:** Mo – Fr 8.30 – 12.30, Di 14.30 – 16, Do 14.30 – 18 Uhr.

Tourist-Information im Besucherzentrum Willingen, Am Hagen 10, 34508 Willingen-Usseln. ✆ 05632/401180, Fax 401150. www.willingen.de. willingen@willingen.de. **Bahn/Bus:** Bhf Kassel-Wilhelmshöhe, R55 bis Bhf Willingen. **Auto:** A44 Ausfahrt 67 Zierenberg, B251. **Zeiten:** Mo – Fr 9 – 18, Sa 9 – 14, So 9 – 12 Uhr.

Tourist-Information Diemelsee, Kirchstraße 6, 34519 Diemelsee-Heringhausen. ✆ 05633/91133, Fax 91134. www.diemelsee.de. info@diemelsee.de. **Bahn/Bus:** Bhf Bad Arolsen, Bus 506, 508 bis Diemelsee-Heringhausen Mitte. **Auto:** A44 Ausfahrt 63 Marsberg, B7 bis Bredelar,

Fahrradverleih: Pedalwerk-Fahrradkultour, Rostocker Straße 33, 34225 Baunatal. ✆ 0561/968618. www.pedalwerk.de. info@pedalwerk.de.

Nationaler Geopark Grenzwelten, geopark@landkreis-waldeck-frankenberg.de, www.geopark-grenzwelten.de.

Landstraße. **Zeiten:** April – Sep Mi 9 – 13, Do 9 – 16, Fr 9 – 17 Uhr.

EDERSEE & KELLERWALD: **Bürger- und Tourismusbüro Waldeck,** Am Rathaus 1, 34513 Waldeck. ✆ 05623/973782, Fax 973878. www.waldeck.nordhessen.de. tourismus@waldeck.de. **Bahn/Bus:** Bhf Bad Wildungen, Bus 510 bis Waldeck Mitte. **Auto:** A7 Ausfahrt 67 Zierenberg, B251, A49 Ausfahrt 15 Wabern, B253 bis kurz vor Bad Wildungen, B485 oder B3 bis Bad Zwesten, B485. **Zeiten:** Mo – Fr 9 – 15, Sa, Fei 9 – 12 Uhr.

Gemeinde Vöhl, Schlossstraße 1, 34516 Vöhl. ✆ 05635/9931-0, Fax 9931-99. www.voehl.de. sekretariat@voehl.de. **Auto:** A7 Abfahrt 67 Zierenberg, B251 bis Sachsenhausen, Landstraße oder aus Marburg B3 bis Cölbe, B252 bis Herzhausen, Landstraße. **Zeiten:** Mo – Mi 8.30 – 15.30, Do 8.30 – 18, Fr 8.30 – 12 Uhr.

Kur- und Tourist Information Staatsbad Bad Wildungen, Brunnenallee 1, 34537 Bad Wildungen-Bergfreiheit. ✆ 05621/96567-41, Fax 96567-37. www.bad-wildungen.de. info@bad-wildungen.de. **Bahn/Bus:** Ab Hbf Kassel R39. **Auto:** A7 Ausfahrt 82 Melsungen, B253 oder A49 Ausfahrt 15 Wabern, B253 oder aus Richtung Marburg B3 bis Bad Zwesten, B485. **Zeiten:** Mo, Mi – Fr 10 – 17, Di 13 – 17, Sa 9 – 12 Uhr.

Edersee Touristic GmbH, Hemfurther Straße 14, 34549 Edertal-Affoldern. ✆ 05623/9998-0, Fax -30. www.edersee.com. edersee-info@t-online.de. **Bahn/Bus:** Bhf Bad Wildungen, Bus 510 bis Edertal-Affoldern Mitte. **Auto:** A7 Ausfahrt 82 Melsungen oder A49 Ausfahrt 15 Wabern, B253 bis Bad Wildungen, B485 bis Mehlen, Landstraße oder aus Richtung Marburg B3 bis Bad Zwesten, B485 bis Mehlen, Landstraße. **Zeiten:** Mo – Do 9 – 16, Fr 9 – 14, Sa, So, Fei 10 – 16 Uhr.

Touristinformation Fritzlar, Zwischen den Krämen 5, 34560 Fritzlar. ✆ 05622/988-643, Fax 988-626. www.fritzlar.de. touristinfo@fritzlar.de. **Bahn/Bus:** Ab Hbf Kassel R39. **Auto:** A7 Ausfahrt 82 Melsungen, B253 oder A49 Ausfahrt 14 Fritzlar. **Zeiten:** Mo 10 – 18, Di – Do 10 – 17, Fr 10 – 16, Sa 10 – 14 Uhr.

@ Nationalpark Kellerwald-Edersee, info@nationalpark-kellerwald-edersee.de, www.nationalpark-kellerwald-edersee.de.

Fahrradverleih: Nationalpark Kellerwald-Edersee, Elektro-Fahrradverleih & Akkuwechselstation, Weg zur Wildnis 1, 34516 Vöhl. ✆ 05635/75249-0. www.nationalpark-kellerwald-edersee.de.

Fahrradverleih: Café Seeblick, Güldener Ort 12, 34513 Waldeck. ✆ 05623/973894, www.erlebnis-seeblick.de. frankharbusch@t-online.de.

Tourist-Info der Stadt Borken, Europaplatz 3, 34582 Borken. ✆ 05682/808-271, Fax 801-165. www.borken-hessen.de. touristinfo@borken-hessen.de. **Bahn/Bus:** Ab Hbf Kassel RT9. **Auto:** A7 Ausfahrt 84 Homberg, B323 bis Homberg, B254, Landstraße oder A49 Ausfahrt 16 Borken, von Marburg B3 bis Kleinenglis, Landstraße. **Zeiten:** Mo, Mi, Fr 10 – 12.30, Di – Fr 14 – 17 Uhr.

Tourist-Information Bad Zwesten, Ringstraße 1, im Rathaus, 34596 Bad Zwesten. ✆ 05626/773, Fax 999326. www.bad-zwesten.de. tourismus@bad-zwesten.de. **Bahn/Bus:** Bhf Borken, Bus 408 bis Bad Zwesten Mitte. **Auto:** A49 Ausfahrt 16 Borken, B3 oder aus Richtung Marburg B3. **Zeiten:** Mo – Fr 9 – 16.30, Sa 10 – 12 Uhr.

ROTKÄPPCHENLAND SCHWALM-KNÜLL: **Tourist-Info Homberg Efze – Knüll Touristik e.V.,** Markplatz 20, 34576 Homberg. ✆ 05681/939161, Fax 939162. www.homberg-efze.eu. homberg-efze@rotkaeppchenland.de. **Bahn/Bus:** Bhf Borken, Bus 421 bis Homberg Marktplatz. **Auto:** ↗ A5 bis Hattenbacher Dreieck, A7 Ausfahrt 84 Homberg Efze, B323. **Rad:** R14 Schwalm-Efze-Weg, R17 Efzetalradweg. **Zeiten:** Mo – Fr 10 – 13, 14 – 17, April – Okt Sa 10 – 15, Nov – März 11 – 15 Uhr.

Schwalm Touristik e.V., Paradeplatz 7, 34613 Schwalmstadt-Ziegenhain. ✆ 06691/71212, Fax 5776. www.schwalm-touristik.de. schwalmstadt@rotkaeppchenland.de. **Bahn/Bus:** Ab Hbf Kassel RT9. **Auto:** ↗ A5 Ausfahrt 2 Alsfeld-Ost, B254. **Rad:** R14 Schwalm-Efze-Weg. **Zeiten:** Mo – Fr 9 – 12.30, 14 – 17, Sa 14 – 16, So 10 – 12, 14 – 16 Uhr.

Verkehrsbüro Frielendorf am Silbersee, Hauptstraße 51, 34621 Frielendorf. ✆ 05684/7827, Fax 7927. www.tourismus-frielendorf.de. frielendorf@rotkaeppchenland.de. **Bahn/Bus:** Bhf Schwalmstadt-Treysa, Bus 453 bis Frielendorf-Abzweig Silbersee. **Auto:** ↗ A5 Ausfahrt 2 Alsfeld-Ost, B254. **Rad:** R14 Schwalm-Efze-Weg. **Zeiten:** Mo – Fr 8.30 – 12.30, außer Mi 14 – 16.30 Uhr.

Touristik Service Kirchheim, Hauptstraße 2a, 36275 Kirchheim. ✆ 06625/919595, Fax 919596. www.kirch-

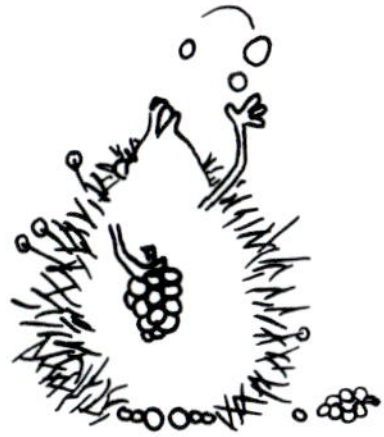

Fahrradverleih: Tourist-Info Homberg Efze – Knüll Touristik e.V.. www.homberg-efze.eu.

@ Touristik Service Kurhessisches Bergland, kbh@schwalm-eder-kreis.de, www.kurhessisches-bergland.nordhessen.de.

@ Tourismusservice Rotkäppchenland e.V., info@rotkaeppchenland.de, www.rotkaeppchenland.de.

Unter dem Motto »Anno dazumal – Abtauchen ins Mittelalter« geht ihr mit Edelgunde ins Alsfeld von vor 800 Jahren. Ihr werdet in historische Gewänder gesteckt, müsst euch mittelalterliche Namen geben und los geht's! Auf der 1-stündigen Entdeckungstour erfahrt ihr, wie das Leben im frühen 13. Jahrhundert in Alsfeld war. Am Ende gibt es sogar eine Überraschung aus der Schatztruhe! 55 € für max. 25 Kinder.

heim.de. kirchheim@rotkaeppchenland.de. **Bahn/Bus:** Bhf Schwalmstadt-Treysa, Bus 470 bis Kirchheim-Feuerwehr. **Auto:** ↗ A5 bis Hattenbacher Dreieck, A7 Ausfahrt 87 Kirchheim. **Rad:** R18 südlicher Knüll. **Zeiten:** Mo – Fr 10 – 13, 14.30 – 18, Sa 10 – 12 Uhr.

Stadt Alsfeld – Touristik Center Alsfeld, Markt 3, 36304 Alsfeld. ✆ 06631/182-165, Fax 182-265. www.alsfeld.de. alsfeld@rotkaeppchenland.de. **Bahn/Bus:** Von Gießen und Fulda mit RE/RB35. **Auto:** ↗ A5 Ausfahrt 3 Alsfeld-West, Ausfahrt 2 Alsfeld-Ost. **Rad:** R2. **Zeiten:** Mo – Fr 9 – 18, Sa 10 – 14 Uhr.

Tourist Center Alsfeld (TCA), Markt 3 (im Weinhaus), 36304 Alsfeld. ✆ 06631/182-165, www.alsfeld.de. tca@alsfeld.de. **Bahn/Bus:** ↗ Alsfeld. **Zeiten:** Mo – Fr 9 – 18, Sa 10 – 14 Uhr.

MITTLERES FULDATAL: Kultur und Tourist-Info Melsungen, Kasseler Straße 44, 34212 Melsungen. ✆ 05661/9211-00, Fax 9211-12. www.melsungen.de. tourist-info@melsungen.de. **Bahn/Bus:** Ab Hbf Kassel RT5. **Auto:** A7 Ausfahrt 82 Melsungen, B253. **Rad:** R1. **Zeiten:** Mai – Okt Mo – Fr 9 – 17, Sa 10 – 12, Nov – April Mo – Do 9 – 16, Fr 9 – 12 Uhr.

MIT Spangenberg GmbH, Rathausstraße 7, 34286 Spangenberg. ✆ 05663/5090-40, 5090-41, Fax 5090-43. www.spangenberg.de. service-center@spangenberg.de. **Auto:** A7 Ausfahrt 82 Melsungen, B487 bis Spangenberg. **Zeiten:** Mo – Fr 9 – 12, Mo, Di 14.30 – 16.30, Do 14.30 – 18 Uhr.

Touristik Service Bebra, Rathausmarkt 1, 36179 Bebra. ✆ 06622/501-100, Fax 501-200. www.bebra.de. touristinfo@bebra.de, hauptundpersonalamt@bebra.de. **Bahn/Bus:** Ab Hbf Kassel R5. **Auto:** ↗ A4 Ausfahrt 32, B27. **Rad:** R1. **Zeiten:** Mo – Fr 8 – 12, Mo 14 – 17.30, So 14 – 17 Uhr.

Verkehrs- und Kulturamt/Touristeninformation Rotenburg an der Fulda, Weingasse 3, 36199 Rotenburg. ✆ 06623/5555, Fax 933153. www.rotenburg.de. tourist-info@rotenburg.de. **Bahn/Bus:** Ab Hbf Kassel R5. **Auto:** A4 Ausfahrt 32 Bad Hersfeld, B27 bis Bebra, B83.

Rad: R1, R5. **Zeiten:** Mo – Fr 8.30 – 17, Nov, Jan – März Fr 8.30 – 13, April – Okt Sa 9.30 – 12 Uhr.

Gemeinde Alheim, 36211 Alheim. ✆ 06623/920032, Fax 920040. www.alheim.de. gemeinde@alheim.de. **Bahn/ Bus:** Ab Hbf Kassel R5. **Auto:** A4 Ausfahrt 32 Bad Hersfeld, B27 bis Bebra, B83. **Rad:** R1, R5. **Zeiten:** Mo – Fr 8.30 – 12, Mo, Do 13.30 – 16, Mi 13.30 – 18 Uhr.

Verkehrsamt Ronshausen, Eisenacher Straße 20 – 22, 36217 Ronshausen. ✆ 06622/923119, Fax 923120. www.ronshausen-touristik.de. touristik@ronshausen.de. **Bahn/Bus:** Ab Hbf Kassel R5 bis Bebra, R6. **Auto:** A4 Ausfahrt 34 Wildeck-Hönebach. **Zeiten:** Mo – Mi 8 – 12.30, 13 – 16, Do 8 – 12.30, 13 – 18, Fr 8 – 12 Uhr.

Tourist-Information Bad Hersfeld, Am Markt 1, 36251 Bad Hersfeld. ✆ 06621/201-274, Fax 201-244. www.bad-hersfeld.de. touristikinfo@bad-hersfeld.de. **Bahn/Bus:** Ab Hbf Kassel R5 bis Bhf Bebra, R7. **Auto:** A5 bis Hattenbacher Dreieck, A7 bis Kirchheimer Dreieck, A4 Ausfahrt 32 Bad Hersfeld. **Rad:** R1. **Zeiten:** Mo – Fr 9 – 17, Do 9 – 17.30 Uhr.

WERRATAL: **Pro Witzenhausen GmbH/Tourist-Information,** Ermschwerder Straße 2, 37213 Witzenhausen. ✆ 05542/60010, Fax 600123. www.kirschenland.de. info@kirschenland.de. **Bahn/Bus:** Ab Hbf Kassel R1. **Auto:** A7 Ausfahrt 75 Hann. Münden/Hedemünsen, B80. **Zeiten:** Mo 10 – 16, Di – Fr 9 – 17 Uhr.

Stadt Hessisch Lichtenau, Kultur und Tourismus, Landgrafenstraße 52, 37235 Hessisch Lichtenau. ✆ 05602/ 807-147, Fax -200. www.hessisch-lichtenau.de. kulturtourismus@hessisch-lichtenau.de. **Bahn/Bus:** Hbf Kassel, RT4 bis K.-Königsplatz, Tram 4, April – Okt Ausflugsbus 202 Bürgerhaus. **Auto:** A7 Ausfahrt 82 Melsungen, B487, Ausfahrt 78 K.-Ost, B7. **Zeiten:** Mo – Fr 8.30 – 12, Mo, Di 14 – 16, Do 14 – 18, Sa 10 – 12.30 Uhr.

Tourist Information Bad Sooden-Allendorf, Landgraf-Philipp-Platz 1 – 2, 37242 Bad Sooden-Allendorf. ✆ 05652/ 9587-0, Fax 9587-109. www.bad-sooden-allendorf.de. touristinfo@bad-sooden-allendorf.de. **Bahn/Bus:** Ab Bhf Bebra R7. **Auto:** A7 Ausfahrt 75 Hann. Münden/Hede-

Fahrradverleih: Verleih Radromantik, Wallengasse 5a, 36251 Bad Hersfeld. ✆ 06621/916077. www.radromantik.de. kniese@radromantik.de.

@ Werratal Tourismus Marketing, www.urlaub-werratal.de.

Fahrradverleih: Fahrradhaus Mangold, Hinter der Mauer 2, 37269 Eschwege. ✆ 05651/754020, www.dasfahrrad.de. man.go@t-online.de.

münden, B80, B27 oder A7 bis Kirchheimer Dreieck, A4 bis Bad Hersfeld, B27. **Rad:** Werratal-Radweg.

Tourist-Information Eschwege-Meinhard-Wanfried, Hospitalplatz 16, 37269 Eschwege. ✆ 05651/33198-5, Fax 50291. www.werratal-tourismus.de. tourist-info@werratal-tourismus.de. **Bahn/Bus:** Ab Bhf Bebra R7. **Auto:** A4 Ausfahrt 35 Wildeck-Obersuhl, B400, B27 oder A7 Ausfahrt 75 Hann. Münden/Hedemünden, B80, B27, B249. **Rad:** R5. **Zeiten:** Mai – Sep Mo – Fr 9 – 18, Sa 10 – 13 Uhr; Okt – April Mo – Fr 9 – 16.30 Uhr.

Gemeindeverwaltung Meißner, Hinterweg 4, 37290 Meißner-Abterode. ✆ 05657/9896-0, Fax 9896-26. www.gemeinde-meissner.de. gemeindeverwaltung@gemeinde-meissner.de. **Bahn/Bus:** Hbf Kassel, R5 bis Bebra, R7 bis Eschwege, Bus 222 bis Meißner-Abterode Sparkasse. **Auto:** A4 Ausfahrt 35 Wildeck-Obersuhl, B400, B27 oder A7 Ausfahrt 75 Hann. Münden/Hedemünden, B80, B27, Landstraße. **Zeiten:** Mo – Mi 8.30 – 12, 14 – 15.30, Do 7.30 – 12, 14 – 18, Fr 8.30 – 12 Uhr.

BURGWALD & MARBURG: Marburg Tourismus und Marketing GmbH (MTM), Pilgrimstein 26, 35037 Marburg. ✆ 06421/9912-0, Fax -12. www.marburg.de. mtm@marburg.de. **Bahn/Bus:** Frankfurt RE30. **Auto:** A5, Ausfahrt 8 Reiskirchener Dreieck, A480 bis Gießener Nordkreuz, B3. **Zeiten:** April – Okt Mo – Fr 9 – 18, Sa 10 – 14 Uhr, Sa, So auch Oberstadtwache am Marktplatz, Nov – März Mo – Fr 10 – 18, Sa 10 – 14, Advent-Sa 10 – 15 Uhr.

Ederbergland Touristik, Untermarkt 12, 35066 Frankenberg. ✆ 06451/717672, Fax 717674. www.ederbergland-touristik.de. info@ederbergland-touristik.de. **Bahn/Bus:** Bhf Marburg, R42. **Auto:** A49, Ausfahrt 15 Wabern, B253 oder ab Marburg, B3 und B252. **Rad:** R6. **Zeiten:** Mitte Mai – Mitte Okt Mo – Fr 11 – 17, Sa 11 – 14, Mitte Okt – Mitte Mai Mo – Fr 10 – 13 Uhr.

Burgwald Touristservice, Marktplatz 1, 35083 Wetter. ✆ 06423/8270, Fax 8221. www.burgwald-touristservice.de. info@burgwald-touristservice.de. **Bahn/Bus:** Bhf Marburg, R42. **Auto:** ab Marburg, B3 und B252. **Zeiten:** Mo – Do 10 – 15, Fr 10 – 12 Uhr.

@ Naturpark Meißner-Kaufunger Wald, info@naturpark-meissner.de, www.naturpark-mkw.de.

@ Stadt Land Lahn, tour@marburg-biedenkopf.de, www.stadtlandlahn.de.

Fahrradverleih: Velociped, Alte Kasseler Straße 43, 35039 Marburg. ✆ 06421/88689-0, www.velociped.de. info@velociped.de.

Unterwegs mit Bus und Bahn: NVV und RMV

Nordhessischer Verkehrsverbund (NVV), Rainer-Dierichs-Platz 1, 34117 Kassel. ✆ 0561/234-0180, www.nvv.de. info@nvv.de. **Infos:** Rhein-Main-Verkehrsverbund, www.rmv.de, Hotline ✆ 01805/7684636.

▶ Nordhessen wird vom *Nordhessischen Verkehrsverbund (NVV)* bedient, der mit Unternehmen der Region zusammenarbeitet. Die meisten **Bahnlinien** steuern den Fernbahnhof Kassel-Wilhelmshöhe (ICE) als Umsteigeknoten in das nationale Fernverkehrsnetz an. Auch Bad Hersfeld hat ICE-Anschluss. Bahnhöfe für Schnellzüge (IC) sind Schwalmstadt-Treysa, Wabern und Bebra. Marburg gehört zum Netz des *Rhein-Main-Verkehrsverbundes (RMV)* und hat IC-Anschluss. Viele andere Städte sind über Regionalzüge zu erreichen. Neben Kassel-Wilhelmshöhe ist der Kasseler Hauptbahnhof der zweite wichtige Knoten. Im Ballungsraum verkehrt neben Bahn, RegioTram und Bussen noch die Straßenbahn. Ansonsten ist der **Bus** das aktivste öffentliche Verkehrsmittel in Nordhessen. In kleinen Orten lohnt sich der Einsatz von Linienbussen für die Betriebe kaum. Außerhalb des Schulverkehrs werden hier *Anruf-Sammel-Taxen* (AST) eingesetzt. Dafür gelten die regulären NVV-Tickets mit 1 € AST-Zuschlag.

Soweit es geht, ist bei allen Adressen die Anreise von öffentlichen Verkehrsmitteln angeführt. Für Ausflugsfahrten in ländliche Regionen empfiehlt sich das eigene Auto in Verbindung mit dem **Fahrrad**; Verleihe sind hier im Serviceteil in den Randspalten genannt. Mehrmals täglich fährt die Linie 202 von Kassel über Hessisch Lichtenau und den Hohen Meißner bis Eschwege. Die Linie 200 fährt von Hessisch Lichtenau über Waldkappel und Eschwege nach Wanfried und von dort weiter als Linie 231 bis nach Treffurt. Im Reinhardswald pendelt die Linie 190 zwischen Hofgeismar und Hann. Münden.

@ Infos zu Tarifen, Abfahrts- und Linienpläne sowie Verbindungsauskunft für Bus und Bahn unter www.nvv.de und www.rmv.de.

Empfehlenswert ist das **Hessenticket** der Bahn. Bis zu 5 Personen können 1 Tag ab 6,20 Euro pro Person beliebig oft mit Bahn und Bus durch ganz Hessen fahren. Hunde und Fahrräder sind gratis.

FESTKALENDER GRIMMHEIMAT NORDHESSEN

April: Ab Ostern So – So, Bad Sooden-Allendorf: **Märchenwoche:** Theaterstücke, Märchenspiele, Festumzug.

Mai: Ab Fronleichnam Do – Mo, Schwalmstadt-Ziegenhain: **Salatkirmes,** eins der größten Heimat- und Trachtenfeste.

Sommer: **Kultursommer Nordhessen:** Klassik, Jazz und Literatur an verschiedenen Spielorten in der Region, www.kultursommer-nordhessen.de.

Juni: Bis Aug, in und um Kassel: **Brüder Grimm Festival:** sommerliches Freilichtprogramm zu Märchenthemen, Musical, Kinder- und Familienfeste, Kindertheater am Märchenlandweg.

Bis Aug, Bad Hersfeld: **Festspiele.** Theater und Musical in der Stiftsruine.

Ende Juni/Anfang Juli, Sa – Di, Rotenburg a.d. Fulda: Traditionelles **Heimat- und Strandfest** mit Bootskorso, Staffellauf und Umzug in fantasievollen Märchenkostümen.

Juli: 2. Do – So, Fritzlar: **Pferdemarkt:** eins der größten Volksfeste mit Krammarkt, Vergnügungspark und Viehauftrieb.

Witzenhausen: **Kesperkirmes:** Stadtfest rund um die Kirsche.

2. Wochenende, Fr – So: **Deutsche Meisterschaften im Kirschkernspucken.**

4. Woche der hessischen Sommerferien, Schwalm/Knüll: **Rotkäppchenwoche.**

2. Wochenende, Fr – So: **Marburger Stadtfest:** Musik und Kleinkunst in der ganzen Stadt.

August: 1. Wochenende, Fr – Mo, Kassel: **Kasseler Zissel:** Volksfest rund um die Fulda, Festumzüge zu Wasser und zu Land.

1. Wochenende, Bornhagen: **Mittelalterfest** auf Burg Hanstein.

1. Sa: **Diemelsee in Flammen** mit Wasserspielen, Feuerwerk und Bootskorso.

2. Wochenende, Do – So, Eschwege: **Open Flair:** Musik- und Kleinkunstfestival mit Kinderprogramm.

2. Sa, Bad Wildungen: **Lichterfest:** 15.000 Kerzen in Europas größtem Kurpark.

1. volle Kalenderwoche, Do – So: **Arolser Kram- und Viehmarkt,** größtes Volksfest Nordhessens.

Ende Aug/Anfang Sep, Anfang August, in ungeraden Jahren: Großes **Sambafestival** mit buntem Umzug.

Ende Aug, in geraden Jahren, Fritzlar: **Kaiserfest.** 3 Tage mittelalterliches Treiben in der historischen Altstadt mit Bogenschießen, Umzug, Turnieren, Markt.

Oktober: Um den 16., Mo – Mo, Bad Hersfeld: **Lullusfest:** ältestes Heimatfest Deutschlands, zu Ehren des Stadtgründers.

2. So: **Nordhessen Geschmackvoll in Melsungen:** mehr als 60 Hersteller bieten typisch nordhessische Leckereien, Besser-Essen-Dorf für Kinder.

2. Wochenende, Sa – So, Korbach: **Mittelalterlicher Markt:** buntes Treiben zwischen Bahnhof und historischem Rathaus.

Dezember: Ab 1. Adventswoche, Kassel: **Märchenweihnachtsmarkt** auf dem Friedrichsplatz.

1. Adventswoche – 30. Dez, Marburg: **Weihnachten in Marburg:** Märkte an der Elisabethkirche und auf dem Marktplatz.

1. Adventswochenende – 30. Dez, Bad Hersfeld: **Weihnachtsmarkt** auf dem historischen Linggplatz, 30.000 Lichter in der Innenstadt.

1. – 3. Adventswochenende, Rotenburg a.d. Fulda: **Weihnachtsmarkt** mit großer Pyramide in der Altstadt.

2. – 3. Adventswochenende, Alsfeld: **Weihnachtsmarkt** in der Altstadt.

Mitte Dez, nur ein Wochenende: **Eschweger Hüttenzauber** mit Weihnachtsmarkt.

28., Schwalmstadt-Treysa: **Scherzmarkt** in der Altstadt, traditioneller Krammarkt zwischen den Jahren.

FERIEN-ADRESSEN

Familienfreundliche Unterkünfte

Ferienunterkünfte – ob in Pensionen, Privatzimmern, Ferienwohnungen, Ferienhäusern oder auf Campingplätzen – gibt es in Nordhessen in großer Zahl und in jeder Preisklasse. Ich habe die Unterkünfte nach folgenden Kriterien ausgewählt:

1. Familien mit Kindern sind wirklich willkommen. Es gibt direkt in der Unterkunft oder in deren unmittelbarer Nähe interessante Freizeitangebote.
2. Gerade Familien mit Kindern bevorzugen preiswerte Unterkünfte. Wichtig sind daher Kinderermäßigung und eventuell Kochmöglichkeiten.
3. Die Unterkünfte sind mit öffentlichen Verkehrsmitteln erreichbar.

Die Anzahl der Ferienunterkünfte variiert von Region zu Region. Die Reihenfolge der aufgeführten Unterkünfte stellt keine Rangordnung dar, sondern ist nach Postleitzahlen sortiert.

Ferienwohnungem

ROTKÄPPCHENLAND SCHWALM-KNÜLL: **Freizeit- und Ferienzentrum Silbersee,** Am Silbersee 100, 34621 Frielendorf. ✆ 05684/7472. www.ferienpark-silbersee.de. info@ferienpark-silbersee.de. **Preise:** ab 31 € pro Tag. 136 FH und FeWo für 2 – 8 Pers direkt am Silbersee.

Seepark Kirchheim, Reimboldshäuser Straße, 36275 Kirchheim. ✆ 06625/88-0. www.seepark-kirchheim.com. info@seepark-kirchheim.com. **Preise:** ab 60 € pro Tag. 138 FH am See, für 6 – 8 Pers.

MITTLERES FULDATAL: **Ferienpark Ronshausen,** Bellersberg 11, 36217 Ronshausen-Machtlos. ✆ 06622/712. www.ferienpark-ronshausen.de. info@ferienpark-ronshausen.de. **Preise:** Haus ab 36 € pro Tag. 170 FH, Hallenbad, Sportplätze.

Ferien auf dem Bauernhof

KASSEL & UMLAND: **Der Weidelshof,** Familie Günst, Weidelshof 1, 34311 Naumburg. ✆ 05625/1754. www.weidelshof.de. info@weidelshof.de. **Preise:** FeWo für 4 – 6

Im Seepark Kirchheim könnt ihr baden oder Wasserski fahren. Oder ihr geht Minigolf, Basketball und Beachvolleyball spielen. Es gibt auch einen Fahrradverleih.

Hunger & Durst

Hessenstube im Ferienpark Aulatal, Schorbacher Weg, Oberaula-Hausen. ✆ 06628/7164. www.hessenstube.de. Di – So 11 – 23 Uhr, hessische Sommerferien auch Mo. 5 Minuten vom Radweg, Hausmannskost mit frischen regionalen Produkten.

Pers pro Tag ab 55 €. Kinder- und Märchenbauernhof, Spielscheune, Streicheltiere, Wasserpark, Ponys.

Gut Waldhof, Sabine und Claus Becker, Hahnebachsweg 1, 34311 Naumburg-Elbenberg. ✆ 05625/1733. www.gut-waldhof.net. info@gut-waldhof.net. **Preise:** Wohnung ab 60 € pro Tag. FeWo mit allem für Kleinkinder und Babys, Biolandbetrieb, Tiere, Naturlehrpfad.

Schulbauernhof Hutzelberg, Jahnstraße 4, 37242 Bad Sooden-Allendorf-Oberrieden. ✆ 05652/72080. www.hutzelberg.de. hutzelberghof@t-online.de. **Preise:** 1 Woche Erwachsene 257 €; 1 Woche Kinder 2 – 3 Jahre 111 €, ab 4 Jahre 220 €. Für Schulklassen und Familien, 8 Schlafräume mit 33 Betten, Stallungen, Käserei, Bäckerei, Holzwerkstatt, Feldschmiede.

EDERSEE & KELLERWALD: Bauernhofpension Büchsenschütz, Bärbel und Helmut Büchsenschütz, Seestraße 24, 34516 Vöhl-Harbshausen. ✆ 05635/286. www.edersee-bauernhof.de. info@edersee-bauernhof.de. **Preise:** ÜF ab 51 €. 6 FeWo für 2 – 6 Pers, Produkte vom Hof und aus der Region.

ROTKÄPPCHENLAND SCHWALM-KNÜLL: Ferienhof & Heuhotel Eckhardt, Jossastrasse 7, 36272 Niederaula-Niederjossa. ✆ 06625/1861. www.heubett.com. mail@heubett.com. **Preise:** FeWo pro Tag ab 35 €, ÜF im Heu Erw 15,50; Kinder bis 14 Jahre 12 €. FeWo für 2 – 5 Pers, Zimmer, Heubetten, Ponys und Ziegen, Auszeichnung fahrradfreundlichster Betrieb Hessens, Veranstaltungen z.B. Bauernhofgolf.

BURGWALD & MARBURG: Heuhotel im Burgwald, Rotlehm 18, 35099 Burgwald-Bottendorf. ✆ 06451/23604, www.heuhotel-burgwald.de. info@heuhotel-burgwald.de. **Preise:** Bis 16 Pers pro Tag 150 €, jede weitere Person 7,50 €; Kinder bis 12 Jahre 5 €. 3 Räume für 24 Personen, Kutsch- und Planwagenfahrten.

Jugendherbergen

SABABURG & REINHARDSWALD: JH Helmarshausen, Gottsbürener Straße 15, 34385 Bad Karlshafen, 05672/1027, Fax 2976. www.../helmarshausen. hel-

DZ – Doppelzimmer
EZ – Einzelzimmer
FH – Ferienhaus
FeWo – Ferienwohnung
HP – Halbpension
JH – Jugendherberge
MBZ – Mehrbettzimmer
Ü – Übernachtung
ÜF – Ü mit Frühstück
(jeweils pro Person)
VP – Vollpension
HS = Hauptsaison

Fahrradverleih: Erlebnistouren

Odenhardt, Angela Odenhardt, Altwildunger Straße 11, 34549 Edertal-Affoldern. ✆ 05621/74391, Fax 94726. www.ederkanu.de. info@ederkanu.de.

@ Die Jugendherbergen sind zu erreichen unter www.djh-hessen.de/jh ...

marshausen@djh-hessen.de. 202 Betten in 59 Zimmern mit 2 – 6 Betten, Tagesräume, Backhaus, Werkraum mit Brennofen, Sauna. 1 km vom Ortskern.

KASSEL & UMLAND: JH Kassel, Schenkendorfstraße 18, 34119 Kassel. ✆ 05661/776455. www.../kassel. kassel@djh-hessen.de. **Preise:** ÜF ab 22 €. 209 Betten, 2 – 6 Bettzimmer. Ideal für Kinder ab 6 Jahre.

WALDECKER LAND & DIEMELSEE: JH Korbach, Enser Str. 9, 34497 Korbach. ✆ 05631/8360. www.../ korbach. korbach@djh-hessen.de. **Preise:** ÜF ab 21,50 €. 124 Betten in 2- bis 6-Bettzimmern, 15 Familien-Zimmer.

EDERSEE & KELLERWALD: JH Hohe Fahrt am Edersee, Hohe Fahrt 1, 34516 Vöhl. ✆ 05635/251. www.../hohefahrt. hohefahrt@djh-hessen.de. **Preise:** ÜF ab 23,50 €. Hauptgebäude mit 130 Betten, 29 Holzhäuser mit 100 Betten.

ROTKÄPPCHENLAND SCHWALM-KNÜLL: JH Boglerhaus, Friedrich-Wilhelm-Bogler-Straße 2, 34639 Schwarzenborn. ✆ 05686/367. www.boglerhaus.de. info@boglerhaus.de. **Preise:** ÜF 21 – 31 €. 92 Betten in 1- bis 3-Bettzimmern.

MITTLERES FULDATAL: JH Melsungen, Lindenbergstraße 23, 34212 Melsungen. ✆ 05661/2650. www.../melsungen. melsungen@djh-hessen.de. **Preise:** ÜF ab 18,70 €. 130 Betten in 1- bis 5-Bettzimmern.

WERRATAL: Jugendburg Ludwigstein, 37214 Witzenhausen. ✆ 05542/5017-10. www.burgludwigstein.de. info@burgludwigstein.de. **Preise:** ÜF 18,50 – 29,75 €. 175 Betten, Selbstversorgerhaus für 15 Pers.

Haus der Jugend An den großen Steinen, Große-Steine-Weg 10, 37235 Hessisch Lichtenau-Reichenbach. ✆ 05602/5821. www.hdj-reichenbach.de. info@hdj-reichenbach.de. **Preise:** Selbstversorgerhaus pro Tag ab 47 €. Gruppen ab 16 Pers, Haupthaus mit 53 Betten, Nebengebäude mit 12 Betten.

BURGWALD & MARBURG: JH Marburg, Jahnstraße 1, 35037 Marburg. ✆ 06421/23461. www.../marburg. marburg@djh-hessen.de. **Preise:** ÜF ab 20 €. 163 Betten in 1- bis 6-Bettzimmern, 12 Familien-Zimmer.

@ Hessische Milch Käsestraße, Route Waldeck-Frankenberg: www.hessische-milch-und-kaesestrasse.de.

@ Kulinarisches im Frau Holle Land: www.frau-holle-tor.de

Fahrradverleih: Jugendherberge am Schlosspark, Obertor 17, 36199 Rotenburg. ✆ 06623/2792, www.rotenburg.de. tourist-info@rotenburg.de.

Gruppenunterkünfte

SABABURG & REINHARDSWALD: Hofgut Stammen, Schlossstraße 29, 34388 Trendelburg-Stammen. ✆ 05675/ 725094. www.hofgut.de. info@hofgut.de. **Preise:** Ü im Heu Erw 9 €; Kinder 6 €; Appartement pro Tag ab 30 €. FeWo für bis zu 6 Pers, Heuhotel, Stockbettenzimmer, Zeltwiese und Campingplatz.

Wasserschloss Wülmersen, Dorothea Fellinger, 34388 Trendelburg-Wülmersen. ✆ 05675/7210348. www.wasserschloss-wuelmersen.de. d.fellinger@wasserschloss-wuelmersen.de. **Preise:** Ü pro Person ab 9 €, Zeltplatz ab 6 €. Gruppenhaus für Selbstversorger, 4 Schlafräume mit jeweils 7 bis 8 Betten, Zeltplatz.

MITTLERES FULDATAL: Umweltbildungszentrum Licherode Ökologisches Schullandheim und Tagungshaus, Lindenstraße 14, 36211 Alheim-Licherode. ✆ 06623/9486-0, www.oekonetz-licherode.de. oekonetz.licherode@t-online.de. **Auto:** ↗ Rotenburg B83 bis Alheim-Heinebach, über Oberellenbach nach Licherode. **Preise:** VP Erw 38 €; VP Kinder bis 5 Jahre ab 26 €; ab 20 Pers 26 €. Ferienfreizeiten, Naturerlebniswochen, Seminare.

WERRATAL: Jugendwaldheim Hoher Meißner, Auf dem Gehege, 37235 Hessisch Lichtenau. ✆ 05602/6374. www.jugendwaldheim-meissner.de. info@jugendwaldheim-meissner.de. **Preise:** Erw 34 €; Kinder 25 €. Schulklassen und Gruppen ab 15 Pers, mit Naturerlebnisprogramm, Unterkunft im benachbarten Naturfreundehaus, 3- und 4-Bettzimmer, Fahrradverleih.

Jugenddorf Hoher Meißner, Hoher Meißner, 37290 Meißner-Abterode. ✆ 05657/3039012, 1032. www.jugenddorf-hoher-meissner.de. info@jugendeinrichtungen-wmk.de. **Bahn/Bus:** Hbf Kassel, RT4 bis Kassel Königsplatz, Tram 4 bis Hessisch Lichtenau, Mai – Okt Ausflugsbus 202 bis Abzweig Jugenddorf. **Auto:** ↗ Hessisch Lichtenau, B7, L3241 Richtung Meißner, von Vockerode weiter bis Jugenddorf Hoher Meißner. **Preise:** Erw ab 13 €; Privatgäste Ü Kinder und Jugendliche ab 10 €. Freizeit- und Bildungsstätte mit 55 Betten in DZ und MBZ für bis zu 6 Pers.

Hunger & Durst

Brettljause, Meißner. ✆ 05651/3748. www.ski-kohl.de. Im Sommer Sa ab 11, So ab 10 Uhr. Wurst- und Käseplatten, hessische Kuchen, großartiger Blick ins Werratal.

Campingplätze (HS-Preise pro Nacht)

SABABURG & REINHARDSWALD: Campingplatz Bad Karlshafen, Am rechten Weserufer 2, 34385 Bad Karlshafen. ✆ 05672/710. www.campingplatz-bad-karlshafen.de. j.m.camping-bad-karlshafen@t-online.de. **Preise:** Erw 4,50 €; Kinder bis 14 Jahre 3 €; Auto 2 €, Wohnwagen 4 €, Wohnmobil 6 €, Zelte ab 3 €. Am Weserufer, 5 Min Fußweg zur Wesertherme, 300 Stellplätze, davon ca. ein Drittel für Dauercamper, Hunde erlaubt.

KASSEL & UMLAND: Zur Warme, Im Nordbruch 2, 34289 Zierenberg. ✆ 05606/3966. www.campingplatz-zierenberg.de. campingplatz-zierenberg@t-online.de. **Preise:** Mit Caravan, Auto oder Wohnmobil einschließlich 2 Erw und 2 Kinder bis 14 Jahre 16 €. Im Naturpark Habichtswald, am Rande des Dörnbergs, Minigolfanlage und Kinderspielplatz, 100 Plätze, davon 70 für Dauercamper, Hunde erlaubt.

WALDECKER LAND & DIEMELSEE: Campingplatz Seeblick, Auf dem Kampe 3a, 34519 Diemelsee-Heringhausen. ✆ 05633/993096. www.diemelsee-camping.de. info@diemelsee-camping.de. **Preise:** Erw 4 €; Kinder 4 – 13 Jahre 2,50 €; Stellplatz mit Pkw 7,50 €. Am Diemelsee mit öffentlichem Badestrand, 50 m zum Familien- und Erlebnisbad, 37 Stellplätze für Wohnwagen, 100 für Dauercamper, Hunde erlaubt.

EDERSEE & KELLERWALD: Ferienpark Teichmann, Alte Bundesstraße 1, 34516 Vöhl-Herzhausen. ✆ 05635/245. www.camping-teichmann.de. info@camping-teichmann.de. **Preise:** Erw 7,20 €; Kinder 3 – 15 Jahre 4,40 €; Familien zahlen nur für 2 Kinder, Platz für Wohnwagen oder -mobil mit Pkw 12,40 €, Zelt 7,20 €, Mannschaftszelt 19 €. Am Eingang zum Nationalpark und nahe dem ➚ Besucherzentrum in Herzhausen mit kleinem Badesee kurz vor dem Edersee, 500 Stellplätze, davon 250 für Dauercamper, 11 FH und DZ, Fahrradverleih, Hunde erlaubt. Die Strände bieten ein umfangreiches Angebot. Ihr könnt Tretboote und Kanus ausleihen oder euch im Surfen ausprobieren. Zum Ferienpark gehören Minigolf, Trampolin und Ballspielfelder.

Weser-Therme, Kurpromenade 1, Bad Karlshafen. ✆ 05672/9211-0. www.wesertherme.de. So – Do 9 – 22, Fr, Sa 9 – 23 Uhr. Tageskarte 14 €, Kinder 4 – 14 Jahre Tageskarte 5 €. Beeindruckende Sole-Therme mit 3 Becken, Strömungskanal, Freibecken.

Direktvermarkter Landkreis Kassel: www.landkreis-kassel.de.

Fahrradverleih: Campingplatz Asel-Süd, Asel-Süd 1, 34516 Vöhl-Herzhausen. ✆ 05635/608. www.camping-asel-sued.de.

➚ Edersee & Kellerwald, Zu den Eseln in Asel-Süd.

Wo heute der ***Campingplatz*** *steht, wurde in den 1960er Jahren noch Kies aus der Ederaue gebaggert.*

Campingplatz Rehbach, Strandweg 9, 34549 Edertal-Rehbach. ✆ 05623/2049. www.campingplatz-rehbach.de. Useidlitz@t-online.de. **Preise:** Erw 6,30 €; Kinder 2 – 14 Jahre 3,90 €; Stellplatz für Wohnwagen, -mobil oder Zelt mit Pkw 9,50 €, nur Zelt 7,20 €. Am südlichen Ufer des Edersees, direkt am Badestrand und Yachthafen, 56 Plätze für Zelte, 50 für Caravans, Hunde nicht erlaubt.

@ Direktvermarkter in Waldeck-Frankenberg: www.landwirtschaft-waldeck-frankenberg.de.

ROTKÄPPCHELAND SCHWALM-KNÜLL: Campingplatz Frielendorf, Stettiner Straße 14, 34621 Frielendorf. ✆ 05684/922856, www.camping-frielendorf1.de. info@camping-frielendorf1.de. **Preise:** Erw 4,80 €; Kinder bis 15 Jahre 3 €; Wohnwagen oder -mobil 5 €, Zeltplatz mit Auto 5 €, mit Fahrrad 3,50 €. Am öffentlichen beheizten Freibad, 30 Min Fußweg zum Freizeitzentrum Silbersee, 160 Stellplätze, davon 90 für Dauercamper, Hunde erlaubt.

MITTLERES FULDATAL: Camping- und Freizeitzentrum am See, Malsfelder Straße 23, 34212 Melsungen-Obermelsungen. ✆ 05661/923770. www.campingplatz-melsungen.de. info@campingplatz-melsungen.de. **Preise:** Erw 3 €; Kinder 1,50 €; Wohnwagen oder -mobil 6 €, Zelt 4 €, Auto 1,50 €. An der Fulda, 3 Bade- und Angelseen mit Sandstrand, Boot- und Kanuanlegestelle, nah am R1, Spielplatz, 20 Plätze Caravans, 20 Zelte, Hunde erlaubt.

WERRATAL: Knaus Campingpark, Am Werratalsee 2, 37269 Eschwege. ✆ 05651/338883. www.knauscamp.de. eschwege@knauscamp.de. **Preise:** Erw 7 €; Kinder 4 – 14 Jahre 3,10 €; Zeltplatz ab 4,50 €, Stellplatz inkl Pkw 9,90 €, für Wohnmobile ab 9 €. Am Werratalsee, 120 Standplätze, davon 72 für Dauercamper, Hunde erlaubt.

@ Werra Culinarium: www.urlaub-werratal.de.

BURGWALD & MARBURG: Campingplatz Lahnaue Marburg, Trojedamm 47, 35037 Marburg. ✆ 06421/21331. www.lahnaue.de. info@lahnaue.de. **Preise:** Erw 5,50 €; Kinder 3 – 15 Jahre 3,50 €; Caravan und Pkw oder Wohnmobil 7 €, Zelt 4 €, Mannschaftszelt 15 €. Am Ufer der Lahn, 10 Min Fußweg zur Altstadt, 45 Plätze für Wohnwagen und -mobile, Zeltwiese mit Feuerstelle, Minigolf, Hunde erlaubt.

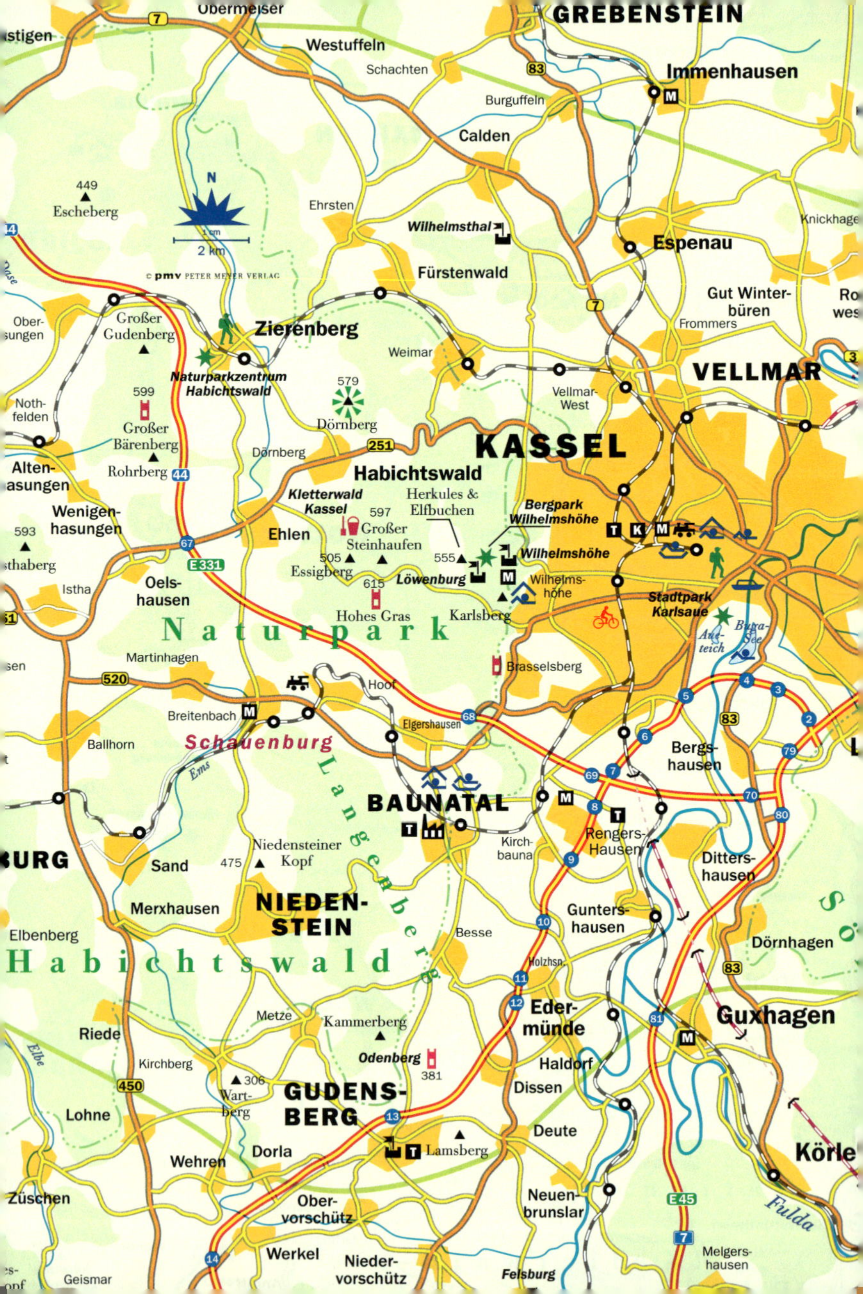

GREBENSTEIN
Immenhausen
Westuffeln
Schachten
Burguffeln
Calden
Obermeiser
Escheberg
449
N
1 cm
2 km
© pmv PETER MEYER VERLAG
Ehrsten
Wilhelmsthal
Fürstenwald
Espenau
Knickhagen
Gut Winter-
büren
Frommers
VELLMAR
Zierenberg
Großer
Gudenberg
Ober-
sungen
Naturparkzentrum
Habichtswald
Weimar
579
Dörnberg
599
Großer
Bärenberg
Rohrberg
Noth-
felden
Alten-
asungen
Vellmar-
West
KASSEL
Dörnberg
Habichtswald
Kletterwald
Kassel
Herkules &
Elfbuchen
Bergpark
Wilhelmshöhe
Wilhelmshöhe
597
Großer
Steinhaufen
555
Wenigen-
hasungen
593
Isthaberg
Ehlen
505
Essigberg
615
Hohes Gras
Löwenburg
Wilhelms-
höhe
Karlsberg
Stadtpark
Karlsaue
Aue-
teich
Buga-
See
Istha
Oels-
hausen
E 331
Naturpark
Martinhagen
Brasselsberg
520
Hoof
Breitenbach
Elgershausen
Schauenburg
Ballhorn
Ems
Langenberg
Bergs-
hausen
BAUNATAL
Rengers-
hausen
Kirch-
bauna
Ditters-
hausen
Sand
Niedensteiner
Kopf
475
Merxhausen
NIEDEN-
STEIN
Gunters-
hausen
Besse
Dörnhagen
Elbenberg
Habichtswald
Holzhsn.
Eder-
münde
Guxhagen
Riede
Metze
Kammerberg
Elbe
Kirchberg
Odenberg
381
Haldorf
Dissen
306
Wart-
berg
GUDENS-
BERG
Lohne
Deute
Lamsberg
Wehren
Dorla
Körle
Züschen
Ober-
vorschütz
Neuen-
brunslar
E 45
Fulda
Werkel
Nieder-
vorschütz
Geismar
Felsburg
Melgers-
hausen

GrimmHeimat
NordHessen
für zu Hause
GrimmHeimat NordHessen
Rotkäppchen Kuchen
Little Red Cap Cake
Ahle Wurscht
Das europäische Schmeckewöhlerchen der GrimmHeimat NordHessen
GrimmHeimat NordHessen
Neumann-Neudamm
Ahle Wu
Essen
Online-Shop
www.grimmheimat-shop.de

Nieder-
orke
Dalwigksthal
252
Eder
Liesen
Altenlotheim
236
HALLENBERG
Neukirchen
Sachsen-
berg
Nuhne
Lengelbach
Lorfebach
496
Opfermannskopf
Bromskirchen
Schreufa
Geismar
Allendorf
Wildpark
am Gossberg
Dainroc
FRANKENBERG
M
Nitzelbach
253
Friedrichs-
hausen
Allendorf
Eder
Bottendorf
Burgwald
Willers-
dorf
Birkenbring-
hausen
M
BATTENBERG
Nemphe
252
Wollmar
236
Wetschaft
Ernsthausen
Roda
Rosenthal
Frohnhausen
Münch-
hausen
Bentreff
Oberasphe
Obersimts-
hausen
Burgwald
Niederasphe
Mittel-
simtshausen
Mellnau
Burg Mellnau
Engelbach
Asphe
Bracht
Treisbach
Wetschaft
Albs-
hausen
Treisbach
Amönau
Oberrosphe
326
Nieder-
wetter
Unter-
rosphe
Wetter
3
Warzenbach
Sosenbe
252
Schönstadt
Rauschenberg
Buchenau
Lahntal
Brungers-
hausen
Sterzhausen
Sarnau
Lahn
M
Betziesdorf
Goßfelden
62
Cölbe
Bürgeln
Anzefahr
Wohra
522
62

Kellerwald-
Edersee
626
Traddelkopf
Wesebach
Gellershausen
Anraff
Friedrichstein
Johannes-
kirchenkopf
Geismar
518
Homberg
Ungedanken
276
Büraberg
Kellerwald-Uhr
BAD
WILDUNGEN
FRANKENAU
Rothelms-
hausen
Wesebach
253
Oders-
hausen
Hundsdorf
Braunau
Kellerwald
Wenzige-
rode
Klein-
englis
16
Kupferbergwerk
Bertsch
Edelstein-
schleiferei Lange
Kurparkanlage
3
Stockelache See
485
Bad
Zwesten
Arnsbach
Arms-
feld
Bergfreiheit
Urff
Löwenstein
Burgruine Löwenstein
433
Altenburg
Trocken-
erfurth
Oberurff-
Schiffelborn
Nieder-
urff
Borken-
See
Haina
(Kloster)
657
Hohes Lohr
Edersee
676
Wüstegarten
Römersberg
49
Bisch-
hausen
Doden-
hausen
Jesberg
Zimmersrode
17
Gilsa
Neuen-
tal
Neuenhainer
See
Neuenhain
Schönstein
Ruine
Schönstein
Hundshausen
Gemünden
Moischeid
3
Elnrode-
Strang
Sebbeterode
Schlierbach
Michelsberg
N
1 cm
2 km
Gilserberg
397
Teufelsberg
Allendorf
© pmv PETER MEYER VERLAG
Sachsenhausen
Rommers-
hausen
254
Schwalmstadt
Lischeid
Halsdorf
Josbach
454
Niede
grenzeb
Josbach
Bhf.
Treysa
Schwalm
Mengsberg
Ziegen-
hain
Schwalm
Wolferode
Momberg
Loshausen
Hatzbach
Speckswinkel
Emsdorf
Wasenberg
Antrift
Erksdorf
Willingshausen
Röllshausen
Neustadt
454
Ruine

Werkel
Nieder-vorschütz
Felsburg
FELSBERG
Heiligenberg
hausen
MELSUNG
Kehrenb
Ober-möllrich
FRITZLAR
Gensungen
Hesslar
Lohre
Eder
Altenburg
Wabern
Beuern
Zennern
Helms-hausen
Hilgers-hausen
Adels-hausen
Mörshau
Rhündabach
392
Harler Berg
Hesserode
Mosheim
Beiseförth
Grossen-englis
Uttershausen
Schwalm
Efze
Hombergs-hausen
Malsfeld
Singliser See
Singlis
Falkenberg
Goldberg-see
Beise
Lendorf
Dickers-hausen
RKEN
Mühlhausen
Lem-bach
Mörs-hausen
Niederbeisheim
Wichte
Freudenthal
HOMBERG
(Efze)
Pfaffen-hausen
Welferode
Cassdorf
Lützelwig
Liche
Stolzenbach
Ohebach
Rengshausen
Dillich
Verna
Wassmuths-hausen
Rinnebach
Welcherod
Allen-dorf
Wernswig
Sendberg
Silbersee
Lender-scheid
Leuderode
Allmuths-hausen
Knüllwald
Eisrode
denhausen
Frielendorf
Rinnebach
Steindorf
Wallenstein
Hülsa
Ruine Wallenstein
Großropperhausen
Leimsfeld
Hergetsfeld
Mühl-bach
Knüllgebirge
Rabolds-hausen
Obergrenzebach
Knüllköpfchen 634
Greben-hagen
Kriegsgräber
Trutzhain
Seigerts-hausen
Schwarzen-born
Salzberg
Steina
Steinatal
Hauptschwenda
Efze
636
Lager Schwarzenborn
ICE
Neukirchen
Wasser-fall
Eisenberg & Borgmannturm
Grenff
Cristerode
Willingshain
Schönberg
Oberaula
Gersdorf
Aula
14
15
253
254
82
83
84
85
323
454
E45
7
L3155

Waldkappel
583
Eisberg
Bischhausen
Bischoffe-
rode
Hetze-
rode
Mäckels-
dorf
487
Burghofen
Rechte-
bach
SPANGEN-
BERG
Pfieffe
Pfieffe
Schemmern
Landefeld
Thurn-
hosbach
Gehau
Stadt
Hosbach
Herlefeld
Metze-
bach
SONTRA
Morschen
Diemerode
Heyerode
Sontra
Obergude
Stölzinger
Gebirge
83
Heinebach
Rockensüß
Nieder-
ellenbach
570
Erks-
hausen
Cornberg
Weißen-
hasel
Erdpen-
hausen
Altheimer
Alheim
Hergershausen
27
Schwarzen-
hasel
Dens
Braun-
hausen
Asmus-
hausen
400
Solz
Hegeküppel
Nenters-
hausen
Braach
Lispenhausen
Imshausen
Rotenburg
Fulda
462
Schloss
Ludwigseck
Gilfers-
hausen
Spitzhütte
Iba
N
Bebra
Beenhausen
Machtlos
Lüdersdorf
1 cm
2 km
456
Ronshausen
© pmv PETER MEYER VERLAG
Rotestock
Breitenbach
Rohrbach
27
Gerterode
Großer Steinkopf
375
Tann
Schwalbenkopf
455
Ludwigsau
449
Rohrbach
Reilos
Seulingswald
Siebertsberg
Friedlos
324
Herfa
Allmers-
hausen
BAD
HERSFELD
Wasserburg
Kalkobes
Friedewald
Jahnpark
524
Kathus
Am Klausturm
481
Dreienberg
Bhf.
Stiftsruine
Sorga
Petersberg
32
4
Ausbach
Bhf. Re

Sterzhausen
Sarnau
Lahn
Goßfelden
Cölbe
Betziesdorf
Bürgeln
Anzefahr
Wohra
522
Rimberg
Caldern
Ginseldorf
Wehrda
Damshausen
Dagoberts-
hausen
Schönbach
Bauer-
bach
Kirchhain
Marbach
Camera
Obscura
324
Spiegelslust
408
Groß-
seelheim
Weiters-
hausen
Wehrs-
hausen
Ockershausen
Neuer
Botanischer Garten
Amöne
Sinkershausen
MARBURG
370
Hermers-
hausen
Wenigenburg
285
Donnerberg
326
Schröck
Cappel
Moischt
Allna
Schneiße
Nieder-
weimar
Planeten-
lehrpfad
Weimar
Oberweimar
255
379
Beltershausen
Rauisch-
holzhausen
Vornshausen
Nanz-Willershausen
Wittelsberg
Frauenberg
Wenkbach
Ebsdorfer-
grund
Erfurtshausen
Niederwalgern
Heskem
Lohra
Wolfshausen
Zwester Ohm
Ebsdorf
Dreihausen
Lahnberge
LAHN-FERIEN-STR.
Roth
Hachborn
Lumda-
Plateau
424
Altenvers
Leidenhöfer
Kopf
Hassenhausen
Fronhausen
Lahn

Emsdorf
Erksdorf
Wasenberg
Willingshausen
Antrift
Röllshausen
Neustadt
Ruine
Nellenburg
454
Gossebach-
Siedlung
angen-
stein
Stadt-Allendorf
Holzburg
254
Heidelbach
Klein
rg
62 m)
Nieder-
klein
Rüdigheim
62
Kitzel
377
Antrifttal
Schwalm
DEUTSCHE FERIENROUTE
ALPEN – OSTSEE
Ehrbach
Seibelsdorf
Schweinsberg
DEUTSCHE MÄRCHENSTRASSE
Kirtorf
Ohmes
Antriftsee
Leusel
Ober Gleen
Nieder-
ofleiden
Hochberg
362
Ober-
ofleiden
Appenrod
N
Alsfeld
(264 m)
1 cm
2 km
(264 m)
Homberg
(Ohm)
Maulbach
© pmv PETER MEYER VERLAG
Zell
Liederbach
3
5
E 40
Romrod
(307 m)
Ehringshausen
49

Register

Orte, Sehenswürdigkeiten, Aktivitäten | *Natur* | *Personen* | Stichworte

M

N

T

U – V – W

Z

HANNOVER MIT KINDERN

400 spannende Ausflüge und Aktivitäten im Herzen Niedersachsens

Kirsten Wagner

Was können Familien in Hannover und der Region unternehmen? Welche Radeltouren machen Kindern Spaß, wo kann der Nachwuchs paddeln lernen, wo die Familie schwimmen gehen? Antworten auf diese und 400 noch ungestellte Fragen gibt dieser konkurrenzlose Freizeitführer.

»Wer in Hannover noch Langeweile hat, braucht diesen Freizeitführer! Denn für die ganze Familie gibt es viel Abenteuerliches zu entdecken und zu erleben!«
www.reisegezwitscher.de

ISBN 978-3-89859-418-9
304 Seiten, 16 Euro [D]

Alle »mit Kindern«-Titel mit lustigen Tier-Cartoons und Daumenkino!

77 SCHÖNSTE ORTE RUND UM BERLIN

Ausflüge zu Schlössern, Seen und Sehenswürdigkeiten. Mit 166 Einkehrtipps

Wolfgang Kling

Zu den 77 schönsten Orten rund um Berlin: Raus aus der Stadt und rein in die Natur! Jedes Ziel ist mit der Bahn erreichbar. Bei allen Ausflügen gibt es zudem tolle Einkehrmöglichkeiten. Vom Schloss Rheinsberg im Norden bis zur Spreestadt Lübbenau im Süden ist für jeden der passende Ausflug dabei. Zum Radeln, Wandern, Entspannen. Mit Beschreibung, Einkehrtipps und farbigen Karten.

ISBN 978-3-89859-314-4
304 Seiten, 16 Euro [D]

WEITWANDERN HESSEN

Die 10 schönsten Trekkingtouren. Mit Einkehr, Unterkunft & Bahntransfer

Michael Schnelle

10 gründlich recherchierte Streckenwanderungen führen passionierte Wanderer und Entdecker zu schönen Naturlandschaften und interessanten Kulturdenkmälern in Hessen. Alle Ausgangs- und Endpunkte sind mit Bus und Bahn erreichbar, und weil bei jeder Tour Übernachtungs- und Einkehrtipps aufgeführt sind, kann mit extra-leichtem Gepäck gewandert werden!

ISBN 978-3-89859-306-9
256 Seiten, 16 Euro [D]
Touren-PDF unter www.pmv-Verlag, Datenshop

»Dolce vita – ohne Auto.
Diese Bücher passen in die Zeit.«
Der Tagesspiegel

pmv PETER MEYER VERLAG

pmv PETER MEYER VERLAG

66 SCHÖNSTE AUSSICHTEN HESSEN
Burgen, Türme, Berge
ISBN 978-3-89859-319-9. 256 Seiten, 2. Auflage, 16 €

22 MTB-TOUREN ODENWALD SPESSART
Mit GPS-Daten zum Herunterladen
ISBN 978-3-89859-321-2, 192 Seiten, Band 1 von 3, 16 €

33 SCHÖNSTE RADTOUREN RHEIN-MAIN
Radeln von leicht bis weit rund um Frankfurt. Mit Extra-Karte.
ISBN 978-3-89859-320-7, 224 S. 18 €

WALDWANDERN HESSEN
Auf Premiumwegen und Traumpfaden durch Hessens Wälder wandern
ISBN 978-3-89859-307-6, 256 S. 16 €

UNTERWEGS IN HESSEN

VOGELSBERG UND WETTERAU MIT KINDERN
400 spannende Ausflüge und Aktivitäten rund ums Jahr
ISBN 978-3-89859-432-5, 256 S., 12,95 €

FRANKFURT RHEIN-MAIN MIT KINDERN
400 preiswerte und spannende Aktivitäten für draußen & drinnen
ISBN 978-3-89859-434-9, 3. Auflage 304 Seiten, 16 €

TAUNUS MIT KINDERN
500 Ausflüge, Aktivitäten und Adressen für Ferien und Freizeit
ISBN 978-3-89859-438-7, 3. Auflage, 320 Seiten, 16 €

ODENWALD MIT KINDERN
500 x Abenteuer und Erlebnis von der Bergstraße bis zum Main, von Darmstadt bis zum Neckar
ISBN 978-3-89859-429-5, 7. Auflage 320 Seiten, 16 €